이 책이 흥미진진하게 읽히는 이유는 지적으로 정확하고 문장이 아름다울 뿐 아니라, 솔직하고 공감하는 인간다움이 있기 때문이다. 독자는 전문 여행안내를 받는 기분이 들 텐데, 그 여행에서 기독교를 직시하게 될 뿐 아니라, 자신의 세계관과 희망, 두려움, 실패, 정체성과 만족 추구도 직시하게 되고, 또 결국은 그리스도를 하나님이 뜻하시는 대로, 전적으로 믿을 수 있는 생명의 근원으로서 직시하게 된다.

존 레녹스, 옥스퍼드대학교 명예 수학 교수

맥클러플린은 기독교에 대한 우리 시대의 가장 교묘한 문화적 도전을 철저히 조사하여, 폭넓고 풍성한 기독교의 대답을 알기 쉽게 증명한다. 「기독교가 직면한 12가지 질문」은 읽고 곰곰이 생각해 볼 가치가 있는 책이다.

타일러 밴더윌레, 하버드대학교 존 L. 로엡과 프랜시스 리먼 로엡 역학 교수이자 인류 번영 프로그램 책임자

서구에서는 많은 사람이 지배적인 세속 내러티브에 설득당하고서는 자신은 기독교가 무엇인지 이미 알고 있다고 생각한다. 이 책에는 일종의 폭탄선언처럼 근거 없는 믿음을 터트리는 통계가 가득하다. 맥클러플린은 진정한 기독교에 있는 놀라운 일을 많이 드러낸다.

피터 윌리엄스, 케임브리지 틴데일하우스 학장, 「Can We Trust the Gospels?」 저자

맥클러플린의 책에는 기독교 신앙에 대한 작금의 비판과, 대치 상황에 대한 신중하고도 세심한 대답이 가득하다. 오늘날 예수 그리스도에 관심을 기울일 때면 개인적이고 지적인 도전을 만나게 되는데, 저자는 실제 인생 경험을 바탕으로 그러한 도전에 대해 말한다. 저자는 심각한 질문에 솔직하고 신실하게 대답하여, 가상 현실 속에서 편하게 거니는 산책이 아니라 진짜이고 풍성한 삶에서 모험을 즐기는 돌투성이 길을 제시한다.

이안 허친슨, 매사추세츠공과대학 핵 과학 공학 교수, 「Can a Scientist Believe in Miracles?」 저자

애정, 통찰, 공감, 철저한 연구가 담긴 변증이다. 「기독교가 직면한 12가지 질문」은 기독교 신앙의 난제들을 이해하도록 도와주면서 동시에 이웃에 대한 사랑이 불붙게 한다. 맥클러플린은 다양성과 민족에 대한 난제는 물론이고 노예제와 미국의 과거와 현재를 직시하는 난제도 피하지 않는다. 저자의 대답에는 통찰이 있을 뿐 아니라, 냉혹한 마음을 부드러운 마음으로 변화시킬 가능성도 있다. 이 책을 들고 읽으라.

트릴리아 뉴벨, 「If God Is For Us」, 「Fear and Faith」, 「United」 저자

레베카 맥클러플린은 기독교 신앙에 대한 강력한 도전에 움츠러들지 않고, 아주 어려운 질문을 공감하고 이해하면서 힘차게 떠안는다. 저자는 폭넓게 연구한 후에, 깊이 생각하고서는 아주 설득력 있게 주장한다. 이 책은 회의론자와 의심하는 사람, 또 누구든 그러한 매력적인 사색에 동참할 준비가 되어 있는 사람에게 훌륭한 자원이다.

샘 올베리, 라비 재커라이어스 인터내셔널 미니스트리즈 강사,
「Is God Anti-Gay?」와 「7 Myths about Singleness」 저자

레베카 맥클러플린의 기독교 신앙 변호는 세심하면서 영리하고 건전하여 모든 변호의 모범이다. 이것이 제대로 된 변증이고, 우리가 살고 있는 이 시대에 딱 맞는 변증이다. 「기독교가 직면한 12가지 질문」은 내가 직접 활용하고, 또 신자와 회의론자 모두에게 널리 추천할 책이다.

카렌 스왈로우 프라이어, 「On Reading Well」과 「Fierce Convictions」 저자

레베카 맥클러플린은 우리 시대에 기독교를 향해 가장 자주 긴급하게 제기되는 이의를 단호히 정직하게, 철저히 명확하게, 깊이 공감하며 다룬다. 이 책은 회의론자뿐 아니라 죄로 병들고 파괴적인 이 세상에서 매우 많은 고통을 겪고 있는 이들을 위해서도 쓰였다. 희망이 그득하게 담겨 있어서 읽는 이를 놀라게 할 것이며, 아마도 예수에 대해 생각하는 방식을 바꿔 줄 것이다.

존 블룸, 디자이어링 갓 공동 설립자, 「Not by Sight」 저자

기독교가 세상에 제공해야 하는 것은 기독교의 생소함과 밀접한 관련이 있다. 그와 같은 세계에서는 독특한 말만 진정 좋은 소식이 될 수 있다. 그렇지만 세속화된 시대에 기독교는 세상이 보기에 특이할 뿐 아니라 설명되지 않고 설명할 수 없어 보인다. 이 책에서 레베카 맥클러플린은 성경은 물론이고 믿지 않는 자들의 질문도 진지하게 받아들인다. 비기독교인이고 기독교인들이 왜 그렇게 생각하고 말하는지 의문이라면, 이 책이 그러한 의문을 살펴보는 데 괜찮은 출발점이 되어 줄 것이다. 신자라면 이 책을 통해 지적 능력을 갖출 뿐 아니라, 의심하고 믿지 않는 이웃을 긍휼히 여기고 공감하라는 요청을 받을 것이며, 또 세상에 오신 그 빛을 증언할 준비도 하게 될 것이다.

러셀 무어, 미국 남침례교의 윤리와 종교 자유 위원회 위원장

참신한 목소리, 매력적인 주장, 읽기 쉬운 문체. 맥클러플린은 어디서든지 호기심이 강한 사색가들을 위해 글을 쓰고, 열린 마음을 지닌 독자에게 훌륭하게 보답한다.

오스 기니스, 「소명」(The Call) 저자

기독교가 직면한 12가지 질문

(주)죠이북스는 그리스도를 대신한 사신으로
문서를 통한 지상 명령 성취와 하나님 나라 확장을 위해 노력합니다.

Confronting Christianity: 12 Hard Questions for the World's Largest Religion
Copyright © 2019 by Rebecca McLaughlin
Published by Crossway
a publishing ministry of Good News Publishers
Wheaton, Illinois 60187, U.S.A.

This edition published by arrangement
with Crossway through rMaeng2, Seoul, Republic of Korea.
All rights reserved.

This Korean translation edition © 2021 by JOY BOOKS Co., Ltd., Seoul, Republic of Korea.

이 한국어판의 저작권은 알맹2를 통하여 Crossway와 독점 계약한 (주)죠이북스에 있습니다. 신 저작권법에 의하여 한국 내에서 보호받는 저작물이므로 무단 전재와 무단 복제를 금합니다.

기독교가
직면한
12가지 질문

레베카 맥클러플린
이여진 옮김

죠이북스

본문에 인용한 성경은 개역개정을 사용하되, 문맥에 따라 새번역에서 인용하거나 옮긴이가 직역하였습니다. 개역개정 성경이 아닌 경우에는 표기하였습니다.

나타샤에게,
그리고 나와 의견은 다르지만,
이 책을 읽어 주는 영광을 내게 안겨 줄
치열하고 지적인 나머지 모든 벗에게

차 례

○ 머리말　　　　　　　　　　　　　　　　　　　　10

Question 1　우리는 종교 없이도 잘 살지 않는가?　　　　17
Question 2　기독교는 다양성을 짓밟지 않는가?　　　　　41
Question 3　진정한 믿음은 하나만 있다고 어떻게 말할 수 있는가?　61
Question 4　종교는 도덕을 저해하지 않는가?　　　　　　79
Question 5　종교 때문에 폭력이 일어나지 않는가?　　　103
Question 6　성경을 어떻게 문자 그대로 받아들일 수 있는가?　133
Question 7　과학이 기독교의 오류를 증명하지 않았는가?　155
Question 8　기독교는 여성을 비하하지 않는가?　　　　189
Question 9　기독교는 동성애를 혐오하지 않는가?　　　223
Question 10　성경은 노예제를 옹호하지 않는가?　　　　257
Question 11　사랑이신 하나님이 어떻게 그토록 큰 고통을
　　　　　　허용하실 수 있는가?　　　　　　　　　　287
Question 12　사랑이신 하나님이 어떻게 사람들을 지옥에
　　　　　　보내실 수 있는가?　　　　　　　　　　　311

○ 감사의 말　　　　　　　　　　　　　　　　　　334
○ 주제 색인　　　　　　　　　　　　　　　　　　336
○ 성구 색인　　　　　　　　　　　　　　　　　　347

머리말

● 1971년, 비틀즈 스타 존 레논에게는 꿈이 있었다. 레논은 당대의 무신론 정권을 눈감아주면서 천국이나 지옥이 없고, 국가나 소유도 없으며, "죽일 일이나 죽을 일도 없고", "종교도 없는" 인류의 형제애를 꿈꾸었다. 이 꿈은 계속되었다. 2018년에 대한민국에서 열린 동계 올림픽 개막식에서 〈이매진〉(Imagine)이 경건하게 울려 퍼졌다. 그 노래는 세상에서 극히 일부분에서만 삼킨 반(反) 종교 알약을 처방한 것인데도, 이념 차이를 넘어서는 화합의 송가로 보였다. 노랫가락이 평창에 크게 울릴 때, ("종교가 없지만" 죽일 일과 죽을 일은 아직도 많은 국가인) 북한 최고 지도자의 누이가 참석하여 관중을 빛내 주었다.

〈이매진〉이 발표되기 8년 전에는 다른 예언자가 다른 꿈을 나누었다. "앨라배마주에서 언젠가는 …… 흑인 소년소녀들이 백인 소년소녀들과 형제자매로서 손잡게 될 겁니다."[1] 하지만 마틴 루터 킹 목사의 비전에서 평화와 형제애의 근원은 신앙의 상실이 아니라 신앙의 실

---

[1] Martin Luther King Jr., "I Have a Dream…" (speech delivered at the "March on Washington for Jobs and Freedom," August 28, 1963), https://www.archives.gov/files/press/exhibits/dream-speech.pdf.

현이다. 킹 목사는 "골짜기마다 돋우어지며 산마다 언덕마다 낮아지며 고르지 아니한 곳이 평탄하게 되며 험한 곳이 평지가 될 것이요 여호와의 영광이 나타나고 모든 육체가 그것을 함께 보리라"(사 40:4, 5)고 꿈꾸었다.

누가 옳았는가?

존 레논이 꿈꾸던 시대에 또 다른 예언자 무리는 이렇게 말했다. 종교 사회학자들의 예언에 따르면, 전 세계의 현대화가 세속화를 밀어붙일 것이다. 세계가 더 배우고, 더 진보하고, 더 과학화할수록 종교적 신앙은 퇴보할 것이다. 그러한 일이 서유럽에서 일어났으니, 그 다음에는 세계의 나머지 지역에서도 뒤따를 것이다. 이러한 이른바 세속화 가설에는 딱 한 가지 문제가 있었다. 그 가설이 실패로 돌아갔다는 것이다.

서유럽과 북미에서 자신이 종교를 믿는다고 인정하는 사람의 비율은 분명 줄어들었다. 하지만 세계적 차원에서 보면 종교는 쇠퇴하지 않았을 뿐더러, 이제 사회학자들은 세계가 **점점 더** 종교적으로 되리라고 예견하기도 한다.[2] 숫자가 전체를 말해 주지는 않지만, 최근 추정으로는 2060년까지도 기독교는 여전히 세계에서 가장 큰 신앙 체계일 것이며, 세계 인구의 31퍼센트에서 32퍼센트로 살짝 증가할 것이다.[3] 이

---

[2] "The Future of World Religions: Population Growth Projections, 2010-2050," Pew Research Center, April 2, 2015, http://www.pewforum.org/2015/04/02/religious-projections-2010-2050/ 을 참조하라.

[3] "Projected Change in Global Population, 2015-2060," Pew Research Center, March 31, 2017, http://www.pewforum.org/2017/04/05/the-changing-global-religious-landscape/pf_17-04-05_projectionsupdate_changepopulation640px/를 참조하라.

슬람은 24퍼센트에서 31퍼센트로 상당히 증가할 것이다. 힌두교는 15퍼센트에서 14퍼센트로 미미하게 감소하는 상황이며, 불교는 7퍼센트에서 5퍼센트로 감소할 것이다. 유대교는 안정적으로 0.2퍼센트를 유지할 것이다. 2060년이면 자신을 무신론자나 불가지론자나 '아무것도 아니라'고 인정하는 사람의 비율은 16퍼센트에서 13퍼센트로 감소해 있을 것이다. 그렇다, 감소한다.[4] 세속화 가설 아래서 자라 온 우리에게 이러한 추정은 기분 좋은 의미에서든 그 반대 의미에서든 놀라운 일이다. 그러면 무슨 일이 일어나고 있는가?

그 답의 일부는 신학과 생물학 사이의 연결 고리에 놓여 있다. 즉 무슬림과 기독교인, 힌두교인과 유대교인이 비종교인보다 아이를 많이 낳는다는 것이다.[5] 세계에서 아무 종교에도 속하지 않은 사람 중에 60퍼센트가 중국에 살고 있는데, 중국에서는 출산율을 인위적으로 조절해 왔다. 그러나 미국 내에서도 종교성은 출산율과 상관관계가 있다.[6] 이것이 세속주의자들에게는 위안이 될지도 모르겠다. 세속주의자들은 신자들이 자기들보다 생각을 더 깊게 한다기보다는 아이를 더 많이 낳는다고 믿고 싶을 것이다. 하지만 교육과 세속화를 연결한다고 여겨지는 고리는 약하다. 젊은 세대에서 격차가 줄어들고 있기는 하지

---

4 "Size and Projected Growth of Major Religious Groups, 2015-2060," Pew Research Center, April 3, 2017, http://www.pewforum.org/2017/04/05/the-changing-global-religious-landscape/pf-04-05-2017_-projectionsupdate-00-07/을 참조하라.

5 전 세계 출산율은 다음과 같다. 무슬림(3.1), 기독교인(2.7), 힌두교인(2.4), 유대교인(2.3), 무종교인(1.7), 불교인(1.6). "Total Fertility Rate by Religion, 2010-2015," Pew Research Center, March 26, 2015, http://www.pewforum.org/2015/04/02/religious-projections-2010-2050/pf_15-04-02_projectionsoverview_totalfertility_640px/를 참조하라.

6 예를 들어 Sarah Hayford and S. Philip Morgan, "Religiosity and Fertility in the United States: The Role of Fertility Intentions," *Social Forces* 86, no. 3 (2008): 1163-1188쪽을 보라.

만 유대교인과 기독교인은 여전히 교육을 가장 많이 받는 집단이며, 남녀 간 교육 격차가 가장 작은 집단이기도 하다.[7] 미국에서는 이름뿐인 종교인들이 더 교육을 받는다면 자신에게 종교가 없다고 단언할 가능성이 더 크기는 하지만, 교육 수준이 더 높은 기독교 신자들도 학교 교육을 덜 받은 사람들 못지않게 종교적으로 보인다. 사실상 교육 수준이 높은 기독교인이 매주 교회에 갈 가능성이 더 크다.[8]

게다가 많은 미국인이 비종교인이 되고 있지만, 그러한 흐름은 양방향이다. 최근 연구 결과를 보면 비종교인으로 자란 미국인 중 40퍼센트가 성인이 되어서 종교인(보통은 기독교인)이 되지만, 개신교 교인으로 자란 사람 중에서는 20퍼센트만 비종교인이 된다.[9] 이러한 추세가 계속된다면, 내가 나중에 비종교인이 될 아이 한 명을 기르는 동안, 내 친구 중에 종교가 없는 친구들은 나중에 기독교인이 될 아이를 두 명 기를 듯하다.[10] 그리고 오늘날 사람들이 지닌 종교적 신념은 자동차 범퍼 스티커에서 자주 보는 '공존'이라는 개념에 수월하게 들어맞는 그런 것이 아니다. 북미에서 순수한 기독교가 신학적 자유주의 신앙보다 번

---

7 "Religion and Education around the World," Pew Research Center, December 13, 2016, http://www.pewforum.org/2016/12/13/religion-and-education-around-the-world/를 참조하라.

8 "In America, Does More Education Equal Less Religion?," Pew Research Center, April 26, 2017, http://www.pewforum.org/2017/04/26/in-america-does-more-education-equal-less-religion/을 참조하라.

9 "One-in-Five U. S. Adults Were Raised in Interfaith Homes," Pew Research Center, October 26, 2016, http://www.pewforum.org/2016/10/26/one-in-five-u-s-adults-were-raised-in-interfaith-homes/를 참조하라.

10 "Religious Switching and Intermarriage," in *America's Changing Religious Landscape*, Pew Research Center, May 12, 2015, http://www.pewforum.org/2015/05/12/chapter-2-religious-switching-and-intermarriage/.

성하는 것은 일정 부분 이민자 신자들 덕분이다.[11]

하지만 아마도 세속 체제에 가장 큰 충격은 중국일 텐데, 이 국가는 애써 종교가 없다고 여기며 무종교를 강력히 주장해 왔다. 2010년에 중국 기독교인 인구는 줄잡아 6,800만 명을 넘어섰으며, 이는 중국의 방대한 인구의 5퍼센트에 해당한다.[12] 하지만 기독교 전파 속도가 매우 빨라서, 전문가들의 의견에 따르면 2030년에는 미국보다 중국에 있는 기독교인이 더 많을 수도 있고, 2050년이 되면 중국이 기독교인이 다수인 국가가 될 수도 있다.[13]

중국에서 손꼽히는 종교 사회학자 양평강의 주장에 따르면, 우리는 세속화 가설의 실패에 적응하면서 과학 혁명과 유사한 패러다임 전환을 겪어야 한다.[14] 적지 않은 학문적 담론이 근거로 삼는 가정에 따르면, 종교는 근대화의 이글거리는 열기 아래 시들어 가고 있다. 세속 인본주의야말로 누구나 믿고 설 수 있는 공통 기반으로 보인다. 그러나 이러한 틀이 무너지고 있다. 오늘날, 우리는 레논의 꿈이 환상이었다는 사실을 깨달아야 한다. 심지어 서구 백인의 편견이 그 환상에 부채

---

11   "The Changing Religious Composition of the U. S.," in *America's Changing Religious Landscape*, Pew Research Center, May 12, 2015, http://www.pewforum.org/2015/05/12/chapter-1-the-changing-religious-composition-of-the-u-s/.

12   Eleanor Albert, "Christianity in China," Council on Foreign Relations (website), October 11, 2018, https://www.cfr.org/backgrounder/christianity-china에 인용된 Pew Research Center Global Religious Survey, 2010.

13   Antonia Blumberg, "China On Track to Become World's Largest Christian Country By 2025, Experts Say," *Huffpost*, April 22, 2014, http://www.huffingtonpost.com/2014/04/22/china-largest-christian-country_n_5191910.html을 참조하라.

14   Peter L. Berger, *The Many Altars of Modernity: Toward a Paradigm for Religion in a Pluralist Age* (Boston: De Gruyter Mouton, 2014), 128쪽에 실린 Fenggang Yang, "Response by Fenggang Yang—Agency-Driven Secularization"을 참조하라.

질을 했고, 세계가 서유럽이 이끄는 곳으로 따라가리라는 가정이 그 환상의 토대가 되었다. 다음 세대에 물어야 할 질문은 **"종교가 얼마나 빨리 소멸할 것이냐?"** 가 아니라 **"기독교냐, 이슬람이냐?"** 이다.

많은 이가 이러한 생각을 골치 아파 한다. 우리는 순수한 종교적 신념을 걱정한다. 극단주의와 폭력, 사상의 자유 억압, 여성의 예속을 떠올린다. 세계 일부 지역에서는 이슬람 전통이 부활하면서 이러한 달갑지 않은 열매가 맺혔다. 하지만 세속화된 서구에서 성장한 많은 이들은 성경적 기독교를 생각할 때도 도덕적으로, 지적으로 반감을 느낀다. "과학과 고난과 성적 정체성의 문제는?" "십자군 원정은?" "어떻게 참된 믿음은 하나뿐이라고 말할 수 있는가?" "성경을 어떻게 문자 그대로 받아들일 수 있는가?" "성경은 노예제를 정당화하지 않는가?" "사랑의 하나님이 어떻게 사람들을 지옥에 보낼 수 있는가?"

이러한 질문에 공감한다면, 이 책이 바로 그러한 사람을 위한 책이다. 나는 그 질문들의 무게가 느껴진다. 산뜻하고도 간단히 대답하자면, 나는 실패했다. 내가 인생에서 수십 년을 들여 관계를 맺어 온 똑똑한 친구들은 원칙적으로 기독교를 외면할 만한 이유가 있었다. 하지만 나는 주요 일반 대학교에서 물리학에서 철학에 이르는 다양한 분야의 기독교 교수들과도 수년 동안 동역했다. 그들 중 일부는 교회에서 자랐다. 나중에 기독교를 접한 이들도 있다. 다들 연구를 해도 신앙이 변하지 않았고, 기독교가 진리에 대해, 또 세상을 향한 최고의 희망에 대해 우리가 가장 빈틈없이 이해하는 면을 보여 준다고 더욱 확신하게 되었다. 이 책에서는 이 친구들이 내게 건넨 렌즈를 통해 중요한 질문들을 톺아보고, 그 경험을 독자와 나누고자 한다.

우리는 종종 멀리서 관찰할 때 잘못 해석한다. 밤하늘을 올려다보면, 짙은 어둠이 보일 것이다. 하지만 가장 어두운 부분을 향해 망원경을 놓으면, 돌연 은하수 수백만 개가 눈에 들어온다. 존 레논은 "죽일 일이나 죽을 일도 없을", 종교 없는 세상을 꿈꾸었다. 마틴 루터 킹은 인종 차별이라는 캄캄한 밤을 들여다보면서 정반대 메시지를 설파했다. "정말로 소중해서, 정말로 귀해서, 정말로 영원한 진리라서, 그것을 위해 죽을 만큼 가치 있는 일들이 있습니다. 그래서 여러분에게 말씀드립니다. 사람이 정말 목숨과도 바꿀 만한 일을 발견하지 못했다면, 살아갈 자격이 없습니다."[15]

---

15 Martin Luther King Jr, (address at a freedom rally, Detroit, Michigan, June 23, 1963), Stanford University (website), https://kinginstitute.stanford.edu/king-papers/documents/address-freedom-rally-cobo-hall, 2018년 8월 27일에 접속.

Question 1 ～～～～～～～～ **우리는 종교 없이도
잘 살지 않는가?**

Aren't We Better Off without Religion?

● 대학 신입생은 대부분 다른 이들과 섞이려고 한다. 나는 실패했다. 영문과 동기들은 불가사의할 정도로 쌀쌀맞았다. 동기 몇 명은 모델로 일했고, 다른 동기들은 영화에서 주역을 맡았다. 나는 어느 쪽도 아니었다. 단순히 내가 카메라 앞에 설 시간이 없었기 때문에 구별된 것이 아니라, 거의 8센티미터 크기 나무 십자가가 달린 목걸이를 하고 대학교에 왔기 때문이었다.

한 친구는 내가 비꼬고 있다고 지레짐작했고, 우리는 예상 외로 우정을 쌓기 시작했다. 그 친구는 마약에 빠져 있었다. 나는 예수께 빠져 있었다. 둘 다 책을 무척 좋아했다. 나는 연달아 남몰래 여자들에게 반하고 있노라고 털어놓을 정도로 신뢰를 무한정 넓힐 수도 있었다. 하지만 그러지 않았다. 그렇게 여자들에게 반하는 일은 나이가 들면 벗어날 하나의 과정이길 바라고 있었기 때문이다.[1] 그래서 혼란스럽고, 세속화되었으며, 때로는 구설수에 오르던 동기들 사이에서 나는 성경을 고수하는, 몇 안 되는 특이한 사람 중에 하나일 뿐이었다.

---

1 이 퍼즐 조각은 9장 "기독교는 동성애를 혐오하지 않는가?"에서 살펴보겠다.

케임브리지대학교에 있는 기독 학생 단체는 사람들이 생각하는 것보다 크고 활동적이었다. 우리는 기숙사 방문마다 두드려서 복음이 담긴 소책자를 전하고 예수에 대해 토론했다. 하지만 새천년 전환기에 케임브리지의 풍경을 가장 건성건성 살펴보는 사람들조차도 그러한 단체가 위축되리라고 장담했을 것이다. 풍성한 기독교 신앙도 세계 일류 대학교에서 그야말로 더는 생존할 수 없었기 때문이다.

신무신론자 이야기

그 후로 신무신론자(New Atheist)들이 신뢰성을 떨어뜨리는 거미줄로 신앙을 칭칭 감아 왔다. 2004년에 샘 해리스가 「종교의 종말」(*The End of Faith: Religions Terror, and the Future of Reason*, 한언출판사 역간)을 펴냈고, 이어서 2006년에 「기독교 국가에 보내는 편지」(*Letter to a Christian Nation*)를 펴냈다. 같은 해에 리처드 도킨스가 「만들어진 신」(*The God Delusion*, 김영사 역간)을 발간하였는데, 이 책은 51주 동안 〈뉴욕 타임즈〉(*New York Times*) 베스트셀러에 올라가 있었다. 2008년에는 고(故) 크리스토퍼 히친스가 무신론자의 신조를 다룬 역작 「신은 위대하지 않다」(*God Is Not Great: How Religion Poisons Everything*)를 출간했다. 수사적 재능이 있는 이러한 사람들이 기독교는 이치에 맞지도 않고 바람직하지도 않다고 설교했다. 도킨스는 과학이 반증해 낸 신앙을 조롱했다. 기독교는 선을 위해 작용하는 힘이라고 상상하는 여론은 바람 빠진 풍선 같았고, 히친스는 그 풍선에 마저 구멍을 내려 했다.

이러한 승리에 힘입어 무신론자들은 자신들이 도덕적으로나 지적으로나 우위에 있다는 대담한 주장을 펼쳤다. 그러한 우위가 도덕상 허물이 되는 때조차도 말이다. 인기 있던 2011년 테드(TED) 강연 "무신론 2.0"에서 인생 학교(School of Life) 설립자 알랭 드 보통은 새로운 종류의 무신론을 주창하여 신앙의 단점 없이 종교의 장점을 유지할 수 있게 했다. 드 보통은 미국 흑인의 설교 전통과, "예수여, 감사합니다! 그리스도여, 감사합니다! 구원자여, 감사합니다!"라며 회중이 보이는 열정적인 반응에 군침을 흘렸다. 드 보통은 이러한 환호를 버리기는커녕, 세속 청중에게 무신론 설교에 응답하여 **그들의** 영웅을 칭송하자고 권했다. "플라톤이여, 감사합니다! 셰익스피어여, 감사합니다! 제인 오스틴이여, 감사합니다!"[2] 무신론의 우상으로 캐스팅된 것에 셰익스피어가 어떤 기분이 들지 궁금하다. 그의 세계는 근본적으로 기독교로 형성되었기 때문이다. 하지만 제인 오스틴의 경우에는 그 답이 분명하다. 제인 오스틴은 예수를 깊이, 분명하게, 변함없이 믿었으므로, 완전히 대경실색할 것이다.[3]

마찬가지로 2016년에 열린 "이성 대회"(Reason Rally)는 무신론자와 불가지론자, '무종교인'(nones)을 동원하고자 했는데, 기독교를 경멸하는 대회를 미국 역사상 가장 영향력 있는 기독교 설교자가 기뻐하리라는 듯이, 이 대회에서는 다양한 연사들이 마틴 루터 킹의 워싱턴 행진을 들먹였다. 같은 해에 우연히 나는 〈아틀란틱〉(Atlantic)에서 "영국인들이 더 나은 아동 소설을 읽는 이유"를 설명해 주겠다는 기사를 보았

---

2 Alain de Botton, "Atheism 2.0," TEDGlobal (video), July 2011, https://www.ted.com/talks/alain_de_botton_atheism 2_0.
3 Rebecca McLaughlin, "Jane Austen's Answer to Atheism 2.0," The Gospel Coalition, January 22, 2018, https://www.thegospelcoalition.org/article/jane-austens-answer-atheism-2-0/을 참조하라.

다.⁴ 내가 미국에 사는 영국인이므로 그 글을 열심히 읽었으나, 미국 아동 소설이 **더** 기독교적이어서 **덜** 흥미진진하다고 주장한다는 것을 알게 되었을 뿐이다. 글쓴이는 이교 신앙이 만들어 낸 소설의 예로 「반지의 제왕」(The Lord of the Rings, 아르테 역간)과 「나니아 연대기」(The Chronicles of Narnia)를 언급했으나, 톨킨과 루이스가 열렬한 기독교인으로서 각자 예수의 죽음과 부활의 사실성에 대한 주장을 소설의 기초로 삼았다는 데는 주목하지 못했다. J. K. 롤링은 좋았던 옛적 영국 이교 신앙 편에 있다고들 언급되는 또 다른 작가로, "해리 포터" 시리즈 마지막 책이 발간된 후에야 자신의 연약한 기독교 신앙을 드러냈는데, 바로 그 책에 기독교가 끼친 영향 때문이었다. 롤링은 그렇게 드러내면 소설 내용이 누설될까 우려한 것이다.⁵ 그러한 추세는 계속되고 있다. 매들렌 렝글의 「시간의 주름」(A Wrinkle in Time, 문학과지성사 역간)의 2018년 영화판은, 내용을 이상하게 차용하면서 책에서 많이 언급하는 기독교적 내용은 삭제했다.

그 사이에 뛰어난 회의론자 작가들이 우리의 상상력을 사로잡았다. 마거릿 애트우드의 1985년작 디스토피아 소설 「시녀 이야기」(The Handmaid's Tale, 황금가지 역간)는 훌루의 인기 드라마로 각색되어 되살아났다. 그 소설에서는 뉴잉글랜드를 사이비 기독교 종파인 '야곱의 아들

---

4   Colleen Gilliard, "Why the British Tell Better Children's Stories," *The Atlantic*, January 6, 2016, https://www.theatlantic.com/entertainment/archive/2016/01/why-the-british-tell-better-childrens-stories/422859/.

5   Jonathan Petre, "J. K. Rowling: 'Christianity Inspired Harry Potter,'" *The Telegraph*, October 20, 2007, http://www.telegraph.co.uk/culture/books/fictionreviews/3668658/J-K-Rowling-Christianity-inspired-Harry-Potter.html을 참조하라.

들'(the Sons of Jacob)이 다스린다고 상상한다. 여자들의 은행 계좌가 정지된다. 여자들은 읽거나 직업을 갖고 일하는 것이 금지된다. 방사능 낙진 이후에도 임신이 가능한 여자들은 남자 '사령관들'에게 배정되고, 이 사령관들은 한 달에 한 번 의식을 치러서 여자들을 임신시키고자 하는데, 이는 아마 아브라함이 아내의 여종을 임신시킨 일을 본뜬 듯하다. 애트우드는 1979년에 이란에서 일어난 이슬람 혁명에서 어느 정도 영감을 받아, 비슷하게 억압적이지만 기독교 정권으로 추정되는 정권을 구상했다.

내 모국으로 돌아가 보면, 공상 과학(SF)의 상징적 시리즈물 〈닥터 후〉(Doctor Who)가 시청자들을 감동과 위트, 심오함을 오가며 벌어지는 숨 가쁜 전력 질주로 데려간다. '닥터'는 여러 면에서 그리스도를 매우 닮았으며 〈닥터 후〉는 내가 가장 좋아하는 프로그램이긴 하지만, 그 안에 담긴 반기독교적 메시지를 그냥 지나치기는 쉽지 않다.[6] "우는 천사들"은 인간의 수명을 먹고 산다. "머리 없는 수도승들"은 신앙으로 다스려지는데, 목이 베여서 그야말로 생각이 없다. 51세기 교회는 일종의 군사 작전 본부다. 우리에게 종교를 거부하라고 권하는 흥미진진한 소설과 프로그램, 노래 목록은 길게 이어지고, 보편적인 것으로 보이는 문화 자본을 기독교가 얼마나 많이 만들었는지는 잊어버린다.

물론 어느 정도는 우리 기독교인들 스스로 무덤을 팠다. 문화 전쟁이 단단히 자리 잡으면서 많은 신자가 신앙 유산과 접촉이 끊긴 반

---

[6] Rebecca McLaughlin, "How the Hero of 'Doctor Who' Is—and Is Not—Like Jesus," The Gospel Coalition, January 12, 2018, https://www.thegospelcoalition.org/article/hero-doctor-not-like-jesus/를 참조하라.

면, 기독교인이나 무신론자나 모두 '**세속적**'을 '규범적'이라는 의미로 여긴다. 기독교인들은 대학을 고안해 냈고, 하나님을 영화롭게 하고자 많은 세계 일류 학교를 설립했다. 그렇다 해도 공부는 믿음에 대한 위협으로 보인다. 기독교인들이 과학을 고안해 냈지만, 과학은 기독교와 정반대인 것으로 보인다.[7] 역사상 손꼽히는 훌륭한 이야기 중 일부는 기독교인들이 들려준 것이다. 그러나 이야기가 매우 좋고, 엄청나게 매혹적이며, 아주 멋지다면, 보통 우리는 이야기를 망칠 이러한 신앙을 작가들이 신봉할 리 없다고 짐작한다.

이 일이 오늘날 학생들에게는 어떤 열매를 맺었는가?

'무종교인' 청년층의 증가

2016년에 미국의 대학교 신입생을 대상으로 가장 광범위하게 실시한 설문 조사에 따르면, 신입생 중 30.9퍼센트가 어느 종교에도 속해 있지 않았으며, 이는 2006년 이후로 극적으로 10퍼센트가 상승한 것이다.[8] 신입생 중 이 집단은 '무종교'(16퍼센트)를 선택한 이들, 불가지론자라고 인정하는 이들(8.5퍼센트), 무신론자라고 주장하는 이들(6.4퍼센트)로 나뉜다. 비종교인 인구가 급격히 증가하고 있기는 하지만, 그렇다고 해서 대학을 세속주의에 양도해도 좋다는 뜻은 아니다. 미국 대학생 중에 69퍼센트는 여전히 자신에게 종교가 있다고 인정하며, 60.2퍼센트

---

[7] 과학의 기독교적 기원은 7장 "과학이 기독교의 오류를 증명하지 않았는가?"에서 밝히겠다.

[8] Kevin Eagan et al., *The American Freshman: National Norms 2016* (Los Angeles: Cooperative Institutional Research Program at the Higher Education Research Institute at UCLA, 2017), 38쪽, https://heri.ucla.edu/monographs/TheAmericanFreshman2016.pdf를 참조하라.

는 기독교인이라고 인정한다. 물론 설문 조사 칸에 체크 표시를 한다고 해서 실제 신앙이 있다는 증거는 아니다. 하지만 무신론자보다 침례교인이라고 인정하는 학생이 더 많다면, 우리는 세속화의 과장된 주장에 주의할 필요가 있다. 또한 종교 인구 감소는 다양성에 따른 부수적인 결과도 아니다. 미국에서는 백인 남성들이 무신론을 과도하게 드러내는 반면에, 여성과 유색 인종 학생에게는 종교가 있을 가능성이 더 높다.[9] 역사적 흑인 대학교들(historically black universities. 남북 전쟁 이후 노예 신분에서 풀려난 자유민들, 주로 아프리카계 미국인들을 교육하기 위해 설립된 대학교_ 옮긴이)에서는 학생 중에 85.2퍼센트가 기독교인으로 확인되며, 불가지론자나 무신론자나 무종교인은 11.2퍼센트에 지나지 않는다.[10] 그럼에도 미국에서는 종교적으로 아무 데도 속하지 않은 학생 비율이 빠르게 증가하고 있다. 그렇다면, 오늘날 학생들은 이제 우리에게 종교가 필요 없다는 사실을 향해 걸어가고 있는 것인가?

종교_ 특효약

2016년에 하버드 보건대학원 교수인 타일러 밴더윌레와 저널리스트인 존 시니프가 〈유에스에이 투데이〉(USA Today)에 "종교는 특효약일 수 있다"는 제목으로 외부 기고문을 썼다.[11] 그 글은 이렇게 시작한다. "수

---

[9] 미국에서 자신을 무신론자라고 규정한 사람의 68퍼센트가 남성이며, 전체 인구의 66퍼센트가 백인인 데 비해 무신론자의 78퍼센트가 백인이다. Michael Lipka, "10 Facts about Atheists," Pew Research Center, June 1, 2016, http://www.pewresearch.org/fact-tank/2019/12/06/10-facts-about-atheists/를 참조하라.

[10] Eagan et al., *American Freshman*, 38쪽을 참조하라.

[11] Tyler VanderWeele and John Siniff, "Religion May Be a Miracle Drug," *USA Today*, October 28, 2016, https://www.usatoday.com/story/opinion/2016/10/28/religion-church-

백만 미국인의 심신 건강을 (개인 비용 한 푼 들이지 않고서) 향상시킬 단 하나의 영약을 생각해 낼 수 있다면, 우리 사회는 그것을 얼마나 귀하게 여기겠는가?" 두 저자는 이어서 심신 건강의 유익을 개략적으로 설명하는데, 그 유익은 꾸준한 신앙생활(미국인 대부분에게는 교회 출석)과 연관성이 있어서, 50년에 걸쳐 사망률을 20-30퍼센트 줄여 주기까지 한다. 연구 결과에 따르면 꾸준히 예배에 참석하는 사람들은 더 낙천적이고, 우울증 발생률이 낮으며, 자살 가능성이 적고, 인생의 목적이 더 원대하며, 이혼 가능성이 적고, 자제력이 강하다.[12]

물론 우리는 신문을 펼쳐 보기만 해도 종교 신앙이 해를 끼칠 수 있음을 알 수 있다. 그러나 종교가 당신에게 해롭다고 말하는 것은, 코카인을 생명을 구하는 약과 구별하지 않고서 "약은 당신에게 해롭습니다"라고 말하는 것이나 마찬가지다. 보통은 종교 활동이 건강과 행복에 유익해 보인다. 이 자료를 뒤집어 보면, 미국의 세속화 경향은 곧 보건의 위기다.[13]

종교 활동은 어떻게 그토록 강력한가?

---

attendance-mortality-column/92676964/.
[12] 종교 활동이 건강과 안녕에 끼치는 영향을 다룬 상세한 조사 보고서 검토에 대해서는 다음 책을 참조하라. *Spirituality and Religion within the Culture of Medicine: From Evidence to Practice*, ed. Michael J. Balboni and John. R. Peteet (New York: Oxford University Press, 2017)에 수록된 Tyler VanderWeele, "Religion and Health: A Synthesis."
[13] 밴더윌레는 자신의 연구를 이렇게 요약한다. "흔히 보건의 적절성은 노출과 그 결과의 크기에 대한 유병률이라는 함수로 기술된다. 이 검토서에서 논의하겠지만, 이러한 이유로 종교 활동은 건강에 관한 강력한 사회적 결정 요인이다." VanderWeele, "Religion and Health," 357쪽.

관계의 힘

관계가 부분적으로는 답이 된다. 종교는 관계를 조성하며, 관계는 중요하다. 하버드 성인 발달 연구소 소장은 75년 동안 행복에 관해 연구하여 발견한 내용을 이렇게 요약한다. "좋은 관계는 우리가 더 행복하고 건강하게 지내도록 해준다. 이상으로 끝."[14] 그 연구 내내 피험자들은 행복이 명예와 부와 수준 높은 성취에 달려 있으리라고 예상했다. 그러나 실제로 가장 행복하고 건강한 사람들은 가족과 친구와 공동체와 맺는 관계에 우선순위를 두었다.

아마 우리가 외로움이 치명적이라는 사실을 확신하는 데는 75년짜리 연구가 필요 없을 것이다. 우리의 일인용 사회에서 우리는 선택을 헌신보다 우선시하라고 배운다. 우리는 기회를 놓칠까 우려하여 엮이지 않으려고 하지만, 그러면서 무척이나 중요한 일들을 놓쳐 버린다. 그러나 공동체의 힘이 종교가 끼치는 영향을 해명해 주는가? 매주 한 번씩 지역 골프 동호회에 가서 같은 사람들과 계속 공통 관심사를 나누며 시간을 보내면 비슷한 결과가 나오겠는가? 그렇지 않을 듯하다. 공동체의 도움 하나로는 종교 활동의 긍정적 효과 중에 30퍼센트도 설명하지 못할 것이다.[15] 그렇다면 다른 무엇이 작용하는가?

---

14   Robert Waldinger, "What Makes a Good Life? Lessons from the Longest Study on Happiness," TEDxBeaconStreet (video), November 2015, https://www.ted.com/talks/robert_waldinger_what_makes_a_good_life_lessons_from_the_longest_study_on_happiness.

15   예를 들어 다음 내용을 참조하라. Shanshan Li et al., "Association of Religious Service Attendance with Mortality among Women," *JAMA Internal Medicine* 176, no. 6 (2016): 777-785쪽.

성경에 나온 일곱 원리의 유익

납득하기 어려운 성경의 명령 일곱 가지를 검토하고, 그 명령이 현대 심리학의 연구 결과와 어떠한 연관이 있는지 살펴보고자 한다. 속속들이 살핀 목록은 아니며, 나는 기독교가 이 원리들을 독차지할 권한이 있다거나, 건강과 행복에 끼치는 긍정적 영향이 진리에 대한 리트머스 시험이라고 주장하지 않는다. 그러나 이 장 제목이 "우리는 종교 없이도 잘 살지 않는가?"이므로, 세상에서 가장 큰 종교의 원리를 일정 부분 톺아보고, 그 원리가 우리가 잘 살아가는 능력에 어떻게 영향을 끼치는지 짚어 보는 것이 타당해 보인다.

주는 것이 받는 것보다 복이 있다

우리 문화는 소유욕이 강하기에 '그리스도인은 봉사하고 남에게 주어야 한다'는 성경의 명령은 나사가 빠진 느낌이 든다. "주는 것이 받는 것보다 복이 있다"(행 20:35)는 주장은 개별화되고 성공에 초점을 맞추는 우리네 사고방식과 전혀 맞지 않는다. 하지만 연구가 더 진행될수록 주는 것이 우리에게 유익하다고 생각하게 된다. 자원봉사는 정신 건강과 신체 건강에 긍정적으로 영향을 끼친다.[16] 다른 이들을 적극적으로 돌보면 보통은 돌봄받을 때보다 신체적으로, 심리적으로 훨씬 큰 유익을 얻

---

16 이 연구의 요약 내용은 다음 글을 참조하라. Caroline E. Jenkinson et al., "Is Volunteering a Public Health Intervention? A Systematic Review and Meta-Analysis of the Health and Survival of Volunteers," *BMC Public Health* 13 (2013): 773쪽. 다음 글도 참조하라. Donald P. Moynihan, Thomas DeLeire, and Kohei Enami, "Volunteering Makes You Happier, but Why You Volunteer Also Matters: Other-Oriented Motivations and Cumulative Life-Satisfaction," Robert M. La Follette School of Public Affairs (website), November 2017, https://www.lafollette.wisc.edu/images/publications/workingpapers/Moynihan-2017-004-volunteering.pdf.

는다.[17] 직장에서 남을 도우면 직장 생활의 만족도가 향상되는 것으로 보인다.[18] 또 재정적으로 후하게 베풀면 심리적으로 보상을 받는다.[19]

다수의 비종교인이 열정적으로 봉사하고 기부하느라 바쁜 반면에, 다수의 기독교인은 자기중심적으로 살아간다. 그러나 무신론자이자 사회 심리학자인 조너선 하이트는 이렇게 말한다.

오랫동안 설문 조사가 보여 주었듯이 미국에서는 종교인이 비종교인보다 더 행복하고, 더 건강하며, 더 오래 살고, 자선을 베풀 때나 서로를 대할 때 더 너그럽다. …… 종교인이 비종교인보다 비종교적인 자선 단체에, 또 이웃에게 돈을 더 많이 기부한다. 종교인이 시간도 더 많이 내주고, 헌혈도 더 많이 한다.[20]

예수께서 보이신 본을 철저하게 따라 살아가는 기독교인은 없다. 예수께서는 원수들을 구원하려고 자기 생명을 내주셨다. 매우 많은 교

---

[17] 이에 대한 예는 다음 글을 참조하라. Susan Brown et al., "Providing Social Support May Be More Beneficial Than Receiving It: Results from a Prospective Study of Mortality," *Psychological Science* 14, no. 4 (2003): 320-327쪽.

[18] Donald P. Moynihan, Thomas DeLeire, and Kohei Enami, "A Life Worth Living: Evidence on the Relationship between Prosocial Motivation, Career Choice, and Happiness," *American Review of Public Administration* 4, no. 3 (2015): 311-326쪽.

[19] 이에 대한 예는 다음 글을 참조하라. Lara B. Aknin et al., "Prosocial Spending and Well-Being: Cross-Cultural Evidence for a Psychological Universal," *Journal of Personality and Social Psychology* 104, no. 4 (April 2013): 635-652쪽.

[20] Jonathan Haidt, "Moral Psychology and the Misunderstanding of Religion," *Edge*, September 21, 2007, https://www.edge.org/conversation/jonathan_haidt-moral-psychology-and-the-misunderstanding-of-religion. 하이트의 경고에 따르면, "신무신론자를 안내자 삼아서는 이러한 교훈을 배울 수 없다. 신무신론자들은 문헌을 편파적으로 비평하고 나서는, 종교는 건강에 유익하다는 점 말고는 유익이 있다는 타당한 증거가 없다고 결론 내린다."

회가 신약의 윤리를 무시하며 자기에게 초점을 맞추는 기독교를 만들어 냈다. 그러나 기독교인의 삶에서 그리스도가 희미하게나마 되풀이되면 사회와 개인 둘 다에게 이익이 되는 것으로 보인다.

돈을 사랑하면 실망이 남는다

우리는 꾸준히 자본주의를 먹고 자랐기 때문에 부에 대한 성경의 비판을 받아들이기 힘들다. 예수께서는 부자가 하나님 나라에 들어가기는 낙타가 바늘귀 통과하기보다 힘들다고 가르치셨다(마 19:23, 24; 막 10:25; 눅 18:24, 25). 사도 바울은 돈에 대한 사랑을 일컬어 "모든 악의 뿌리"(딤전 6:10, 새번역)라고 했다. 그러나 적어도 미국에서는 돈에 대한 사랑이 여전히 세력을 떨치고 있다. 2016년 〈더 아메리칸 프레시맨〉(The American Freshman) 설문 조사를 보면, 대학교 신입생 중에 82.3퍼센트가 "재정적으로 아주 넉넉하게 되는 것"이 "반드시 필요한" 또는 "아주 중요한" 인생 목표라고 체크했다.[21] 이것은 지난 10년 동안 10퍼센트 증가한 수치이며, "가족 부양"을 앞지르고 최우선 항목이 되었다.[22] 학창 시절이 지나면 우리는 대부분 돈으로 행복을 사겠다는 듯이 살면서 직장 생활이라는 제단에 가족과 친구 관계를 제물로 바친다. 그러나 하이트가 논평했듯이, "부 자체가 행복에 직접적으로는 미미하게밖에 영향을 끼치지 못하는 까닭은 사실상 부가 쾌락이라는 쳇바퀴의 속도를 높이기 때

---

21 Eagan et al., *American Freshman*, 47쪽.
22 2006년에 실시된 동일한 설문 조사의 보고에 따르면, 학생 75.5퍼센트가 "가족 부양"이 "반드시 필요한" 또는 "아주 중요한" 인생 목표라고 표시한 반면에, 73.4퍼센트가 "재정적으로 아주 넉넉하게 되는 것"이 "반드시 필요한" 또는 "아주 중요한" 인생 목표라고 표시했다.

문이다."[23]

진짜 가난한 이들에게는 적은 돈이 엄청나게 도움이 될 수 있다. 성경에서 여유가 있는 사람에게 없는 사람과 나누라고 끊임없이 명령하는 것은 바로 이러한 현실을 반영한다. 문헌 자료가 복잡하지만, 기초적인 안정을 주는 수준을 넘어 부가 증가해도 행복감의 증가와는 연관성이 미미할 뿐임을 시사하는 증거가 있다.[24] 경제학자 제프리 삭스가 〈2018년 세계 행복 보고서〉(World Happiness Report 2018)에서 언급한 내용에 따르면, 미국에서 "1인당 소득은 1972년 이래 두 배 이상이 되었지만, 행복(또는 주관적 행복[subjective well-being, SWB])은 대략 변함이 없거나 감소해 왔다."[25] 돈을 사랑함에 대한 성경의 경고는 우리가 인식하는 것보다 더 사실이어서, 관계보다 돈에 인생을 더 많이 투자하면, 투자 수익이 만족스럽지 않을 것이다.

소명인 경우에 일이 잘 풀린다

성경이 돈에 대한 사랑을 제거하기는 하지만, 우리를 한가하게 살라고 부르지는 않는다. 도리어 성경이 우리에게 들려주는 이야기를 보면, 사람은 하나님과 관계 가운데, 또 다른 이들과 관계 가운데 있도록, 의

---

23 Jonathan Haidt, *The Happiness Hypothesis: Finding Modern Truth in Ancient Wisdom* (New York: Basic Books, 2006), 89쪽.

24 이를 테면, 다음 내용을 참조하라. Daniel Kahneman and Angus Deaton et al., "High Income Improves Evaluation of Life but Not Emotional Well-Being," *Proceedings of the National Academy of Sciences* 287, no. 38 (2010); E. Diener et al., "Wealth and Happiness across the World: Material Prosperity Predicts Life Evaluation, Whereas Psychosocial Prosperity Predicts Positive Feeling," *Journal of Personality and Social Psychology* 99, no. 1 (2010): 52-61쪽.

25 John F. Helliwell, Richard Layard, and Jeffrey D. Sachs, *World Happiness Report 2018* (New York: Sustainable Development Solutions Network, 2018), 146쪽.

미 있는 일에 몰두하도록 만들어졌다. 1세기에는 우리처럼 직업 선택의 자유가 있는 사람이 거의 없었다. 아버지가 목수라면, 목공 일을 좋아하는 편이 낫다! 그러나 자신의 상황이나 지위가 어떠하든지, 자기가 일하는 **방식**은 선택할 수 있었다. 사도 바울은 (초대 교회에서 상당한 비율을 차지하던) 기독교인 노예들에게 **그들의** 일조차도 소명일 수 있다고 격려하고서는 권하기를, 그 일에 마음을 다하고, 인간인 주인이 아니라 주님을 위해 일하는 것으로 여기라고 했다(골 3:23, 24).[26] 그래서 기독교인들은 (건물을 설계하고 있든, 건물 바닥을 쓸고 있든) 일을 **예배**의 한 부분으로 보라는 부르심을 받는다.

다시 말하지만, 이것은 훌륭한 충고임을 알 수 있다. 심리학 연구를 보면, 우리가 잘 살아가기 위해서는 의미 있는 일이 필요하다. 돈을 위해서만 일한다면 그 일이 만족스럽지 않다고 생각하기 쉽지만, 자기 일에 마음을 쏟으면서 그 일을 자신의 가치관에 깊은 공감을 불러일으키고, 자기를 사람들과 이어 주고, 더 큰 미래상에 어울리는 소명으로 여긴다면, 우리는 기쁨을 경험한다. 펜실베이니아대학교 심리학 교수 앤절라 더크워스는 이 사실을 보여 주는 한 우화를 들려준다. "세 벽돌공에게 '무슨 일을 하고 계시죠?' 하고 묻는다. 첫째 벽돌공은 '저는 벽돌을 쌓고 있습니다' 하고 말한다. 둘째 벽돌공은 '저는 교회를 짓고 있습니다' 하고 말한다. 셋째 벽돌공은 '저는 하나님의 집을 짓고 있습니다' 하고 말한다. 첫째 벽돌공에게는 생계를 위한 일이 있다. 둘째 벽돌공에게는 직업이 있다. 셋째 벽돌공에게는 소명이 있다."[27]

---

[26] 노예제를 다룬 성경 본문과, 성경이 노예 소유를 정당화하는지 여부는 10장에서 살펴보겠다.
[27] Angela Duckworth, *Grit: The Power of Passion and Perseverance* (New York: Scribner,

우리는 이것을 가장 마음이 가지 않는 일에 적용할 수 있다. 어느 연구에서는 병원에서 환자용 변기를 비우고 토사물을 치우는 청소부들의 태도를 관찰했다. 스스로 환자들을 돌보는 팀의 일원이라고 여기며 자기 일을 뛰어나게 확실히 잘 해내는 사람들은 자기 일을 소명으로 여겼으며, 그저 봉급을 받으려고 일하는 사람들보다 훨씬 즐겁게 일했다.[28] 따라서 뇌 수술을 하고 있든 토사물을 치우고 있든, 우리는 자기 일에 마음을 다하고 그 일을 더 큰 목적과 연결시키며 만족을 얻을 수 있다.

우리는 어떤 상황에서도 정말로 행복할 수 있다

이러한 직업관은 더 납득하기 어려운 성경의 주장과 연결된다. 사도 바울은 신체적으로, 또 심리적으로 외상(外傷)을 숱하게 겪은 후에 감옥에서 이러한 글을 썼다. "나는 비천에 처할 줄도 알고 풍부에 처할 줄도 알아 모든 일 곧 배부름과 배고픔과 풍부와 궁핍에도 처할 줄 아는 일체의 비결을 배웠노라 내게 능력 주시는 자 안에서 내가 모든 것을 할 수 있느니라"(빌 4:12, 13). 이 말은 희망사항처럼 들린다. 그러나 현대 심리학자들은 우리에게 행복을 합성할 수 있는 고도로 발달된 능력이 있다고 말한다. 하버드대학교 심리학 교수인 대니얼 길버트는 이것을 우리의 "심리적 면역 체계"라고 일컫는다. 그 의미를 분명히 설명하기 위해 길버트는 17세기의 박식가 토마스 브라운의 말을 인용한다. "나는 살아 있는 가장 행복한 사람이다. 내 안에는 가난을 부유로, 역경을 성공으로 뒤집을 수 있는 것이 있다. 나는 아킬레스보다 더 끄떡없으며,

---

2016), 149쪽. 「그릿」(비지니스북스 역간, 2016).
28   Haidt, *The Happiness Hypothesis*, 222쪽.

운명이 나를 칠 구석이 없다."²⁹

길버트는 묻는다. "이 사람의 머릿속에는 어떠한 종류의 놀라운 기계가 있는 걸까요? 그런데 알고 보니 똑같이 놀라운 기계가 우리 모두에게 있습니다." (자칭 무신론자인) 길버트는 브라운이 자신의 기독교 신앙에 의지하면서 고난에 대비하여 예방 접종을 했다는 것에는 주목하지 않는다. 실은 길버트가 인용한 브라운의 「의사의 종교」(Religio Medici)는 기독교의 덕목인 믿음과 소망과 사랑을 중심으로 구성된 신학적 회고록이다.

길버트는 역경 속에서 기쁨을 발견한 다른 인물들도 강조하는데, 그중에 모리스 비컴이 있다. 비컴은 아프리카계 미국인으로, 유죄 사실이 불분명한데도 백인 경찰관 두 명을 살해했다는 판결을 받고 교도소에서 37년을 보냈다. 석방된 후에 비컴은 이렇게 단언했다. "저는 한순간도 후회하지 않습니다. 영광스러운 경험이었어요."³⁰ 이번에도 길버트는 비컴이 기독교 신앙으로 견딘 일이나 수감 전에 입은 부상에 대해 하나님께 감사한 일은 언급하지 않는다. 비컴은 이렇게 회상한다. "저는 누워 있으면서 제 머리 위를 [뚫고서] 총알이 날아가 죽을 뻔한 순간에 비로소 [하나님과] 개인적인 관계를 맺었습니다."³¹

---

29 Dan Gilbert, "The Surprising Science of Happiness," TED2004 (video), February 2004, https://www.ted.com/talks/dan_gilbert_asks_why_are_we_happy. Simon Wilken ed., *The Works of Sir Thomas Browne: Pseudodoxia Epidemica*, bks. 5-7, *Religio Medici* (London: Henry G. Bowen, 1852), 444쪽에서 인용.

30 Kevin Sack, "After 37 Years in Prison, Inmate Tastes Freedom," *New York Times*, January 11, 1996, http://www.nytimes.com/1996/01/11/us/after-37-years-in-prison-inmate-tastes-freedom.html에서 인용.

31 "Former Death Row Prisoner Moreese Bickham Dies at 98: He Served 37 Years for Killing Klansmen Cops," *Democracy Now*, May 5, 2016, https://www.democracynow.org/2016/5/5/

행복을 합성하는 능력이 예수를 따르는 이들에게만 있지는 않다. 불교는 사람들이 역경을 만날 때 내면의 평화를 유지하도록 돕는 데 상당히 주력한다. 유대교와 이슬람교의 관습 역시 내면의 행복에 기반을 둔다. 그러나 길버트가 기술한 심리적 면역 체계는 자족에 대한 성경의 명령과 놀라울 정도로 유사하다.

감사는 우리에게 이롭다

어떤 상황에서든지 자족할 가능성은 납득하기 힘든 또 다른 성경 윤리와 관계가 있다. 바울은 그리스도인들에게 "항상 기뻐하라 쉬지 말고 기도하라 범사에 감사하라"(살전 5:16-18)고 명령한다. 이 말은 비현실적이고, 심지어 둔감해 보이기까지 한다. 하지만 이 글을 쓸 때 바울은 안락의자에 앉아 있던 것이 아니라 고난을 심하게 겪고 있었다. 매 맞고 배가 난파되었으며, 배척받고 아팠으며, 사형을 당할 가능성도 있었다. 오늘날 심리학자들이 발견한 사실에 따르면 의식적으로 날마다 감사하는 것은 정말로 우리에게 아주 이롭다. 실험적으로 비교해 보면, 매주 꾸준히 감사 일기를 쓰는 사람들은 싸움이나 이도저도 아닌 인생사를 기록하는 사람들보다 운동을 더 많이 하고, 신체 증상이 덜하다고 전하며, 자기 삶을 더 좋게 느끼고, 다음 주에 대해 더 낙관적이다.[32] 심리학 교수인 로버트 에몬스는 감사를 일컬어 "행복 연구에서 잊힌 요

---

former_death_row_prisoner_moreese_bickham에서 인용.

32   이를 테면 다음 내용을 참조하라. Robert A. Emmons and Michael E. McCullough, "Counting Blessings versus Burdens: An Experimental Investigation of Gratitude and Subjective Well-Being in Daily Life," *Journal of Personality and Social Psychology* 84, no. 2 (February 2003): 377-389쪽.

인"이라고 한다.³³

감사는 기독교의 핵심에 묻혀 있다. 기독교인들은 하나님이 우리를 지으시고 우리에게 있는 온갖 좋은 것을 만드셨음을 믿을 뿐 아니라, 예수께서 우리 대신 죽으심으로 구원을 쟁취하셔서 우리에게 선물로 거저 주셨음을 믿는다. 따라서 기독교인들에게 감사는 단순히 긍정적인 기법이 아니라, 생명을 주시고 생명을 구해 주신 하나님을 진심으로 대하는 마음가짐이다.

절제와 인내의 도움으로 우리가 성공한다

현대의 문화는 대부분 순간의 만족 위주로 돌아간다. 그러나 기독교인들이 부름받은 삶의 특징은 오랜 기간의 인내와, 크게 희생해야 하는 절제다. 예를 들어, 사도 베드로는 자기 편지를 읽는 이들에게 강권했다. "너희가 더욱 힘써 너희 믿음에 덕을, 덕에 지식을, 지식에 절제를, 절제에 인내를, 인내에 경건을, 경건에 형제 우애를, 형제 우애에 사랑을 더하라"(벧후 1:5-7). 기독교인의 삶을 예수께서는 "힘겨운" 길이라고 하시며(마 7:14), 여러 성경 본문에서는 우리가 참을성 있게 열심히 달려야 하는 달리기로 서술한다. 이를 테면, 히브리서 기자는 강권한다. "인내로써 우리 앞에 당한 경주를 하며 믿음의 주요 또 온전하게 하시는 이인 예수를 바라보자 그는 그 앞에 있는 기쁨을 위하여 십자가를 참으사"(히 12:1, 2).

---

33 그 분야에 대한 학문적 개론은 다음 책을 참조하라. Robert A. Emmons and Michael E. McCullough, eds., *The Psychology of Gratitude*, Studies in Affective Science (Oxford: Oxford University Press, 2014).

다시 말하지만, 성경은 인간의 상황이 좋다고 판단한다. 인내와 절제가 매력이 없기는 하지만, 다양한 지표 전반에 걸쳐서 번영을 예측할 수 있는 주요 지표로 보인다.[34] 사실, 심리학자인 앤절라 더크워스는 **그릿**(grit)이라는 자질을 "장기 목표를 위한 열정과 인내"로 정의 내리면서, 사회적 지능(SQ)이나 훌륭한 외모, 건강, 지능 지수(IQ)보다는 **그릿**으로 한 사람의 성공 가능성을 더 잘 예측할 수 있다고 한다.[35]

용서는 기본이다

예수께서는 제자 하나가 용서의 상한선을 "일곱 번까지 하오리까?" 하고 제시하자, "일곱 번뿐 아니라 일곱 번을 일흔 번까지라도 할지니라"고 대답하셨다(마 18:21, 22). 예수께서는 제자들에게 기도를 이렇게 가르치셨다.

> 우리가 우리에게 죄 지은 모든 사람을 용서하오니
> 우리 죄도 사하여 주시옵고(눅 11:4).

그리고 십자가에 못 박히셨을 때는 사형을 집행하고 있는 군인들을 위해 "아버지 저들을 사하여 주옵소서 자기들이 하는 것을 알지 못함이니이다"(눅 23:34) 하고 기도하셨다. 예수께서는 인간의 용서의 기초에

---

34 이를 테면 다음 논문을 참조하라. Angela Duckworth and James J. Gross, "Self-Control and Grit," *Current Directions in Psychological Science* 23, no. 5 (2014): 319쪽. 자기 조절의 중요성에 대해 더 알고 싶다면 다음 책을 참조하라. Laurence D. Steinberg, *Age of Opportunity: Lessons from the New Science of Adolescence* (Boston: Mariner, 2015), 16쪽.
35 Duckworth, *Grit*, 149쪽. 「그릿」.

하나님의 철저하신 용서를 놓으시면서, 용서받은 사람들은 **반드시** 용서**해야** 한다고 주장하신다. 다시 말하자면, 알고 보면 이것이 우리에게 이롭다. 용서는, 특히 가해자의 행동과 별개로 이뤄지는 용서는 심신 건강의 긍정적 결과로 연결되어 왔다.³⁶

신약에서 용서의 윤리는 복수하지 말라는 명령과 짝을 이룬다. 그러나 용서는 근본적으로 정의를 포기하는 것이 아니다. 그보다는 최종 심판이 하나님의 손에 달려 있음을 인정하는 것이다. 기독교인들이 받은 명령은, 약한 이들과 상처 입기 쉬운 이들을 보호하지만 각자 복수나 변호는 하려고 하지 말라는 것이다. 그러는 대신 기독교인들은 자신이 용서받았듯이 남을 용서해야 한다.

납득이 되지 않는 이러한 성경적 지혜의 여러 가닥이 삶이라는 직물에서 어떻게 한데 엮일까?

밥이 되겠는가, 아니면 메리가 되겠는가?

리처드 도킨스가 「만들어진 신」을 펴낸 해와 같은 2006년에 무신론자인 심리학자 조너선 하이트가 「행복의 가설」(The Happiness Hypothesis: Finding Modern Truth in Ancient Wisdom)을 출간했다. 그 책의 아주 인상 깊은 대목에서 하이트는 인물 두 명을 간략하게 소개한다. 먼저 우리는 밥을 만난다. "밥은 35세 미혼으로 백인이고 매력적이며 몸이 탄탄하다.

---

36 여러 연구 조사를 보려면 다음 논문을 참조하라. Loren L. Toussaint, Amy D. Owen, and Alyssa Cheadle, "Forgive to Live: Forgiveness, Health, and Longevity," *Journal of Behavioral Medicine* 35, no. 4 (2012): 375-386쪽; Loren L. Toussaint, Everett L. Worthington, and David R. Williams eds., *Forgiveness and Health: Scientific Evidence and Theories Relating Forgiveness to Better Health* (Dordrecht: Springer, 2015).

연봉이 10만 달러이고, 화창한 캘리포니아 남부에 산다. 매우 지적이며, 여가 시간을 독서와 미술관 방문에 쓴다."[37]

그 다음으로 메리를 만난다.

메리와 남편은 눈이 많이 내리는 뉴욕 버펄로에 살고 있으며, 그곳에서 둘이 합해서 4만 달러를 번다. 메리는 65세 흑인으로 비만이고 외모가 평범하다. 붙임성이 아주 좋고, 여가 시간을 대체로 교회와 관련한 활동으로 보낸다. 신장 문제로 투석을 받고 있다.

메리는 건강 문제가 있고, 상대적으로 가난하게 살고 있으며, 분명 평생 차별을 견뎌 왔을 것이다. 그러나 하이트는 우리에게 커브볼을 던진다. "밥은 모든 것을 가진 사람으로 보인다. 이 책 독자 중에 밥의 삶보다 메리의 삶을 선택할 사람은 거의 없을 것이다. 그러나 내기를 해야 한다면, 메리가 밥보다 행복하다는 쪽에 걸어야 한다." 하이트가 이러한 진단의 근거로 삼은 지표 요소 중에 첫째는 메리가 안정적인 결혼 생활과 종교 생활을 한다는 점에서 유리하다는 것인데, 이 둘은 관계가 없지 않다. 단순히 기독교인이라고 인정한다고 해서 이혼 가능성이 낮아지지는 않지만, 꾸준한 교회 출석에는 결혼 생활을 상당히 보호하는 효과가 있어 보인다.[38] 교회 활동에 자주 참여하고, 그러면서 얻은 심리적 유익이라는 배터리 덕분에 메리는 더 많은 특권을 누리는 이들을 이길 수 있다.

---

37   Haidt, *Happiness Hypothesis*, 87쪽.
38   이 연구 조사의 요약은 VanderWeele, "Religion and Health," 368쪽 참조.

종교인들이 행복에서 유리한 자리에 있다는 것을 보여 주는 이러한 자료를 어떻게 이해해야 할까? 하버드대학교 심리학 교수 스티븐 핑커는 이것을 조지 버나드 쇼의 우스갯소리로 일축해 버린다. "신자가 회의론자보다 행복하다는 사실은, 술 취한 사람이 취하지 않은 사람보다 행복하다는 주장에 지나지 않는다."[39] 그러나 이 말은 허점이 매우 많다. 취한 사람이 취하지 않은 사람보다 더 많이 절제하지도, 다른 이들을 더 많이 돕지도, 자기 일에 더 깊이 몰두하지도, 건강하게 오래 살 가능성이 더 크지도, 이혼할 가능성이 더 작지도 않다. 종교 활동이 심신의 행복을 개선하는 특효약이라고 비유하는 편이 훨씬 적절하다.

우리는 자신보다 더 큰 무언가가 필요하다

하이트는 사람의 심리적 기본 필요를 이렇게 요약한다. "식물이 잘 자라려면 태양과 물과 기름진 흙이 필요하듯이, 사람들에게는 사랑과 일, 그리고 더 큰 무언가와의 연결이 필요하다."[40] "더 큰 무언가"는 다양한 형태일 수 있지만, 하나님과 연결된 느낌이야말로 그것을 가장 본능적으로 실현한 것이다. 그리고 그러한 종류의 연결은 그대로 복제하기가 쉽지 않다. 우리는 정치 이념, 혹은 인종 평등 추구나 인권 침해 반대 운동 같은 윤리적 대의명분에 헌신할 수 있다. 이런 일들은 그 자체로 훌륭하고 분명 삶에 의미를 부여할 것이다. 그러나 4장에서 살펴보겠지만, 아주 깊이 있는 윤리적 헌신 가운데 다수의 역사적·철학적 토대

---

[39] Steven Pinker, *Enlightenment Now: The Case for Reason, Science, Humanism, and Progress* (New York: Penguin, 2018), 287쪽.
[40] Haidt, *Happiness Hypothesis*, 222쪽.

를 톺아보면, 다시 기독교와 만나게 된다.

그래서 어떻다는 말인가?

1장을 시작하면서 우리는 종교 없이도 그저 잘 살지 않느냐고 생각했다. 케임브리지대학교에서 내 동기들은 그렇게 생각했다. 관련 자료를 모조리 살펴볼 수는 없지만, 종교 활동은 개인과 사회에 많은 유익을 가져다주며, 특히 기독교는 현대 심리학에서 발견한 내용과 잘 조화한다는 강력한 증거가 있다.

이러한 조화가 기독교가 참됨을 입증하는가? 절대로 그렇지 않다! 오히려 그것 때문에 우리 마음속에 수백 가지 질문이 제기되어야 하며, 이어지는 장에서 그러한 질문들을 살펴볼 것이다. 그러나 종교 활동이 우리의 심신 건강에 긍정적 효과를 끼치는 것을 보면서, 우리는 종교가 모든 것에 독을 푼다는 주장을 믿기 전에 먼저 진지하게 생각해야 한다. 하버드대학교 교수 타일러 밴더윌레를 포함하여 종교 활동의 심신상 유익을 다루는 세계의 전문가들의 신념에 따르면, 기독교는 현실의 다양한 측면을 이해하는 데 가장 좋은 틀을 제공한다.[41] 밴더윌레의 말에 따르면, "누구든 교육을 받은 사람이라면 어느 시점에는 기독교를 지지하는 주장을 비판적으로 검토해 보아야 하며, 그 주장을 믿거나 믿지 않는 이유를 설명할 수 있어야 한다."

최근에 무엇을 믿든, 우리는 기독교와 정면으로 마주치게 되어 있

---

41 밴더윌레 교수의 생각을 더 알고 싶다면 다음 글을 참조하라. Tyler VanderWeele, "Evidence, Knowledge and Science: How Does Christianity Measure Up?," The Veritas Forum, February 12, 2016, http://www.veritas.org/how-does-christianity-measure-up/.

다. 기독교는 세계에서 가장 널리 퍼진 신앙 체계이며, 지적 발자국의 가장 멀리까지 닿아 있고, 인간이 어떻게 번성해야 하는지에 관하여 납득하기 어려운 지혜를 풍부하게 담고 있다. 그러니 이제 시작해 보자.

Question 2 ~~~~~~~~~~~ 기독교는 다양성을
짓밟지 않는가?

Doesn't Christianity Crush Diversity?

● 셍강루 타이메이(친구들이 부르는 별칭은 셍메이)는 〈뉴욕 타임즈〉에 실릴 인물이다. 타이메이는 인도 동북단에 있는 롱메이(Rongmei)족 마을에서 태어났고, 현재 델리대학교 영문학 교수이며, 자기 부족의 설화를 소외된 부족 여성들의 시각으로 새롭게 해석하여 단편 소설을 쓰고 있다. 타이메이 교수는 부족 설화를 뒤집어 다시 이야기하면서 동시에 부족 문화 보존에도 전념하고 있다. 그리고 보존은 필요하다. 다른 나가(Naga) 부족들과 마찬가지로, 롱메이족에도 19세기 초에 서양 선교사들이 들어왔다. 오늘날 롱메이족의 80퍼센트가 기독교인이며, 부족 전통은 쇠퇴하고 있다.

많은 사람이 그리스도에 대해 고려할 때 가장 큰 윤리적 장벽은 기독교가 백인, 서양 종교이고, 본질적으로 문화 제국주의와 연결되어 있다는 생각이다. 우리는 다양성을 찬양하며, 서양인들이 종교를 이용하여 토착 문화를 파괴한 방식을 한탄한다. 2016년에 셍메이를 만났을 때, 나는 백인으로서 죄책감이 달아올랐다. 인도에서의 영국 제국주의 역사는 알고 있었지만 나가 부족에 대해서는 전혀 아는 것이 없었다. 판에 박힌 선교 활동을 찾아보면, 사람 사냥 전통이 있는 외딴 부족 사

회에 설교하는 백인 미국 침례교인만큼이나 고통스러워진다!

그러나 셍메이의 개인 이야기에서는 상황이 더 복잡해진다. 종교가 없는 부모가 키웠기에 셍메이는 십 대일 때 롱메이족 친구가 교회에 데리고 간 후로 예수를 따르기 시작했다. 현재 셍메이는 친척 부족(리앙마이족) 출신 남자와 결혼했는데, 남편은 뉴델리에 있는 다민족·다문화 교회 목사며, 문학을 향한 셍메이의 열정을 앞지르는 것은 신앙을 나누려는 열정뿐이다.

셍메이의 이야기는 불편한 진실을 예시해 준다. 서양 기독교인들의 나쁜 짓에 가장 심하게 영향을 받은 이들 중 몇몇은 성경적 기독교를 가장 열렬히 지지하는 이들이기도 하다. 사실상 셍메이는 내게 경고하기를, 서양 선교사들이 나가 부족을 기독교화한 공로를 과하게 인정하지 말라고 했다. 서양인들 덕분에 회심한 사람은 몇 명 되지 않으며, 그렇게 회심한 이들이 자기 부족을 복음화했다(롱메이족에는 다른 나가 부족들보다 늦게 쿠키족 선교사들이 들어갔다). 셍메이는 서양 문화가 기독교와 한데 묶이는 방식을 개탄하기는 하지만, 기독교화가 끼친 긍정적 영향, 특히 부족 여성들의 위상에 끼친 영향 역시 명확히 밝힌다.

인도에 방문해서 기독교인 교수 열두 명을 만난 적이 있다. 열 명이 나가 부족 출신이었고, 서로 다른 토착어 일곱 개를 구사했다. 소수민족 출신 인도인들은 카스트 제도에 포함되지 않지만 보통은 인종 차별에 직면하며, 대부분이 기독교인이라는 사실 때문에 힌두교가 우세한 나라에서 더욱 소외당한다. 그러나 내가 새로 사귄 친구들은 기독교가 본질적으로 서구적이라는 오해를 깨뜨리는 데 열심이었다. 문화인류학 교수이자 자부심 강한 나가 부족 사람인 카나토 초피가 말했듯이 "기독교가 서양 종교라는 터무니없는 생각을 버려야 한다."

문자 해득은 서양적인가?

아마 비유 하나가 도움이 되겠다. 기독교와 서양 문화 사이에 연관성이 전혀 없다는 말이 아니다. 기독교는 수세기 동안 유럽을 지배했다. 서양에서 만든 (그림, 연극, 시, 궁전 같은) 문화 유물 다수에는 기독교 이념이 스며들어 있다. 그러나 기독교가 서양 문명을 독차지한 반면에, 서양 문명은 한 번도 기독교를 독차지한 적이 없다. 사실상 기독교를 '서양적'이라고 일컫는다면, 문자 해득(literacy)을 '서양적'이라고 일컫는 것과 마찬가지다. 서양 문명은 분명 문자 해득을 통해 형성되었으며, 서구인들은 다른 이들에게도 문자 해득을 강요했다. 그리고 종종 그러한 강요가 결국에는 전통적인 생활 방식을 훼손하기도 했다. 그러나 분별 있는 사람이라면 최소 세 가지 이유에서 문자 해득을 본질적으로 서구적인 것으로 주장하지 않을 것이다. 첫째, 문자 해득은 서양에서 시작되지 않았다. 둘째, 오늘날 문자를 해득하는 사람 대부분은 서구인이 아니다. 셋째, 다수 세계(majority world. 과거 '제3세계'에 해당하는 표현으로 지구에서 대다수 사람들이 속한 세계를 지칭하는 용어이며, 흔히 아시아와 아프리카, 라틴 아메리카의 개발도상국을 가리킨다_ 옮긴이) 사람들이 그저 무단 도용해서 글을 읽고 쓸 줄 알게 되었다고 말하는 것은 솔직히 모욕이다. 동일한 근거로, 기독교가 서양 종교라는 주장은 변호의 여지가 없다. 더구나 그러한 주장은 성경 자체가 거부한다.

성경의 다양성 윤리

통념과 달리, 기독교 운동은 시작부터 다문화·다민족적이었다. 예수께서 인종과 종교상 경계를 허물어 버리셨기 때문에 동족 유대인들이 분개했다. 이를 테면, 유명한 선한 사마리아인 비유는 (미움받던 민족 종교 집단의 일원인) 사마리아인을 도덕적인 모범으로 제시했기 때문에 그 비유를 가장 먼저 들은 이들에게는 충격이었다. 오늘날 비성경적이고 인종차별주의적인 억측 아래서 자란 백인에게, 흑인 무슬림이 영웅으로 나오는 이야기를 들려주는 것에 해당될 것이다. 마찬가지로, 요한복음에는 예수께서 어느 우물가에서 사마리아 여인과 인생을 변화시킨 대화를 나누신 일이 기록되어 있다. 유대인은 사마리아인과 상종하지 않았는데, 더구나 유대 랍비와 도덕적으로 위태위태한 사마리아 여인이라면 더 말할 것도 없다! 그러나 예수께서는 전혀 개의치 않으셨다. 아니, 오히려 예수께서는 소외되고 종교적으로나 성적으로나 미심쩍은 이 외국인 여자에게 깊이 마음을 쓰셨다.

기독교 운동의 다양성에 예수께서 불을 붙이셨고, 부활 이후에 그 다양성이 타올랐다. 예수께서는 유대인 제자들을 떠나 하나님 아버지께로 돌아가기 전에 "가서 모든 민족을 제자로 삼으라"(마 28:19) 명하셨으며, 기독교의 첫 물결을 기록한 사도행전을 보면 하나님의 성령께서 그들이 각기 다른 언어로 예수의 메시지를 선포할 수 있게 하셨다. 듣는 사람들은 "천하 각국으로부터" 왔으며, 개중에는 오늘날 이란, 이라크, 튀르키예, 이집트, 이탈리아에서 온 사람들이 있었다(행 2:5-11).[1] 더

---

1 바대인(페르시아인)과 메대인(이란인)과 엘람인(이란인); 메소보다미아(이라크)와 갑바도기아(튀르키예)와 본도(터키)와 아시아와 브루기아(터키) 지방에 사는 사람들; 이집트인과 로마인.

욱이 극단적 유대교 사도인 바울은 비유대인 세계로 뻗어 가는 선교를 하면서 그 시대의 사회적 장벽을 무너뜨렸다. 바울은 골로새에 있는 교회에 편지하기를 "거기에는 헬라인이나 유대인이나 할례파나 무할례파나 야만인이나 스구디아인이나 종이나 자유인이 차별이 있을 수 없나니 오직 그리스도는 만유시요 만유 안에 계시니라"(골 3:11) 했으며,[2] 갈라디아 사람들에게는 "너희는 유대인이나 헬라인이나 종이나 자유인이나 남자나 여자나 다 그리스도 예수 안에서 하나이니라"(갈 3:28) 했다.

사회 경제적 다양성 역시 처음부터 핵심 윤리였다. 예수께서는 가난한 사람들 사랑하기를 중점 삼아 가르치시고 사역하셨으며, 예수의 형제인 야고보는 기독교인의 모임에서 부자를 가난한 자보다 우대하지 말라고 명령한다. 야고보는 "만일 너희가 사람을 차별하여 대하면 죄를 짓는 것이니 율법이 너희를 범법자로 정죄하리라"(약 2:9) 경고한다. 이 책 9장에서는 교회를 묘사하는 데 쓰여서 철저한 친밀을 나타내고, 민족과 신분과 배경이 다른 사람들을 깊은 교제 안에서 결속시키는 표현을 톺아보겠다. 기독교가 다양성을 반대하는, 서구 백인의 특권 종교라는 생각은 신약 성경과는 전혀 양립할 수 없다.

첫 아프리카인 기독교인

흔한 오해 하나는, 식민지 백인 선교사를 통해서 아프리카에 최초로 기독교가 전해졌다는 것이다. 그러나 신약 성경에서 우리는 고등 교육을 받은 아프리카 사람을 만나는데, 그는 기독교가 영국이나 미국에 들어

---

2 스구디아인은 현재의 이란에 있는 지방 출신인 민족 집단이었다.

가기 수세기 전에 예수의 제자가 되었다. 사도행전 8장에서 하나님이 빌립을 에티오피아 내시가 탄 수레로 보내신다. 그 사람은 "에디오피아 여왕 간다게의 모든 국고를 맡은 관리"였다(행 8:27). 빌립은 그 사람이 이사야서를 읽는 것을 듣고서 이사야가 예수에 대해 예언한 내용을 설명해 준다. 그 에티오피아 사람은 즉시 그리스도를 받아들이고 세례를 베풀어 달라고 청한다(행 8:26-40). 이 이야기는 사도 바울을 처음으로 언급하는 내용과, 다마스쿠스(다메섹)로 가는 길에서 바울이 대형 사고처럼 경험한 개종 사이에 놓여 있다. 두 이야기 모두 분명히 하나님이 세심하게 연출하신 것이 두드러져 보인다.

이 에티오피아 관리가 고국에 돌아가 간다게 여왕의 궁정에서 예수에 대한 메시지를 전했을 때, 사람들이 어떻게 반응했는지는 기록이 없다. 그러나 우리가 실제로 아는 사실은, 4세기에 두 노예 출신 형제 덕분에 에티오피아와 에리트레아가 급격히 기독교화했고, 그리하여 세계에서 두 번째로 공식 기독교 국가가 건립되었으며, 이는 로마의 기독교화보다 반세기 앞선 일이라는 것이다.[3] 우리가 또 알듯이 기독교는 1세기에 이집트에 뿌리를 내렸고 2세기에는 튀니지와 수단, 나머지 아프리카 지역으로 퍼져 나갔다. 더욱이 아프리카는 초대 교회 교부 몇 명을 낳았으며, 그중에는 기독교 역사에서 지대한 영향을 끼친 4세기 학자, 히포의 아우구스티누스가 있다. 오늘날에는 아프리카 북부 대부분을 이슬람이 지배하고 있지만, 사하라 남부 아프리카 주민 60퍼

---

[3] Semere T. Habtemariam, "Two Slave Brothers Birthed Africa's Oldest State Church," *Christianity Today*, May 17, 2018, https://www.christianitytoday.com/history/2018/may/africa-christianity-axum-empire-ethiopian-orthodox-tewahedo.html을 참조하라.

센트 이상이 기독교인으로 간주된다. 2050년 무렵에는 세계에서 스스로 기독교인이라고 인정하는 사람 중에 40퍼센트가 이 지역을 고향이라고 말할지도 모른다.[4] 나는 이 사실의 전조를 우리 지역 공동체에서 보았다. 딸아이의 초등학교 기독교 동아리에 있는 어린이 중 거의 절반이 아프리카계 이민 1세대이며, 대부분은 에티오피아와 에리트레아 출신이다.

비행기 동승자

나는 비행기 안에서 글을 쓰고 있다. 옆자리에는 팔찌 세 개를 찬 열두 살배기 가나 소년이 앉아 있다. 팔찌 하나는 그 아이가 "비동반 소아"(unaccompanied minor)임을 확인해 준다. 또 하나에는 "친절 다짐"이라고 적혀 있다. 나머지 하나에는 "예수님과 동행"이라고 적혀 있다. 내가 새로 사귄 이 친구는 미국에서 1년 동안 살았고, 가나 장로교회에서 예배하고 있다. 아이는 내게 말해 주기를 아프리카에는 기독교인이 **많은데**, 미국 사람들은 다양성을 믿기 때문에 미국에는 기독교인이 더 적다고 했다. 나는 통념과 달리 기독교는 민족적, 문화적, 사회 경제적, 인종적으로 역사상 가장 다양한 신앙 체계라고 알려 주었다. 기독교 덕분에 그 아이와 내가 나이와 성별, 인종과 문화와 출신 국가를 넘어 하나가 된다는 사실이 아주 안성맞춤인 사례다!

---

[4] "The Future of World Religions: Population Growth Projections, 2015-2050," Pew Research Center, April 2, 2015, http://www.pewforum.org/2015/04/02/religious-projections-2010-2050/ 을 참조하라.

중동_ 세계에서 가장 오래되고, 가장 빨리 성장하며, 가장 박해받는 교회들의 고향

수세기 동안 서양 미술이 피부가 하얀 예수를 그렸기 때문에 우리는 기독교가 중동에서 나왔다는 사실을 잊기 쉽다. 예수의 제자들은 안디옥에서 처음으로 "그리스도인"이라고 불렸는데, 안디옥 유적은 현재 터키에 있다. 오늘날 이 지역은 기독교인 비율이 매우 낮은 곳 중 하나다. 그렇지만 중동 지역 기독교인들은 양적 부족을 역사로 벌충한다.

이라크는 세계에서 손꼽히게 오래 이어진 기독교 공동체의 발원지 중 하나로, 이슬람교가 창시되기 수세기 전에 교회가 시작되었다. 이 고대 신앙 공동체가 급격하게 대량으로 파괴된 것은 비극이다. 1987년 당시 이라크의 기독교 인구는 (이라크 인구의 8퍼센트인) 140만 명으로 추산되었다. 걸프 전쟁 이후에는 그 수치가 극적으로 하락했다. 그리고 ISIS(Islamic State of Iraq and al-Sham의 약자. 후에 국가 수립을 선언하며 이슬람 국가[IS]로 이름을 바꾸었으나 서방 국가들은 국가로 인정하지 않았고, 2019년에 점령지를 모두 잃었다_옮긴이)의 발흥 이후, 아주 오래된 기독교 정착지들이 박해를 받아 완전히 무인지경이 되었다. 우리가 계속 기독교를 서양 종교로 믿는다면, 세계에서 아주 오래된 기독교 공동체 일부가 멸절되고 있지만 현재 일어나고 있는 일들이 들어갈 개념 범주가 없을 것이다.[5]

그러나 중동의 교회 이야기가 후퇴만 이야기하는 것은 아니다. 1979년 당시 이란에는 무슬림 출신 기독교인이 수백 명으로 추산되었

---

[5] Peter Feaver and Will Inboden, "We Are Witnessing the Elimination of Christian Communities in Iraq and Syria," *Foreign Policy*, September 6, 2017, https://foreignpolicy.com/2017/09/06/we-are-witnessing-the-elimination-of-christian-communities-in-iraq-and-syria/를 참조하라.

다. 그해에 이슬람 혁명이 일어나, 비교적 관대한 무슬림이 대부분이던 나라가 억압적 정권으로 바뀌었다. 여성들은 전에 누리던 권리를 박탈당했다. 극단적 이맘(이슬람교 교단 조직의 지도자_ 옮긴이)들이 권력을 장악했다. 공개 처형은 흔한 일이 되었다. 이 일로 이란인들 사이에 종교에 대한 환상이 상당히 깨져 버렸다. 전례 없이 많은 이가 기독교를 피난처 삼은 덕분에, 현재 이란에는 기독교인이 수십만 명이다. 이란 교회는 아주 작은 씨앗에서 싹이 텄으니, 세계에서 가장 빠르게 성장하는 기독교 운동이다.[6]

기독교는 인도에 어울리는가?

기독교가 민족적으로 가장 다양하게 퍼진 세계 주요 종교라면, 힌두교는 민족적으로 가장 적게 퍼진 세계 종교다.[7] 인도는 대다수의 힌두교도나 힌두교도 조상들의 고향이다.[8] 소수 종교 중에는 무슬림이 인도인의 14퍼센트로 가장 많고, 인도에서 기독교인은 2,700만 명으로 2퍼센트를 간신히 넘는다.[9] 그러면, 기독교는 정말 인도에 어울리는가?

현재 힌두 민족주의 정부는 그렇지 않다고 말할 것이다. 정부는

---

[6] Mark Howard, "The Story of Iran's Church in Two Sentences," The Gospel Coalition, July 30, 2016, https://www.thegospelcoalition.org/article/the-story-of-the-irans-church-in-two-sentences/.

[7] "The Global Religious Landscape," Pew Research Center, December 18, 2012, http://www.pewforum.org/2012/12/18/global-religious-landscape-exec/를 참조하라.

[8] 세계에서 힌두교도가 다수를 차지하는 나머지 국가로는 인도 접경인 네팔과, 인도양에 있는 작은 섬나라 모리셔스가 있다.

[9] "Census of India—India at a Glance: Religious Compositions," Office of the Registrar General and Census Commissioner, India, 2018년 9월 14일에 접속. http://www.censusindia.gov.in/2011census/C-01.html.

한편으로 기독교인과 무슬림이 자행한 식민지화 역사에 대한 반작용으로, 인도인을 힌두교도와 동일시하고자 한다. 영국 제국의 통치 역사 때문에 많은 이가 기독교를 서구 문화와 같은 뜻으로 여기게 되었다.

그러나 인도의 기독교 유산은 아주 오래되었다. 남인도에 있는 교회는 연대가 1세기로 거슬러 올라가는 계보를 주장하고, 1세기에 사도 도마가 인도에 복음을 전했다고들 믿는다. 이 주장을 입증하기는 힘들지만, 역사가인 로버트 에릭 프리켄버그의 결론에 따르면, "확실히 남인도에는 늦어도 3세기나 4세기에, 그리고 어쩌면 그보다 훨씬 이른 시기에 건실한 기독교 공동체가 있었던 듯하다."[10] 따라서 기독교는 영국이 기독교화되기 몇 세기 전에 인도에 뿌리를 내렸다.

힌두교와 기독교 사이에서 긴장이 일어나는 영역 중 하나가 바로 다양성 문제다. 전통 힌두교 카스트 제도는 사람들을 정해진 사회적 신분에 따라 분류하고, 이것을 힌두교의 창조 신 브라흐마와 연결한다. 브라만(주로 승려와 지식인)은 브라흐마의 머리에서, 크샤트리아(무사 계급)는 브라흐마의 팔에서, 바이샤(상인)는 브라흐마의 허벅지에서, 수드라(천한 일꾼)는 브라흐마의 발에서 나왔다고들 여긴다. 그러나 수드라보다 하위 집단인 불가촉천민 달리트도 있다.

「코끼리들 사이 개미들: 불가촉천민 가문과 현대 인도의 건설」(Ants Among Elephants: An Untouchable Family and the Making of Modern India)에서 수자타 길다는 이렇게 설명한다.

---

[10] Robert Eric Frykenberg, *Christianity in India: From Beginnings to the Present* (Oxford: Oxford University Press, 2010), 115쪽.

불가촉천민들은 …… 남의 밭 경작이나 힌두 사회에서 아주 더럽다고 여기는 일들을 맡아 처리하며, 마을 안에서 살지 못한다. …… 이들은 신전 출입이 금지된다. 다른 카스트 계급이 이용하는 식수원 근처에 가는 것이 금지된다. 카스트 계급 사람 옆자리에서 음식을 먹거나 같은 식기를 사용하는 것이 금지된다.

길다는 다른 '제한과 모욕'을 수천 가지 언급한다. 이제 공식적으로는 카스트 제도를 지지하지 않으며, 인도의 현 대통령은 달리트 가문 출신이다. 그러나 카스트 제도는 여전히 그 흔적이 남아 있다. 길다는 이렇게 적는다. "매일 인도 신문에서 불가촉천민이 샌들을 신거나 자전거를 탔다는 이유로 맞거나 살해당한 기사를 읽을 수 있다."[11]

그에 반해 성경은 모든 사람이 동등하게 소중하며 존엄하다고 주장한다. 초대 교회에서는 상위 계급과 하위 계급, 부자와 빈자, 노예와 주인, 인종 배경이 각기 다른 사람들이 불편하고도 경계를 허무는 교제 안에서 하나가 되었다. 비극적이지만 기독교인이 다수인 사회 대부분에서는 이러한 약속을 이행하는 데 실패했으며, 누구는 비하하고 누구는 높이는 계층화를 만들어 왔다. 인도에서 불가촉천민을 대하는 현실을 보면 미국 흑인의 역사가 고통스럽게 생각난다. 그러나 이 책에서 나중에 살펴보겠지만, 인종 차별과 계층화는 기독교에 전혀 토대를 두고 있지 않다. 사실은 명백하게 정죄를 받는다.

이러한 맥락을 감안하면, 인도 기독교인 수가 불가촉천민 계급 출

---

11 Sujatha Gilda, *Ants Among Elephants: An Untouchable Family and the Making of Modern India* (New York: Farrar, Straus and Giroux, 2017), 4쪽.

신에 불균형하게 치우쳐 있다는 사실은 놀랄 일도 아닐 것이다. 지배적인 신앙 체계에서 자신을 전혀 중시하지 않는다면, 자신을 대신하여 죽어 줄 정도로 귀한 하나님의 자녀라고 높여 주는 신앙에 마음이 끌린다. 테레사 수녀는 인도 사회에서 버림받은 사람들을 돌봐 주면서 이 사실을 예증했다. 테레사 수녀는 콜카타에서 자신의 사역이 "고통스러운 가난한 사람들로 변장하신" 예수를 만나는 것이라고 서술하면서, 예수께서 직설적으로 전하신 양과 염소 비유를 언급했다.[12] 테레사 수녀의 사역이 인도에서 대체로 칭송받기는 해도, 식민 통치의 영향과 많은 서양 선교사의 무신경은 인도에 큰 상흔을 남겼다. 간디가 이렇게 말했다고들 한다. "나는 그리스도를 좋아합니다. 나는 그리스도인들은 좋아하지 않습니다. 그리스도인들은 그리스도와 매우 다르더군요." 기독교를 서양의 문화 지배와 융합하는 사고방식은 인도에 알맞지 않다. 그러나 성경적 기독교는 차이를 뛰어넘는 인간 평등과 사랑에 필요한 토대를 놓으므로, 분명 인도에 알맞다.

아름다운 암소들!

힌두교도가 다수인 나라에서 그리스도를 따르는 일은 도전장을 내미는 것이지만, 정말로 오래된 문화와 연결하면 성경 본문 이해를 도울 수 있다.

힌두교도 출신이자 네팔 사람인 친구와 교회에서 이야기를 나누다가 이 사실을 절실히 느꼈다. 나는 그 친구 이름인 '데파'(Deepa)가 무

---

12 Mother Teresa, *In the Heart of the World: Thoughts, Stories and Prayers*, ed. Becky Benenate (Novato, CA: New World Library, 1997), 23쪽.

슨 뜻이냐고 물었다. 친구는 "불빛이야"라고 대답하고서, 내 이름 뜻을 물어 보았다. 나는 흔히 하던 대로 대답했다. " '레베카'에는 세 가지 뜻이 있어. 훌륭한 아내, 넋을 잃을 정도인 미인, 그리고 암소." 그런데 데파의 대답이 허를 찔렀다. "암소라고! 정말 근사해!" 나는 서구에서 여자를 암소라고 부르는 것은 전혀 칭찬하는 말이 아니라고 설명해 주었다! 데파는 네팔에서는 암소를 숭배한다고 설명해 주었다. 내 성경적인 이름을 이해하는 일에 관해서조차 나는 문화적으로 불리했던 것이다.

성경의 결을 제대로 인식하고 싶다면, 자신이 자라난 문화보다는 고대 근동과 가까운 문화에서 자라난 형제자매들에게 귀를 기울여야 한다. 어느 문화에나 사각 지대가 있다. 다양성 덕분에 우리는 낱낱이 볼 수 있다.

중국_ 세계에서 가장 큰 기독교 국가?

중국 교회는 이집트나 인도나 이라크의 교회만큼 옛날로 거슬러 올라가지는 못하겠지만, 기독교가 일찍이 주후 8세기 정도부터 있었다는 증거가 있다.[13] 그러나 그 후 1,200년 중 거의 대부분 기간에는 엄밀히 말해 기독교가 기반을 잡지 못했다. 아주 최근까지 그러했다. 오늘날에는 정부가 자주 강력하게 탄압하는데도 중국 교회는 거의 아무도 예상치 못했을 정도로 성장하고 있다. 내가 "**거의** 아무도"라고 말한 이유는 중국이 그렇게 되리라고 예상한 서양 선교사가 딱 한 명 있었기 때

---

[13] '781년'이라는 날짜가 새겨진 네스토리우스 기념비가 1623년에 산시성 시안 근교에서 발견되었다. Kathleen L. Lodwick, *How Christianity Came to China: A Brief History* (Minneapolis: Fortress, 2016), 2쪽을 참조하라.

문이다.

제임스 허드슨 테일러는 1905년 창사시에서 세상을 떠났다. 상하이에 첫 발을 디딘 지 50년이 지난 후였다. 당시 나머지 선교사 대부분과 달리 테일러는 기독교를 서양 문화와 뭉뚱그리기를 거부했다. 중국 옷을 입고, (중국 남성의 관습대로) 변발을 길렀으며, 서구의 편의 시설을 포기했다. 테일러는 자신이 섬기는 민족에 깊은 애정이 있었다. 의학 교육을 받고서는 보통 하루에 환자를 200명이나 보살폈다. 테일러는 이렇게 회상했다. "나는 하나님이 하시는 큰 일에 하나같이 세 단계가 있음을 알았다. 처음에는 불가능하고, 그 다음에는 어렵고, 그러고 나서는 성취된다."[14]

테일러는 자신이 사랑하는 나라의 회심 1단계와 2단계 사이에 살았다. 오늘날 우리는 2단계와 3단계 사이에 살고 있는 듯하다. 중국의 기독교 인구에 대한 정확한 자료는 구하기 어렵다. 정부의 박해 때문에 많은 이가 공인되지 않은 '가정 교회'에서 예배한다. 그러나 머리말에서 언급했듯이 중국의 기독교 인구는 줄잡아 6,800만 명 이상이며, 중국 개신교인은 1979년 이래로 매년 평균 10퍼센트씩 증가했다. 양평강 같은 전문가들이 예측하기로, 2030년이 되면 중국 기독교 인구가 미국 기독교 인구보다 많아지겠고, 2050년이 되면 중국이 기독교 인구가 다수인 나라가 될 수도 있다.[15] 물론 불확실성이 크기는 하다. 정부가

---

14 Leslie T. Lyall, *A Passion for the Impossible: The Continuing Story of the Mission Hudson Taylor Began* (London: OMF, 1965), 5쪽에서 인용. 『불가능을 향한 열정』(로뎀북스 역간, 2014).

15 Antonia Blumberg, "China on Track to Become World's Largest Christian Country by 2025, Experts Say," *Huffpost*, April 22, 2014, http://www.huffingtonpost.com/2014/04/22/

기독교를 반대하는 파도가 높아지고 있는 듯하다. 그러나 중국이 앞으로 30년 후에 공산주의에서 기독교로 바뀐다면, 세계 정치에 어마어마한 결과를 초래할 수 있다.

공원 사건

첫째 딸이 네 살일 때, 아이와 동네 공원에서 모래놀이를 하고 있었다. 나이가 지긋하고 중국어를 하는 여자가 손자를 데리고 그 공원에 있었다. 딸아이가 그 여자에게 이름을 묻고 어디에서 왔냐고 묻더니, 예수님을 믿느냐고 물었다. 나는 움찔했다. 그 여자가 대답했다. "뭐라고?" 딸이 질문을 되풀이했다. "예수님 믿으세요?" 나는 땅이 나를 삼켜 버리면 좋겠다고 기도했다. 그러고 나서 간신히 알아들을 수 있는 목소리로, 우리는 기독교인인데 우리 딸이 때로는 다른 사람들도 예수님을 믿는지 물어보기를 좋아한다고 설명했다. 그 여자가 대답했다. "아, 제가 예수님을 믿느냐고요? 그럼요! 저는 정말로 예수님을 믿어요! 그게 세상에서 가장 중요해요! 그쪽 엄마도 예수님을 믿는다니 정말 기쁘고요!"

나는 나이가 지긋하고 중국어를 하는 여자를 보고서는 그 여자가 기독교인이 아니리라 짐작했다. 그 여자는 나이가 어리고 백인인 영국 여자를 보고서 똑같이 짐작했다. 두 사람 모두 틀렸다.

---

china-largest-christian-country_n_5191910.html. 이 내용에 대한 논평은 다음 기사를 참조하라. Jamil Anderlini, "The Rise of Christianity in China," *Financial Times*, November 7, 2014. https://www.ft.com/content/a6d2a690-6545-11e4-91b1-00144feabdc0.

역방향 통행

아시아의 많은 기독교인이 보이는 선교 열정이 서양인들에게는 당혹스러울 수 있다. 내 고등학교 친구 하나가 교사를 하려고 대한민국으로 거처를 옮겼을 때, 친구는 페이스북에 동네 사람들이 자기를 회심시키려 한다며 간간이 가볍게 불평을 적었다. 친구들이 내 친구를 교회에 초대했다. 거리에서는 모르는 사람들이 내 친구에게 다가와 예수에 대해 이야기했다. (내가 가장 좋아하는) 그 친구의 개인 공간이 기차에서 침범당했는데, 내 친구가 설교를 들을 수 있도록 어떤 이가 친구 귀에 이어폰을 쑤셔 넣은 것이다. 친구는 일요일 아침에는 잠을 자고 싶었다. 다정한 서양 백인이자 탈기독교인(post-christian)인 여자를 그냥 놔둘 수는 없었던 걸까?

친구의 경험이 보여 주듯이 진짜 사고방식에 뿌리박힌 이미지 개선이 필요하다. 많은 이가 기독교를 백인, 서구 제국주의와 연관 짓는다. 그럴 만한 이유가, 그것도 어느 정도는 아주 추악하고 유감스러운 이유가 있다. 그러나 세계의 기독교인 대부분은 백인도 아니고 서양인도 아니며, 기독교에서는 하루가 다르게 백인 서양인이 줄어들고 있다. 이 일은 한편으로 비서양인 선교사들의 활동 덕분이다. 예를 들어, 인구가 적고 기독교인이 소수이지만(29퍼센트), 대한민국은 전 세계에서 두 번째로 많은 수의 선교사를 파송한다.[16] 예일대학교 법학 교수이자, 주도적인 흑인 사회 참여 지식인 스티븐 카터가 말했듯이 "현대 세속

---

[16] "Over 27,000 Korean Missionaries Ministering Worldwide, according to Study," *Christianity Daily*, June 8, 2016, http://www.christianitydaily.com/articles/8179/20160608/over-27-000-korean-missionaries-ministering-worldwide-according-study.htm을 참조하라.

좌파 특유의 어려움이 있다. 이상하게도 기독교 인구 통계를 매우 자주 인정하지 않으려고 한다는 것이다." 카터의 지적에 따르면, "미국에서 흑인 여성이 기독교 인구 중에 단연코 가장 많지만, 전 세계적으로 보면 기독교인일 가능성이 가장 높은 사람은 유색 인종 여성이다." 카터는 이렇게 경고한다. "당신이 기독교인을 조롱한다면, 자신이 생각하는 사람을 조롱하고 있는 것이 아니다."[17] 서양에서 자란 이들은 기독교가 서양 문화의 소유가 아니라는 사실에 적응해야 한다. 실은, 정반대다.

나는 열여섯 살에 그 반대를 처음으로 경험했다. 청소년부에서 루마니아에 있는 고아원에 봉사하러 갔을 때다. 일요일에 우리는 작은 가정 교회에서 예배했다. 내 또래 여자아이가 찬양을 인도했다. 그 아이는 루마니아 시골에서 공산주의 아래서 자랐다. 아이는 어깨에 기타를 메고서 방에 들어오더니, 두 팔로 나를 껴안고 큰 소리로 말했다. "자매, 영국에도 기독교인이 있다니 정말 기뻐요!"

미국은 어떠한가?

내가 처음 미국에 왔을 때 많은 이가 '복음주의 기독교'라고 하면 인종 차별을 떠올린다는 사실을 알고 당혹스러웠다. 신약 성경은 지금껏 기록된 문서 중에서 가장 단호하게 인종 차별을 반대하는 문서다. 인종과 민족의 차이를 뛰어넘는 교제는 가난한 이들에 대한 돌봄만큼이나

---

[17] Stephen L. Carter, "The Ugly Coded Critique of Chick-fil-A's Christianity," *Bloomberg*, April 21, 2018, https://www.bloomberg.com/view/articles/2018-04-21/criticism-of-christians-and-chick-fil-a-has-troubling-roots.

예수의 메시지에서 본질적이다. 그러나 성경을 들으려 하지 않고 백인 중심적 국가주의를 성경적 신앙과 하나로 융합하는 유형인 미국 기독교는 고통스럽게도 인종 차별을 연상시킨다.

1960년에 어느 인터뷰 중에 마틴 루터 킹이 한탄했다. "제 생각에 미국의 비극 중 하나이자 아주 부끄러운 비극은 일요일 아침 11시가 인종 차별이 아주 심한 시간이라는 사실입니다."[18] 그 인터뷰에서 킹은 이렇게 단언했다. "어느 교회든 통합을 반대하고 인종 차별로 갈라져 있다면, 예수 그리스도의 영과 가르침을 반대하고 있는 겁니다." 신약을 읽어 보면 알겠지만, 성경적 기독교를 백인 중심적 국가주의와 결합시키려는 것은 고양이를 쥐와 결혼시키려는 것과 마찬가지여서, 하나가 상대를 사냥하게 되어 있지, 짝이 되지는 않는다.

오늘날 미국 교회는 성경적 다양성이라는 신념에 어울리게 살아가는 데 자주 실패한다. 미국 흑인과 백인 사이의 통합이 부족하기 때문이기도 하고, 동시에 이민 때문에 미국 기독교의 정체성이 붕괴된다고 묘사하기 때문이기도 하다. 사실은 그 반대로 말하는 것이 옳다. 미국으로 온 이민자 대부분은 기독교인이며, 인구학 통계로 보면 미국에서 기독교를 가장 많이 무너뜨리는 인종은 백인이다. 우리는 기독교에 대한 관점을 비성경적인 백인 중심주의가 정의 내리도록 내버려 두어서는 안 된다. 2017년에 〈뉴요커〉(New Yorker)의 어느 기사에서 복음주의의 미래를 다루면서, 뉴욕 거주 목사이자 베스트셀러 저자인 팀 켈러는 이렇게 적었다.

---

18 Martin Luther King Jr., "Meet the Press" interview, April 17, 1960.

세계의 남쪽과 동쪽에 있는 교회들이 지닌 엄청난 에너지가 북미의 도시들에 넘쳐흐르기 시작했으며, 그곳에서 새로운 다문화 복음주의가 꾸준히 자라고 있다. 19세기 이래로 비서양인 선교사들이 그곳에 도시 교회를 수천 개 개척했다. 지난 15년 동안 나는 이곳 뉴욕에서, 심지어 맨해튼에서도 백인이 소수이기는 하지만 우리의 정의에 따르면 완전히 복음주의적인 교회가 많이 개척되는 것을 보았다.[19]

미국 교회들이 성경의 약속에 부응하여 살아가려면 갈 길이 멀다. 그러나 나는 일요일 아침마다 다양성을 풍성하게 경험한다. 내 왼쪽에는 MIT 출신인 중국인 대학원생이 있다. 오른쪽에는 나이지리아 출신 하버드대학교 박사 과정 학생이 있다. 내 뒤에는 아프리카계 미국인이 아들과 함께 앉아 있다. 앞에는 육십 줄에 들어선 백인 막노동자가 있다. 목사님은 푸른 눈인 백인이고, 목사님 아내는 북아메리카 원주민이다. 어젯밤 성경 공부 모임에는 네 개 대륙, 여덟 나라에서 자란 열네 명이 있었다. 차이를 넘어 유대를 형성하기 힘든 경우가 많다. 그러나 그것은 찬양만큼이나 기독교 공동체에 본질적이다.

역사상 가장 다양한 운동

기독교는 시작된 이후로 다문화적이고 다인종적이며 다민족적 운동이었다는 사실이, 서양인들이 기독교의 정체성을 남용하여 다른 문화를

---

19 Timothy Keller, "Can Evangelicalism Survive Donald Trump and Roy Moore?," *The New Yorker*, December 19, 2017, https://www.newyorker.com/news/news-desk/can-evangelicalism-survive-donald-trump-and-roy-moore.

억압한 방식을 변명할 수는 없다. 로마 제국 황제 콘스탄티누스가 4세기에 개종한 후, 서양 기독교는 박해받던 소수의 신앙에서 황제의 정치권력과 연결되는 신앙으로 변했다. 아마 권력은 인간에게 가장 위험한 약물일 것이다.

그러나 역설적이게도 기독교를 서양 문화와 동일시하는 습관은 그 자체로 서양의 편견이다. 성경의 마지막 책은 세상의 종말을 묘사하는데, 그때 "각 나라와 족속과 백성과 방언에서 아무도 능히 셀 수 없는 큰 무리가" 예수를 찬양할 것이다(계 7:9). 이것이 처음부터 기독교의 다문화적 비전이었다. 지난 2,000년 동안 서양 기독교인들이 길을 잘못 접어들었는데도, 오늘날 세계적으로 교회 성장을 들여다보면 이 비전이 결국은 실현되었을 수 있다고 생각해도 터무니없는 말이 아니다. 그래서 다양성에 신경을 쓴다면 기독교를 외면하지 말라. 기독교는 역사상 가장 다양하고 다민족적이며 다문화적인 운동이다.

Question 3 ～～～ **진정한 믿음은 하나만 있다고
어떻게 말할 수 있는가?**

How Can You Say There's Only One True Faith?

● 2015년에 나는 세계적인 대학에서 온 이란인 과학 교수를 만났다. 나는 그 교수에게 어떻게 해서 기독교인이 되었느냐고 물었다.[1] "요한 세바스찬 바흐의 사역을 통해서죠!" 내 새 친구는 무슬림 가정에서 자라났다. 1979년에 이슬람 혁명이 이란을 휩쓸 때, 이 친구는 가족의 신앙을 버렸다. 친구는 과학 연구와 병행하여 플루트를 반전문가처럼 연주했다. 새 정부가 클래식 음악을 금지했기 때문에 음악 애호가들은 개인 주택으로 몰려 들어가서 불법 소나타를 음미했다. 한번은 내 친구가 비밀 연주회 전에 바흐의 플루트 소나타 한 곡을 음악 스승과 시연하다가 몇 소절에서 막혔다. 스승은 "나는 자네가 연주하고 있는 그리스도의 십자가를 들어 줄 수가 없네" 하고 투덜댔다. 친구는 기독교에 대한 지식이 거의 없었기에 당황했고, 스승의 말뜻을 이해하지 못했다. 그러나 그 도전은 기억에 남았다. 친구는 조금씩 바흐의 작품에 있는 심오한 기독교적 구조를 깨닫기 시작했다. 그리고 몇 년 후, 처음으로 교회로 걸어 들어갔을 때, 똑같은 실재

---

[1] 이 친구는 자주 이란을 방문하기에, 기독교로 개종한 사실이 공개적으로 알려진다면 뒤탈을 겪을 수도 있다. 그러므로 친구의 이름은 밝히지 않겠다.

를 느꼈다.

그 친구와 만난 학회에서 나는 모임 하나를 이끌어 가면서 기독교인 교수들이 회의적 청중에게 예수를 생각해 보라고 설득할 능력을 키울 방법을 모색했다. 친구는 당황했다. 그 친구는 이란에서 종교적 억압을 최고 강도로 목격했었다. 어느 정도는 그러한 억압에 **맞서는** 반응으로 이슬람에서 기독교로 개종했다. 이제 기독교인으로서 친구는 다른 이들이 예수를 알게 되기를 간절히 바랐다. 그러나 친구가 고심하던 문제는, 다른 이들을 설득해서 신앙을 바꾸게 하려는 시도가 옳으냐는 것이었다.

그 친구가 유방암 진단 전문가이기에 나는 친구에게 장면을 하나 상상해 보라고 했다. 친구는 교육을 제대로 받지 못하고 자란 중년 여성 곁에 앉아 있다. 그 여성은 내 친구에게 자기는 유방암에 걸릴 위험이 없다고 믿는다고 말하고 나서 유방암 검진을 받지 않겠다고 한다. 친구는 어떻게 대답해야 할까?

보편적 무례

진리에 대한 질문에 생사가 걸린 결과가 따른다면, 우리는 설득을 사랑의 행동으로 여긴다. 하지만 어떤 종류의 진리가 종교적 진리인가? 다양한 세계 종교가 실재에 대해 상충하는 주장을 하고 있는가, 아니면 하나의 진리를 서로 다르게 말하고 있을 뿐인가? 상충하는 주장을 하고 있다면, 의견이 다를 때 적대감이 따라오는가, 아니면 신앙이 상충해도 사람들은 행복하게 공존할 수 있는가?

우리 현대인들이 듣기에 한 종교만이 **그** 진리라고 주장한다는 생각은 말이 안 된다. 대부분 종교의 주장은 (적어도 자신이 죽거나 세상이 끝나기 전까지는) 합리적인 의심의 여지 없이 증명될 수 없으므로, 그 주장이 객관적이고 보편적이라는 생각은 범주 혼동처럼 보인다. 물론 기독교가 자신에게는 진리라고 말할 수 있지만, 예수께서 (문화 배경이나 현재 신앙과 상관없이) 모든 인간에게 충성을 당연히 요구하신다고 주장한다면 무례하고도 터무니없어 보인다. 어느 범퍼 스티커에 적혀 있듯이 "내 하나님은 어느 한 종교에 담기에는 너무나 크시다."

방 안에 있는 코끼리

어느 종교나 결국 진리로 이어지는 길이라는 견해를 고대 힌두교 문서에 나오는 우화를 들어서 설명하는 경우가 많다. 그 이야기에는 코끼리를 묘사하는 시각 장애인 한 무리가 등장한다. 한 사람은 코끼리의 코를 만지고서는 코끼리를 뱀에 견준다. 다른 사람은 귀를 만지고서는 코끼리를 부채에 견준다. 셋째 사람은 손을 코끼리의 다리에 갖다 대더니 코끼리는 나무둥치 같다고 말한다. 넷째 사람은 코끼리의 옆구리를 밀어 보더니 코끼리는 벽과 같다고 주장한다. 다섯째 사람은 꼬리를 잡고서는 코끼리는 밧줄 모양이라고 생각한다. 마지막 사람은 코끼리의 엄니를 만져 보고서는 코끼리는 창 같다고 단언한다.

이 이야기는 우리 개개인의 한계를 생생하게 묘사한다. 이 이야기는 우리의 타고난 오만에 대한 일종의 교정 수단이자 겸손한 접근법으로 보이고, 모든 종교를 동등하게 존중하는 틀을 제공한다. 그러나 더 자세히 살펴보면, 코끼리 패러다임으로 해결하는 문제보다는 생기는 문제가 더 많다. 그 일곱 가지 문제는 이렇다.

존중 문제

코끼리 이야기는 정중해 보인다. 종교들은 옳거나 그르지 않으며, 각 종교에는 진리의 한 면이 있다. 그러나 그 이야기는 서술자가 눈이 멀지 **않았기** 때문에 잘 돌아간 것이다. 서술자는 전체 모습을 보면서, 앞을 못 보는 신자들이 겉보기에는 상반되는 신앙을 놓고 다투는 모습에 너그럽게 미소 짓는다. 기독교와 이슬람 또는 이슬람과 힌두교가 진리라는 같은 동전의 양면에 지나지 않다고 말한다면, 다원주의를 다른 사람들의 신앙을 진지하게 받아들일 정도로는 존중하지 않는, 그저 가르치려 드는 태도로 단순화하는 셈이다. 코끼리 패러다임을 압축해 보면 물리학자 볼프강 파울리가 후배 과학자의 논문을 보고서 했다는 말이 떠오른다. "이건 아예 틀리지도 않았군!"(과학적이라고 주장하지만 추론이나 전제 자체가 틀렸기 때문에 맞거나 틀리다는 증명 자체가 불가능한 주장이라는 의미_옮긴이)

  역으로, "제 생각에 이 문제에 대해서는 그쪽이 틀렸어요" 하는 말이 반드시 무례하거나 불친절한 것은 아니다. 기독교인은 (자신과 의견이 맞지 않는 사람들은 물론이고) 원수까지도 사랑하라는 명령을 받았으므로, 기독교인에게는 이런 말이 절대로 무례하거나 불친절하지 않을 것이다. 아주 지혜롭고 온화한 신학교 교수 하나가 그것을 이렇게 표현했다. "다른 이들의 신앙을 존중해야 한다고 흔히들 말합니다. 그렇지만 그 말은 틀렸습니다. 정말로 중요한 것은 다른 **사람들**을 존중하는 거죠." 사실 더 면밀히 들여다보면, 다른 사람들이 신앙을 바꾸도록 설득하려는 시도는 존중의 표시다. 그 사람을 생각하는 행위자로서 스스로 무엇을 믿을지 결정할 능력이 있는 사람으로 여기지, 문화적 상황의 산물로 여기지는 않기 때문이다. 사람들이 우리 신앙에 이의를 제기할 때 불쾌하게 여기지 말아야 한다. 오히려 기분 좋게 여겨야 한다!

나는 하버드대학교에서 열린 어느 행사에 유대인 무신론자 친구와 같이 참석하고 나서 대화를 나누었다. 그 행사에서는 철학과 학과장이 중견 신약학자와 성경에 대해 토론을 벌였다. 이 친구와 나는 수년 동안 신앙에 대한 토론을 하다가 말다가 했다. 이번에는 내가 그 친구한테 말했다. "내가 믿고 있는 것이 말도 안 된다고 생각한다는 거 알아." 당시 그 친구의 (그 친구나 나보다 성격이 순한) 애인이 끼어 들며 말했다. "이 사람은 분명히 선생님의 신앙이 **말도 안 된다**고 생각하지는 않아요." 하지만 나는 우겼다. "아니요, 이 친구는 그렇게 생각해요! 내 생각으로는 온 우주가 1세기에 십자가에서 죽었다가 부활한 팔레스타인의 어느 유대인을 중심으로 돌아가요. 그건 말도 안 되지, 그렇지?" 내 무신론자 친구는 그렇다고 했다. 나는 그 친구에게 그의 과학적 무신론 때문에, 특히 그 무신론이 인간은 보편적으로 동등하다는 그의 신념과 짝이 되는 경우에는 어느 정도 말도 안 되는 일들을 믿어야 한다고 지적했다. 이 친구는 내 지인 중에 손꼽히게 머리가 좋은 사람이라, 아마 언젠가는 당연히 노벨상을 받을 것이다. 그러나 나는 그 친구가 물어볼 수 있는 가장 중요한 질문에 관해서는 틀렸다고 믿는다. 그리고 그 친구 역시 내가 틀렸다고 생각한다! 그냥 살짝 틀린 게 아니라 완전히, 심하게 틀렸다고.

그와 같은 직설적인 태도가 모든 관계에서 먹히지는 않을 것이다. 누구나 이성보다는 감정에 쉽게 좌우되며, 신념에 대해 토론하면 감정이 고조된다. 그러나 의견 차이는 존중하지 않는다는 증거가 아니다. 사실 내가 무척이나 존중하는 사람들과 아주 열띠게 토론하는 까닭은,

그러한 이들의 생각을 진지하게 생각하기 때문이다. 그러나 이 사회에서는 친구 간 토론의 기술이 사라지고 있는 듯하며, 대신에 생각이 비슷한 사람들에게 둘러싸이고 있다.

이러한 일은 정치의 모든 영역에서 일어난다. 퓰리처상을 받은 언론인 니콜라스 크리스토프는 "대학 교내에서 반향실 효과(echo chamber, 비슷한 의견으로 둘러싸여 확증 편향에 빠지는 현상_옮긴이)의 위험성"이라는 제목으로 〈뉴욕 타임즈〉에 외부 기고문을 쓰면서 이렇게 고백했다. "우리[진보주의자]는 보수주의자와 복음주의 기독교인은 배제하고 관용을 위해 싸운다. 우리와 외모가 비슷하지 않아도 생각이 비슷하기만 하다면 우리는 포용하고 싶어 한다."² 우리 모두에게는 이런 위험이 있다. 우리가 다양성에 대해 피상적인 다짐 이상을 하려면, 우리와 완전히 의견이 다르지만 현명한 사람들과 깊이 사귀어야 한다.

분명, 언론의 자유와 공개적 의견 충돌이라는 기치 아래 집단 괴롭힘을 은폐할 가능성이 있다. 자기보다 교육 수준이 낮은 사람들이나 종교적 소수로 살아가는 사람들과 대화를 나눌 때는 힘의 역학 관계가 작용하고 있다는 데 신경을 써야 한다. 우리가 기독교나 무신론, 그밖에 다른 어느 신앙을 지지하든, 다른 이들을 강압적으로 억눌러서는 안 된다. 다른 사람들의 신앙을 진지하게 생각하는 일에 이어지는 온갖 위험이 있기는 하지만, 그렇게 생각하지 않을 때는 더 큰 위험이 있다. 우리가 친구들이 아예 틀리지도 않았다고 생각하기 시작하고 자기 신앙을 시험해 보지 않으면, (신앙에 생사가 걸린 결과가 수반되는 지점에서) 우리

---

2 https://www.nytimes.com/2016/12/10/opinion/sunday/the-dangers-of-echo-chambers-on-campus.html.

는 친구를 사랑하는 데 실패한 것이다.

그러나 종교적 진리에 관한 의견 차이에는 실제 결과가 따르는가, 아니면 종교 진리는 문화적 선호를 압축해 놓은 것일 뿐인가? 내가 "기독교는 참되지만, 힌두교와 이슬람과 불교는 그렇지 않아" 하고 말한다면, 그 말은 "담배를 끊어, 담배 때문에 죽을 수도 있어" 하고 말하는 것과 비슷한가, 아니면 "우리 할머니 요리법이 네 할머니의 요리법보다 낫지" 하고 말하는 것과 비슷한가?

진실 문제

2016년에 옥스퍼드 영어 사전은 그해의 단어로 'post-truth'(탈진실의)를 선정하고 정의하기를, "객관적 사실보다는 감정과 개인의 신념에 호소하는 것이 여론 형성에 더 많은 영향을 끼치는 상황을 언급하거나 나타내는"이라고 했다.[3] 그해에 근거 없는 이야기들이 정치적으로 이득을 얻는 동안 미국인들은 도처에서 한탄하며 공포에 휩싸인 채 지켜보았다. 그렇다 하더라도 탈진실의 사고방식은 수십 년 동안 우리 종교관의 중심이었다. 그 결과를 공공 생활에서 목격해 오고 있는가? 아니면 종교적 신념은 개인의 것이므로, 범주가 다른가?

2017년에 '#미투' 운동이 등장했다. 여성 수천 명이 침묵을 깨고 나와서 영향력 있는 남성들의 더듬는 손길에 학대와 희롱을 당한 일을 폭로했다. 골든 글로브 시상식에서 오프라 윈프리는 공개적으로 밝힌 여성들을 칭찬하며 열변을 토했다. "저는 분명히 압니다." 윈프리는 단

---

[3] https://en.oxforddictionaries.com/definition/post-truth.

언했다. "자신의 진실을 말하는 것이 우리 모두에게 가장 강력한 도구입니다."[4]

성폭행이라는 진실은 두말할 것 없이 개인적이며, 중대한 의미에서는 '당신의 진실'이다. 그러나 그 진실이 객관적이지도 않다면, 그것은 거짓이다. 공개적으로 밝힌 여성들이 칭찬받은 이유는 결국 **자신의 진실**을 말했기 때문이 아니라 **바로 그** 진실을 말했기 때문이다. 그 진실은 증명하기 힘든 경우가 많으며, 안타깝지만 그러한 이유로 매우 많은 여성이 공개적으로 말하지 않고, 자신들의 증언보다는 영향력 있는 남성들의 증언을 사람들이 더 믿어 주지 않을까 우려한다. 그러나 여기에는 밝혀야 할 진실, 개인적**이고** 객관적 진실이 있다는 것을 아무도 의심하지 않는다.

물론 어떤 면에서 종교적 확신은 개인사에 관한 신념과 다르다. 보통은 자신의 삶을 목격하는 방식으로 믿음의 기초가 되는 고대의 역사를 목격할 수는 없다. 그렇다 해도 때때로 우리는 자신의 이야기에 대한 신념이 틀렸음을 깨닫는다. 한 여자가 몇 해 동안 남편한테 속아 왔다는 사실을 알게 되었다고 해보자. 여자는 새로운 정보에 비추어 자료를 재해석하는 동안 자기 인생에 대한 신념을 갑작스레 바꿀 수밖에 없다. 이런 의미에서 보면, 자기 인생에 대한 신념과 종교적 신념은 같은 천에서 재단해 낸 듯이 비슷하다. 둘 다 개인적이다. 둘 다 자신에게 있는 최상의 증거를 바탕으로 한다. 둘 다 진실이라고 주장한다. 그러나 둘 다 오류가 있을 수도 있다.

---

[4] CNN Entertainment, January 10, 2018, https://www.cnn.com/2018/01/08/entertainment/oprah-globes-speech-transcript/index.html.

내 개인적 신념은 예수께서 육신을 입으신 하나님이며, 사나 죽으나 내 유일한 소망이시라는 것이다. 나는 이 신념에 깊이 영향을 받았으며, 이 신념을 뒷받침해 주는 것으로 보이는 일을 많이 겪었다. 그러나 만일 내 무신론자 친구들이 옳다면, 예수에 대한 내 믿음은 잘못된 것이다. 내가 아무리 깊이 믿어도 내가 죽으면 내 인생은 끝날 것이다. 예수께서 다시 오셔서 나를 다시 살리지 않으실 것이다. 나는 그저 썩어 버릴 것이다. 종교적 신념을 단순히 주관적인 범주에 넣을 수 없는 까닭은, 종교적 신념이 순전히 개인적이기 때문이다. 물리학자 닐 디그래스 타이슨이 스티븐 콜베어에게 건넨 유명한 우스갯소리가 있다. "과학과 관련해서 명언은, 과학을 믿든지 안 믿든지 과학이 진실이라는 것이죠."[5] 그러나 이것은 과학에만 한정되지 않는다. 진리와 관련한 명언이기도 하다. 이상.

사실 과학적 진실이 존재하는 덕분에, 종교적 진리가 옳을 리 없다거나 틀릴 리 없다고 주장하는 사고방식에 깔린 문제가 하나 더 드러난다. 종교적 신념이 과학적 증거와 충돌할 때 무슨 일이 일어나는가? 내 과학자 친구들이 가장 먼저 인정하듯이, 과학은 가설을 **증명한다**기보다는 이용할 수 있는 자료에 맞추어 가설을 전개한다. 과학이 발전할수록 우리는 납득하기 어려운 자료와 (특히 미시적이고 거시적인 규모로) 부딪힌다. 이를 테면, (내가 지금 앉아 있는 의자처럼) 우리가 고체로 여기는 물건들은 알고 보니 99.9999퍼센트 빈 공간이다. 사람들 대부분은 종교가 있는 사람이 비과학적 신념(예를 들어, 태양이 지구 주위를 돈다는 신념)을

---

5 https://www.salon.com/2014/03/11/neil_degrasse_tyson_science_is_true_whether_or_not_you_believe_in_it/.

고수할 권리를 옹호하지만, 그런다고 해서 우리가 과학에서 객관적 진실의 실상이 신빙성을 잃어버린다고 생각하지는 않으며, 중요한 부분에 대해서는 그 사람이 생각을 바꾸도록 설득하고 싶다.

역사 문제

역사를 살펴보면 서로 다른 종교들이 양립할 수 없다는 점이 아주 뚜렷하게 보인다. 역사적 진실은 도발적이어서, 누구든 개인과 문화의 편견을 역사에 대한 질문으로 끌고 오며, 자료는 흔히 왜곡되거나 선별적으로 파기된다. 그래도 역사에서 객관적 진실 추구를 포기할 수는 없다. 쟁점이 되는 사안이 매우 많을 뿐이다.

우리는 사람들이 역사상 중요한 사실을 부인할 때 이것을 가장 절감한다. 이를 테면, 히틀러 정권이 유대인 600만 명을 조직적으로 몰살했다는 증거가 차고 넘치는데도, 이 진실을 부인하려는 시도가 많이 자행되었다. 이러한 시도는 배격되어야 한다. 이 책 10장에서 다시 다루겠지만, 미국의 노예 제도 역사나 마틴 루터 킹 암살도 마찬가지. 이러한 일들이 일어났다. 그 일들은 삐죽하게 튀어나온 역사적 사실이며, 관점이 어떠하든지 인정해야만 한다. 그렇지만 고대의 역사와 관련한 질문이라면 어떻겠는가?

역사의 시계를 뒤로 돌릴수록 확신하기가 더 힘들어진다. 예를 들자면, 율리우스 카이사르가 주전 44년 3월 15일에 암살당했다는 설득력 있는 증거가 있다. 그러나 우리에게 있는 자료를 신뢰할 수 없으며, 율리우스 카이사르는 2월 15일에 암살당했거나, 아니면 아예 암살당하지 않았을 수도 있다. 이 역사적 사건보다는 최근에 일어났거나 규모가 더 큰 사건을 우리가 더 확신한다 해도, 율리우스 카이사르의 암살이 주관적 현실 영역으로 이동하지는 않는다. 율리우스 카이사르는 주전 44년 3월 15일에 암살당했든지 그렇지 않든지 둘 중 하나다.

이 사실이 종교적 진리를 밝히는 데 어떠한 빛을 비추는가?

기독교와 운명을 같이하는 핵심 진리 주장(truth claim)은 예수께서 육신적으로 부활하셨다는 것이다. 터무니없어 보일지 몰라도, 이 주장을 지지하는 역사적 증거가 있다. 여러 대안 이론은 (이 책 6장에서 살펴보겠지만) 의외로 설득력이 없으며, 십자가에 달려 죽은 어느 랍비의 풀죽고 겁 많으며 적은 무리인 제자들에게서 초대 교회가 나오는 기이한 현상이 일어나려면, 불을 붙일 불꽃이 절실히 필요하다.⁶ 우리 생각에 그 증거가 강력하든 불충분하든, 여전히 그 일은 역사적 주장이다. 율리우스 카이사르가 주전 44년 3월 15일에 암살당했든지 그렇지 않든지 둘 중 하나이듯이, 예수께서도 주후 33년에 부활했든지 그렇지 않든지 둘 중 하나다. 부활을 믿거나 믿지 않거나 하는 것 때문에 **우리**가 변할 수도 있지만, 2,000년 전에 일어난 일에 대한 객관적 현실이 바뀌지는 않는다. 그리고 부활은 3대 유일신 종교에서 의견이 일치하지 않는 문제다. 기독교인들은 예수께서 부활하셨다고 믿는다. 무슬림들은 예수께서 죽지 않으시고, 대신 하늘로 올리우셨다고 믿는다. 유대교인들은 (이 문제에 관해서는 무신론자와 불가지론자도) 예수는 죽었고, 여전히 죽어 있

---

6   부활을 역사적으로 진지하게 다룬 내용으로는 N. T. Wright, *The Resurrection of the Son of God* (Minneapolis: Fortress, 2003)을 참조하라. 「하나님의 아들의 부활」(크리스천다이제스트 역간, 2005). MIT 교수가 쓴 짧은 글인 Ian Hutchinson, "Can a Scientist Believe in the Resurrection?," The Veritas Forum, March 25, 2016, http://www.veritas.org/can-scientist-believe-resurrection-three-hypotheses/를 참조하라.

다고 믿는다. 이러한 주장들은 상호 배타적이다. 이러한 기본적 수준에서 보면, 종교적 진리는 역사적 진실과 계속 얽혀 있을 수밖에 없다. 유일신 신앙으로 범위를 좁히더라도, 모든 종교가 똑같이 참이라고 말한다면 역사를 이해하지 못한 것이다.

개종 문제

내 친구 프러빈 세터패티는 코넬대학교 유전학 교수다. 코넬대학교 1학년 때 프러빈은 한 동기에게 무엇을 믿느냐는 질문을 받고 힌두교도라고 대답하기는 했지만, 그 질문에 마음이 흔들렸다. 프러빈의 부모님은 인도에서 이민을 오셨다. 프러빈은 힌두교 문화와 함께 성장했어도 힌두교 신앙에 대해서는 거의 아는 바가 없었다. 그래서 살펴보기 시작했다. 프러빈은 고대 힌두교 문서들을 뒤졌고, 거기에 담긴 다채로움을 즐겼다. 그러나 그 과정에서 프러빈은 세상의 나머지 종교들은 진리 주장을 달리 한다는 사실을 감지했다. 신에 과학자다운 사고방식으로 프러빈은 자신이 물려받은 종교가 옳다고 가정하고 싶지 않았고, 그래서 다른 신앙을 살펴보고 다른 종교의 문서들을 읽었다. 복음서에서 프러빈은 놀라운 점을 발견했다. 아마 그 이야기의 주인공일 예수는 복음서 이야기의 절정에서 벌거벗기고 상한 몸으로 무기력하게 십자가에 달린다. 힌두교의 슈퍼 영웅 크리슈나와는 완전히 다르다. 그러나 십자가에 달린 이 사람의 권력 역전에 프러빈은 어쩐지 마음이 끌렸다. 몇 달 동안 읽고 질문하고 증거를 톺아본 후에, 프러빈은 예수를 따르기 시작했다.

이러한 변화가 프러빈의 가족에게는 충격이었다. 미국에서 인종적으로나 종교적으로나 소수 집단의 일원으로 살아가고 있었기에, 가족은 프러빈이 인도 전통을 저버릴까 봐 두려웠고, 프러빈이 (힌두교 전통이 흠뻑 배인) 이름을 피터나 존처럼 서양식으로 들리는 이름으로 바꾸지 않을까 생각했다. 그러나 프러빈은 예수를 따른다고 해서 자신이 사랑하는 문화를 저버려야 하는 것은 아니라고 가족을 안심시켰다. "기독교인이 되는 것은 내가 나름의 인도 전통 유산을 배척하거나 다른 이름으로 불리는 것과는 전혀 상관이 없다. 오히려 기독교인이 되는 것은 인간의 역사에 엮여 들어온 하나님의 임재를, 우리를 위한 그리스도의 사랑과 희생을, 그분이 우리에게 절실하게 필요함을 받아들이는 것과 관련 있다."[7] 분명 힌두교 전통 유산 중에는 프러빈이 그리스도를 따르려면 떠나야 할 면이 있었다. 그러나 프러빈은 자신이 인도인임을, 자신이 태어나고 자랐으며 자녀들에게 물려주려는 다채로운 인도 문화를 자랑스러워했다.

프러빈은 일정 기간 심사숙고한 후에 기독교인이 되었다. 현재 유전학 교수로서 그는 자료에 맞추어 증거를 평가하고 가설을 세운다. 여전히 프러빈은 예수께서 하나님의 아들이며 온 세상의 구주이심을 굳게 믿는다. 힌두교 유산을 상당히 즐기기는 하지만, 힌두교의 기본 주장들이 참이라고 믿지 않는다. 참된 진리가 오직 하나뿐이라고 어떻게 말할 수 있느냐고 프러빈에게 묻는다면, 자신에게는 선택의 여지가 없다고, 즉 힌두교와 기독교가 궁극적으로 양립 가능하다는 주장은 양쪽에 모두 해를 입히는 것이라고 말할 것이다.

---

[7] Praveen Sethupathy, "My Name Means 'Skillful,'" *The Curator Magazine*, March 4, 2013, http://www.curatormagazine.com/praveensethupathy/.

이 영역의 반대편 끝에는 기독교인으로 자랐으나, 이제는 믿음이 없는 친구들이 있다. 몇 명은 교회에서 경험한 일로 상처를 입었다. 기독교의 주장에 대해 믿음을 잃은 친구들도 있다. 현재 불가지론자인 친구들도 있고, 무신론자인 친구들도 있다. 나는 이 친구들에게 마음이 쓰이고, 간절히 바라기로는 이들이 예수께 돌아오면 좋겠다. 그래도 나는 이들에게 기독교와 무신론이 동일한 진리로 가는 두 가지 길이라고 말하는 일은 꿈도 꾸지 않을 것이다. 친구들이 예수를 믿지 않는다고 말할 때, 나는 그 말을 믿어 줄 정도로 친구들을 존중한다.

윤리 문제

내 세속 친구들은 종교적 다양성을 찬양하며, 소수 종교 집단이 자신의 신앙을 실천할 권리를 인정한다. 이것은 아름다운 본능이다. 그렇지만 종교적 신념이 세속의 핵심 윤리와 충돌한다면 어떤 일이 일어나는가? 어느 종교든 동등하게 참되다고 생각하거나, 적어도 누구도 자신의 종교가 **유일한** 진리라고 말해서는 안 된다고 생각하는 이들 대부분이 보편 윤리의 신념 역시 긍정한다. 보편 윤리의 신념은 이를 테면, 인종 차별은 잘못이라거나, 사람들은 성적 표현을 자유롭게 해야 한다거나, 남자와 여자는 똑같이 귀하다는 것이다. 거의 아무도 이러한 신념이 문화적 정황에 따라 달라진다고 생각하지 않는다. 그러나 전통적 무슬림인 친구에게 "우리는 네가 무슬림이 될 권리를 인정해. 네가 남자와 여자의 동등한 역할과 동성 결혼의 합법성, 십 대들이 시험 삼아 성적인 행동을 할 자유를 받아들이기만 한다면야" 하고 말한다면, 진정 우리는 이들이 자기 신앙을 실천할 권리를 인정하는 것인가? 일부 종교인에게 우리가 보기에 윤리적으로 문제가 많은 일을 믿어도 된다는 허가증을 준다고 해도, 특히 그들이 소수 민족으로 살아가고 정치적으로 전혀 권력을 행사하지 않는다고 해도, 우리 중에 자신의 가장 깊은 윤리적 신념을 '내게는 참이지만 네게는 참이 아닌' 물통에 넣어 버릴 사람은 거의 없을 것이다. 다시 말하지만, 쟁점이 되는 사안이 매우 많다.

유일신론 문제

용광로 같은 우리 사회에서는 종교가 다른 사람들과 어울려서 살아가는 일이 순전히 현대에 나타난 현상이라고 생각하고 싶다. 그러나 서로 신앙이 다른 사람들이 1,000년 동안 때로는 갈등하고 때로는 평화하며 공존해 오고 있다. 종교적 차이를 다루는 한 가지 길은 다신론을 통해 처리하는 것이었다. 그렇게 해서 부족들이 저마다 자기네 지역 신을 섬길 수 있었으며, 지방의 신들은 더 큰 신들 집단에 통합되었다. 그리스와 로마 제국이 증명하듯이 다신론으로도 분명 종교간 폭력이나 정복욕을 막지 못했다. 그러나 타협 가능성이 있어서, 누구의 신이든 신이 될 수 있었으며, 아무도 자존감이 상할 필요가 없었다.

그러나 이러한 타협 가능성도 극렬한 유일신 신앙이 출현하면 제대로 작용하지 못했다. 유대교는 이스라엘의 언약의 하나님이 천지를 창조하셨다는 기본 신앙, 이 하나님이 유일하고 참되신 신이라는 두려움 없는 단언, 그분만 섬기라는 기본 명령을 전했다. 기독교가, 또 나중에 이슬람교가 이러한 토대에 수립되어서, 한 분이고 참되신 온 우주의 하나님이 계시며, 그분이 독특하게 자신을 계시하셨고, 흔히 신이라고 불리는 나머지들은 우상이라고 단언했다.

유대교와 기독교와 이슬람교가 단언해 온 내용에 따르면, 1,000년 동안 다양한 다른 '신들' 가운데 참된 신앙은 하나뿐이다. 초기 유대교는 고대 근동의 이방 다신교 사이에서 이렇게 주장했다. 초기 기독교는 로마 제국이라는 이방 다신교 사이에서 이러한 주장을 했다. 유일신 사상은 깊이 들여다보면 배타적인 동시에 보편적이다. 유일신 사상의 주장에 따르면 한 분이고 참되신 하나님만 계시며, 그분이 우주를 만드셨고, 모든 인간에게 충성을 요구하신다. 유일신 사상이 모든 종교는 하나라는 접근법에 맞는다고 주장한다면, 한 사람이 같은 시각에 두 장소에 있을 수 있다고 주장하는 것이나 마찬가지다. 그러한 일은 그 사람을 죽여서 몸을 자를 때나 가능하다!

예수 문제

코끼리 접근법과 관련하여 마지막 문제는 예수 문제다. 일부 종교는 서로 일치시키기가 가능할지 몰라도, 기독교는 엉뚱한 세트에서 나온 퍼즐 조각 같아서, 가장자리를 아무리 구부려도 맞지 않는다. 이 문제의 원인은 예수의 단도직입적인 말씀(예를 들어 "내가 곧 길이요 진리요 생명이니 나로 말미암지 않고는 아버지께로 올 자가 없느니라"[요 14:6]는 유명한 말씀)과, 예수께서 육신을 입으신 하나님이라고 주장한 행동 둘 다일 텐데, 유대인과 무슬림 모두 이러한 주장은 신성 모독이라는 견해를 고수한다.

예수의 이러한 차별성 중에 내가 무척이나 좋아하는 사례가 그분의 사역에서 일찍이 등장한다. 예수께서 어느 집에서 가르치고 계시는데 어찌나 사람이 많은지 아무도 비집고 들어갈 수가 없었다. 친구들 무리 하나가 중풍병자를 이 치료자 앞으로 데려가려고 굳게 마음먹고서, 지붕에 구멍을 뚫어 친구를 아래로 내려보냈다. 예수께서 이 남자를 보시더니 말씀하셨다. "작은 자야 네 죄 사함을 받았느니라"(막 2:5). 사람들은 틀림없이 얼떨떨했을 것이다. "그 남자한테 필요한 것은 분명 치료인데 예수는 왜 죄 사함에 대해 말하지?" 종교 지도자들은 격분했다. "이 사람이 어찌 이렇게 말하는가 신성 모독이로다 오직 하나님 한 분 외에는 누가 능히 죄를 사하겠느냐"(막 2:7).

예수께서 물으셨다. "중풍병자에게 네 죄 사함을 받았느니라 하는 말과 일어나 네 상을 가지고 걸어가라 하는 말 중에서 어느 것이 쉽겠느냐"(막 2:9). 그리고 나서 그 중풍병자에게 일어나라고 말씀하심으로써 죄를 용서할 수 있는 권위를 입증하셨다. 예수께서 종교 지도자들의 불평에 담긴 전제, 즉 죄를 용서할 권위는 하나님에게만 있다는 전제를 부인하지 않으셨다는 사실에 주목하자. 그러나 예수께서는 종교 지도자들의 결론이 틀렸음을 증명해 보이셨다. 예수께는 그러한 권리가 있으며, 이는 그분이 육신을 입으신 하나님이기 때문이다.

뒤에 예수께서는 형제를 여읜 여인의 눈을 똑바로 바라보시며 이렇게 말씀하셨다. "나는 부활이요 생명이니 나를 믿는 자는 죽어도 살겠고 무릇 살아서 나를 믿는 자는 영원히 죽지 아니하리니"(요 11:25, 26). 이것은 선량한 사람의 가르침이 아니다. 옥스퍼드대학교 교수이자 작가였던 C. S. 루이스가 주장했듯이 이것은 독선적인 미치광이나 악한 사기꾼의 가르침이든지, 아니면 육신을 입으신 하나님의 가르침이다.

복음서는 예수께서 하나님만 하실 수 있는 엄청난 일을 하셨다고 몇 번이고 되풀이하여 기록한다. 바람에 명령하시고, 죄를 용서하시며, 수많은 사람을 먹이시고, 부활하셨다. 그분의 보편적 주장은 제자들에게 하신 고별사에서 철저히 강조된다. "하늘과 땅의 모든 권세를 내게 주셨으니 그러므로 너희는 가서 모든 민족을 제자로 삼아 아버지와 아들과 성령의 이름으로 세례를 베풀고 내가 너희에게 분부한 모든 것을 가르쳐 지키게 하라"(마 28:18-20).

예수께서는 하늘과 땅을 다스린다고 주장하신다. 그분은 자신을 하나님에게 갈 수 있는 길이 아니라 자신이 바로 하나님이라고 소개하신다. 우리는 그분을 믿지 않기로 선택할 수 있다. 그러나 그분은 많은 진리 중에 하나이실 수는 없다. 그러한 선택을 우리에게 맡기지도 않으셨다.

Question 4 ～～～～～～～～ 종교는 도덕을
저해하지 않는가?

Doesn't Religion Hinder Morality?

● 2014년에 ISIS가 이라크에서 쿠르드어를 사용하는 야지디족 마을 하나를 공격했다. 스물한 살이던 나디아 무라드는 모술의 노예 시장으로 납치되어 어느 판사에게 팔렸는데, 그 자는 가벼운 죄를 저지른 사람들에게 사형을 선고하는 일을 하고 있었다. 그 판사는 나디아를 매일 겁탈했다. 자기 비위를 거스르면 때렸다. 나디아가 탈출하려고 했을 때는 자기 경호원들이 나디아를 윤간하게 했다. 판사는 나디아에게 "너는 내 네 번째 사비야(노예)다"라고 했다. "나머지 셋은 이제 무슬림이지. 내가 그 애들을 위해서 한 일이다. 야지디족은 신앙심이 없어서 우리가 이렇게 하는 거다. 너를 도와주려는 거지."[1]

이러한 설명을 읽으면 오싹하면서도 역겹다. 그러나 그 판사의 행동은 자신의 도덕률에 따르면 부당하지 않다. ISIS의 "연구와 파트와(Fatwa. 이슬람 세계의 법원(法源)을 바탕으로 한 법적 해석_ 옮긴이)부(部)"에서 야지디족을 연구하고 내린 결론에 따르면, 야지디족은 불신자이기에 샤리아법

---

1 "Nadia Murad's Tale of Captivity with Islamic State," *The Economist*, November 30, 2017, https://www.economist.com/books-and-arts/2017/11/30/nadia-murads-tale-of-captivity-with-islamic-state/.

에 의해 이들을 노예로 삼는 행위는 정당하다. 「포로와 노예 포획에 관한 문답」(Questions and Answers on Taking Captives and Slaves)이라는 안내 책자는 ISIS 전사들에게 지침을 제공했다. 거기에 포함된 사례는 다음과 같다.

> 문: 사춘기에 접어들지 않은 여자 노예와 성교가 허용되는가?
> 답: 성교에 적합하다면 사춘기에 접어들지 않은 여자 노예와 성교가 허용된다.
> 문: 여자 포로를 파는 일이 허용되는가?
> 답: 여자 노예나 포로는 재산일 뿐이므로 이들을 사거나 팔거나 선물할 수 있다.²

야지디족 멸절 계획은 두 갈래였다. 남자와 나이든 여자는 죽이고, 젊은 여자는 겁탈하고 노예로 삼는 것이다. ISIS의 남자들은 욕정을 채울 뿐 아니라 종교적 의무도 이행하고 있었다.

종교가 도덕을 해친다는 주장에 담긴 문제

노벨상 수상자인 물리학자 스티븐 와인버그는 이렇게 주장했다. "종교는 인간 존엄성에 대한 모독이다. 종교가 있든 없든 선한 사람들은 선행을 하고, 악한 사람들은 악행을 한다. 하지만 선한 사람들이 악행을 저지르게 하려면 종교가 필요하다."³

---

2 Nadia Murad, *The Last Girl: My Story of Captivity, and My Fight against the Islam State* (New York: Duggan, 2017), ix-x.
3 와인버그는 1999년 4월에 어느 과학 학회에서 종교에 관하여 이렇게 발언하였고, 이 발언

처음에는 이러한 논리가 설득력 있어 보인다. 나디아 무라드를 학대한 판사가 도대체 어떤 의미에서 '선한 사람'인지 의문일 수는 있지만, 온갖 부류의 신앙인이 저지르는 일련의 폐해를 부인하지는 못한다. 또 때로는 종교가 동기가 되어 일어난 폭력 행사의 기저에 그 종교의 덕목이 있는 것을 볼 수 있다. 한 예로 자살 폭탄 테러범은 자신의 대의에 이바지하면서 큰 용기를 보여 주고, 자신과 다른 이들을 죽임으로 자신이 선행을 하고 있다고 순수하게 믿는다. 분명 종교에 동기를 부여받아 자신을 희생하는 방식으로 다른 이들에게 해를 입히는 사람들이 있기는 하지만, 종교가 도덕을 저해한다는 주장에는 세 가지 문제가 있다.

첫째 문제는, 그 주장이 구체적이지 않다는 점이다. 종교라는 용어는 ISIS에서 아미시(Amish. 현대 문명을 거부하고 18세기 풍습을 유지하며 사는 기독교 교파_ 옮긴이)에 이르기까지, 이교도의 아동 인신 제사에서 불교의 명상에 이르기까지 온갖 것을 아우른다. 종교가 도덕을 저해한다고 말한다면, 철학이 도덕을 저해한다고 말하는 것이나 마찬가지다. 마르크스주의와 자유주의를 평가하고 서로 구별하듯이 각 종교 전통을 평가하고 서로 구별해야 한다. 사회주의와 마르크스주의 철학 사이에 있는 결합 조직(connective tissue)이 분명 스탈린이 악행을 저지르는 동기가 되기는 했지만, 스탈린이 저지른 대량 학살을 보면서 누구도 "철학이 도덕을 저해한다"거나 "사회주의가 도덕을 저해한다"고 말하지 않을 것이다. 종교와 도덕에 관해 어떻게든 의미 있게 말하려면, 더 구체적이

이 널리 전재된 덕분에 "종교에서 해방 재단"(Freedom from Religion Foundation)에서 '벌거벗은 임금님' 상을 받았다. Freedom from Religion Foundation, https://ffrf.org/outreach/awards/emperor-has-no-clothes-award/item/11907-steven-weinberg, 2018년 9월 14일에 접속.

어야 한다.

종교가 도덕을 저해한다는 주장에 담긴 둘째 문제는, 그 주장이 자료와 일치하지 않는다는 것이다. 물론 오늘날 종교가 있는 사람들이 비도덕적으로 행동하는 사례는 수백 가지이며, 개중에는 신문 1면을 차지할 정도로 극적인 행위도 있다. 그러나 종교 실천이 다양한 도덕적 기대와 관련된다는 증거 또한 상당하다. 크리스천 밀러가 2018년에 저서 「인간의 품성: 우리는 얼마나 선량한가」(The Character Gap: How Good Are We?, 글로벌콘텐츠 역간)에서 논평한 내용에 따르면, "그야말로 **수백** 건의 연구"를 볼 때 종교 활동은 도덕적으로 더 나은 결과와 관련이 있다.[4] 예를 들어, 사회학자 크리스토퍼 엘리슨과 크리스틴 앤더슨이 밝혔듯이 미국 통계 표본에서 가정 폭력 수치는 교회에 가지 않는 남자들이 일주일에 한 번 이상 가는 남자들의 거의 2배였다.[5] 종교 활동은 다른 43가지 범죄의 발생률이 더 낮은 것과도 연결되었다.[6] 북미에서 정기적으로 예배에 참석하는 사람들이 종교가 없는 사람들보다 해마다 기부금을 3.5배 많이 내고, 자원봉사도 2배 이상 많이 한다.[7]

---

4 Christian B. Miller, *The Character Gap: How Good Are We?* (Oxford: Oxford University Press, 2018), 239쪽. 「인간의 품성: 우리는 얼마나 선량한가」(글로벌콘텐츠 역간, 2021).

5 Christopher Ellison and Kristen Anderson, "Religious Involvement and Domestic Violence among U.S. Couples," *Journal for the Scientific Study of Religion* 40, no. 2 (2001): 269-286쪽. 비슷한 결과물로 D. M. Fergusson et al., "Factors Associated with Reports of Wife Assault in New Zealand," *Journal of Marriage and Family* 48, no. 2 (1986): 407-412쪽; C. G. Ellison, J. P. Bartkowski, and K. L. Anderson, "Are There Religious Variations in Domestic Violence?," *Journal of Family Issues* 20, no. 1 (1999): 87-113쪽을 참조하라.

6 T. D. Evans et al., "Religion and Crime Reexamined: The Impact of Religion, Secular Controls, and Social Ecology on Adult Criminality," *Criminology* 33, no. 2 (1995): 195-217쪽 참조.

7 이 연구의 요약본은 Arthur Brooks, *Who Really Cares* (New York: Basic Books, 2006)를 참조하라.

그와 같은 연구 결과는 거의 뉴스거리가 되지 않는다. "기독교인이 자선 기금을 내다" 같은 것은 주요 뉴스의 소재가 아니다. 또 무신론자이자 사회 심리학자인 조너선 하이트가 경고하듯이, 그러한 문제에서는 "신무신론자를 안내자로 이용할 수 없다." 왜냐하면 "신무신론자는 문헌을 편파적으로 비평하고서는 종교에 건강상 유익을 제외한 다른 유익에 대해 타당한 증거가 없다고 결론 내리기" 때문이다. 그러나 하이트가 논평하듯이 증거의 저울추는 "종교가 도덕을 저해한다"는 가설에 유리하게 기울지 않는다. 하이트의 언급에 따르면, "세속 좌파들은 정부의 복지 프로그램에 찬성하는 표를 던졌으니 자선을 베풀지 않아도 된다지만, 헌혈은 왜 그리도 적게 하는지 설명하기가 전혀 쉽지 않다."[8]

종교가 도덕을 저해한다는 주장과 관련하여 셋째 문제는, 한층 더 깊이 박힌다. 그 주장의 가정에 따르면 우리(기독교인, 무신론자, 무슬림, 힌두교도, 불교도, 유대교도)가 일제히 동의할 수 있는 자명한 진리를 사용하여 도덕을 가늠하는 보편적 잣대가 있다. 그러나 나디아 무라드의 이야기가 몹시도 예리하게 상기시키듯이, 그러한 잣대는 없다.

세계 인권 선언은 어떠한가?

독립적이고 보편적인 도덕이 존재한다는 믿음은 세계 인권 선언에 대한 오해에서 어느 정도는 기인한다. 그 문서가 작성되어 널리 채택된

8　Jonathan Haidt, "Moral Psychology and the Misunderstanding of Religion," *Edge*, September 21, 2007, https://www.edge.org/conversation/jonathan_haidt_moral-psychology-and-the-misunderstanding-of-religion.

것은 보기 드문 성취지만, 신학적 기반 없이 성취된 일은 아니었다. 유엔 인권 위원회 의장 엘리너 루스벨트는 신앙에 강하게 동기 부여된 독실한 기독교인이었다.[9] 찰스 말리크는 무슬림이 다수인 레바논을 대표하여 인권 선언의 핵심 입안자가 되었는데, 그리스 정교회 신학자였다. 중국 대표 창펑청이 그 협정에서 하나님에 대한 직접 언급은 모조리 제거해야 한다고 주장했는데도, 추후에 인권 선언은 다름 아닌 유대-기독교의 영향이 담겨 있다는 이유로 비판받았다.

무슬림이 다수인 국가 대부분이 1948년에 그 선언에 서명했지만, 유력한 나라인 사우디아라비아는 서명하지 않았다. 사우디 대표의 주장에 따르면 인권 선언은 이슬람 율법에 어긋나며, 비서구권 국가들의 문화 종교상 정황을 담아내지 못했다. 또 1982년에 이란 대표 사이드 라자이 코라사니도 그 선언이 "유대-기독교 전통에 대한 세속적 이해"라고 생각한다면서 "무슬림이 이행할 수 없[고]", 또 "이란 이슬람 공화국이 인정한 가치 체계와 일치하지 않았다"고 말했다.[10] 코라사니가 결코 무슬림 전체의 의견을 대표하지는 않지만, 이슬람이 세계에서 둘째로 많이 퍼진 신앙 체계라는 사실을 감안하면 이러한 긴장 상태는 상당한 도전이다.

인권 보편화는 전통적 이슬람 테두리 안에만 있는 문제가 아니다. 공식적으로 무신론인 북한은 인권 유린에서 수위를 차지하고, 역시 공

---

9 흔히 간과되는, 엘리너 루스벨트의 기독교 신앙의 중요성에 대해 더 알고 싶으면, 하버드대학교 법학 교수 메리 앤 글렌던의 글을 참조하라. "God and Mrs. Roosevelt," *First Things*, May 2010, https://www.firstthings.com/article/2010/05/god-and-mrs-roosevelt.

10 Sohrab Behdad and Farhad Nomani eds., *Islam and the Everyday World: Public Policy Dilemmas*, Routledge Political Economy of the Middle East and North Africa (London: Routledge, 2006), 75쪽에서 인용됨.

식적으로 무신론인 중국과, 힌두교도가 다수인 인도는 감시 대상국 목록에서 상위에 있다.[11] 그 선언에 고이 담긴 이상은 대부분 보편적으로 인정받지 못하고 있다. 그러면 그 이상이 왜 우리에게는 자명해 보이는가? 그 질문에 답하려면 역사를 보는 렌즈를 확대해야 한다.

인권의 기원

모든 인간을 동등하게 귀하게 여겨야 한다는 생각은 고대 세계에서는 전혀 규범이 아니었다. 그리스 로마 사상에서 자유인 남자는 여자나 노예나 어린이보다 선천적으로 더 존엄했으며, 장애가 있는 유아는 유기하는 것이 일상이었다. 플라톤과 아리스토텔레스는 노골적인 우생학을 지지했으며, 아리스토텔레스는 "기형아가 생존하지 못하게 하는 법이 있어야 한다"고 선언했다.[12] 이러한 세상 속으로 1세기의 어느 유대 랍비가 걸어 들어와, 여성을 높이고 어린이를 귀하게 여기며 가난한 이들을 사랑하고 병든 이들을 안아 주었다. 초기 기독교는 인종과 민족의 경계를 넘어서고, 자유인과 노예라는 이분법까지도 넘어서는 형제애를 강조하여 새로운 도덕적 상상력을 불붙이는 불꽃이 되었다.[13] 오늘날 서구인 대부분이 보편적이며 종교와 관계없다고 생각하는 가

---

11   Human Rights Risk Index 2016-Q4, Reliefweb, December 2016, https://reliefweb.int/report/world/human-rights-risk-index-2016-q4 참조.

12   Aristotle, *The Politics*, ed. Stephen Everson (Cambridge: Cambridge University Press, 1988), 192쪽. 또한 Plato, *The Republic*, trans. Allan Bloom (New York: Basic Books, 1968), 140쪽을 참조하라.

13   이 사항에 대해 상세한 설명은 Ronald E. Osborn, "The Great Subversion: The Scandalous Origins of Human Rights, or Human Rights and the Slave Revolt of Morals," *The Hedgehog Review* (University of Virginia) 17, no. 2 (Summer 2015): 91-100쪽 참조.

치관은 계몽주의 시대에 느닷없이 나타난 것이 아니라, 기독교 신앙이 점점 퍼지고 영향력이 생기면서 자라 나온 것이다.[14]

분명 많은 세속 학자가 인권의 기초를 종교 계류장에 매이지 않게 설정하고자 했었다. 철학자 로널드 오스본은 「인본주의와 신의 죽음」 (Humanism and the Death of God)에서 이 영역으로 들어가려는 몇 가지 시도를 조망한다. 그러나 오스본의 결론에 따르면 과학적 자연주의는 결국 언제나 바스러져 허무주의가 되게 마련이라, "인본주의의 핵심 가치인 불가침한 인간 존엄성, 양도 불가능한 인간의 권리, 본질적인 인간 평등"을 지지하지 못한다. 오히려 그러한 핵심 가치는 기독교에서 "역사상 유례없는 방법으로 발견한 것과 같은 인간성에 대한 통찰"로 뒷받침되어야 한다.[15] 이러한 견해를 오스본은 (아브라함 계통 종교의 공통 믿음인) 사람이 "하나님의 형상으로" 지음받았다는 신앙에서뿐 아니라, 특히 하나님이 "제국의 희망 없는 벽지 출신 가난한 막일꾼"의 모습으로 사람이 되어서 "당시 정치·종교 권력 기관에 고문을 당해 죽었다"는 기독교의 신앙에서도 발견한다.[16]

영국의 정치학자 스티븐 홉굿은 오늘날의 풍조에서 예견되는 인권의 미래에 관해 비관론을 토로한다. 홉굿의 주장에 따르면 세상은 "국제적인 규정이 비종교적이고 보편적이며 협상의 여지가 없다고 추

---

14 인권에 있는 기독교 뿌리에 대한 탐구는 Kyle Harper, "Christianity and the Roots of Human Dignity," in *Christianity and Freedom*, vol. 1, *Historical Perspectives*, ed. Timothy Samuel Shah and Allen D. Hertzke, Cambridge Studies in Law and Christianity (Cambridge: Cambridge University Press, 2016), 123-148쪽 참조.

15 Ronald Osborn, *Humanism and the Death of God* (Oxford: Oxford University Press, 2017), 1-5쪽.

16 Osborn, *Humanism and the Death of God*, 6쪽.

정했기에, 인권에 관해서 전 세계적으로 강한 합의가 있다는 전제에 안주하지만, 이러한 합의는 환상에 불과하다."[17] 홉굿은 "인권의 기초가 우리 바로 아래에서 부서지고 있다"고 단언하고서 예측하기를, 미국의 세계적 영향력이 쇠하고 중국이 세계 최강대국으로 부상하면서 인권에 대한 관심도 쇠퇴하리라고 했다. 이 소식은 무시무시해 보인다. 그러나 인간의 권리가 기독교의 유산에서 나왔다면, 중국에서 기독교의 영향력이 커지고 있는 바로 그때, 중국이 더 큰 역할을 할 테니 우리는 세상에 대해 더 낙관적이어도 된다.

분명히, 종교가 없는 사람들 다수는 열정적으로 인권에 헌신하며, 세속 철학자 상당수는 인간의 권리와 평등이 인간 사회를 관리하는 데 가장 효과적인 방법이라고 주장한다. 그러나 비종교적 관점에서 인권의 튼튼한 토대 문제에 관해서라면, 건축 자재를 얻기가 힘들다. 우리는 사회학과 경제학 자료를 들먹이면서, 인간의 생명을 더 귀하게 여길 때, 인간의 평등을 옹호할 때 사회가 번성하는 것으로 보인다고 주장할 수 있다. 고(故) 크리스토퍼 히친스는 인권의 기독교적 토대를 받아들이지 않으면서 이렇게 선언했다. "인권 같은 것이 존재한다는 것을 내가 어떻게 아는가? 나는 모른다. 나는 그러한 것이 존재하는지 모른다. …… 우리[의 인권에 대한 기초]는 다소 위태로운 행성에 있는 영장류라는, 우리의 처지와 엇비슷하게 보잘것없다."[18]

---

[17] Stephen Hopgood, *The Endtimes of Human Rights* (Ithaca, NY: Cornell University Press, 2013), x.

[18] "Hitchens and Haldane—Why Human Rights?," The Veritas Forum (video), February 17, 2011, https://www.youtube.com/watch?v=yo_JJGcx-Ks.

피터 싱어의 우연한 회심자

나와 남편이 서로 알기 전에 우리 둘을 모두 아는 사람이 몇 명 있었는데, 그중 한 명이 인간의 평등에는 세속적으로 견고한 토대가 전혀 없다는 사실을 차차 분명히 깨닫게 되었다. 사라와 브라이언은 나와 같은 케임브리지 박사 과정 학생이었다. 사라는 뛰어난 사학자였고, 똑똑하고 친절하고 매력 있고 시원시원했으며, 대학원에 있는 많은 친구들처럼 기독교 신앙에 점잖게 적대적이었다. 졸업 후에 사라와 나는 어쩌다 보니 페이스북에서만 친구 사이가 되었는데, 몇 년 후에 사라가 솔직하게 기독교인이라고 밝힌 남자와 결혼했다는 사실을 알고서 나는 깜짝 놀랐다. 사라의 이야기는 이렇다.

사라는 오스트레일리아에서 사랑이 많지만 종교는 없는 가정에서 성장했다. 시드니대학교에 진학했을 무렵에 사라는 기독교를 비판하는 사람이었으며, 케임브리지 킹스칼리지에 있는 대학원에 왔을 때는 아주 잘 적응했다. 킹스칼리지는 케임브리지의 단과 대학들 가운데 캘리포니아 같은 곳으로 파티 문화와 진보 정치로 유명했고, (오클라호마에서 자란 내 남편을 포함하여) 얼마 안 되는 기독교인은 총학생회의 반종교적 갑옷에 흠집 하나 내지 못했기에, 사라는 무신론 속에서 계속 편하게 지낼 수 있었다. 그러나 일이 이상하게도 예상치 못하게 꼬여서, 사라는 케임브리지에서 옥스퍼드로 옮겨 가게 되었고, 무신론자이자 같은 오스트레일리아 사람인 피터 싱어의 연속 강연에 참석하면서 인생이 바뀌었다.

프린스턴대학교 교수인 싱어는 세속 철학자 중에서 드물게도, 무신론에는 인간의 평등에 대한 기초가 없다는 사실에 정면으로 맞선 사람이다. 싱어는 **호모 사피엔스**라는 독특한 상태를 인간 가치의 기초로 삼기보다는, 존재는 자아 인식, 견디는 능력 등과 같은 능력에 따라 가치를 평가해야 한다고 주장했다. 싱어의 계산에 따르면, "생후 일주일 된 아기는 합리성이나 자의식이 있는 존재가 아니며, 생후 일주일이나 한 달 된 인간의 아기보다는, 인간이 아니면서 합리성과 자의식, 인식, 능력 등이 훨씬 나은 동물이 많다." 그래서 이렇게 결론을 내린다. "신생아의 생명은 돼지나 개, 침팬지의 생명보다 가치가 덜하다."[19]

싱어는 동정심이 부족하지 않았다. 「물에 빠진 아이 구하기: 어떻게 세계의 절반을 가난으로부터 구할 것인가」(The Life You Can Save: How to Do Your Part to End World Poverty)에서 싱어는 세상의 부자들에게 세상의 가난한 사람들을 위해 행동하라며 급진적으로 도전하고, 자기가 한 말을 행동으로 보여 주었다. 그러나 사라는 싱어의 강의를 들으면서 "낯선 지적(知的) 현기증"을 겪었다.

> 나는 인간의 보편적 가치가 단순히 선의가 담긴 진보주의의 독단을 넘어선다고 힘써 믿었습니다. 그러나 내가 연구를 통해 알게 된 것은, …… 사회에는 늘 인간의 가치에 대한 개념이 달랐거나, 결여되어 있었다는 것입니다. 인간의 평등이라는 전제는 자명한 진리가 아니며, 역사적으로 완전히 불확실합니다. 나는 무신론에 내재된 의미가 내가 소중히 여기던 거의 모든 가치와 양립하지 못한다는 사실을 깨닫기 시작했습니다.[20]

---

19 Peter Singer, *Practical Ethics*, 2nd ed. (Cambridge: Cambridge University Press, 1999), 169쪽. 「실천 윤리학」(연암서가 역간, 2013. 이 책은 *Practical Ethics* 3판을 번역한 것이다_ 옮긴이).
20 Sarah Irving-Stonebraker, "How Oxford and Peter Singer Drove Me from Atheism to Jesus," The Veritas Forum, May 22, 2017, http://www.veritas.org/oxford-atheism-to-jesus/.

어느 오후, 사라는 자기 도서관 책상이 신학 서가 안에 있다는 사실을 알아차렸다. 그래서 설교집 한 권을 집어 들었고, 기독교가 참으로 지적으로 설득력 있고 복잡하며 심오하다는 것을 깨닫고 놀랐다.

교수진 만찬에서 그 다음 충격을 받았다. 사라는 과학 교수인 앤드류 브릭스 옆에 앉아 있었는데, 브릭스가 사라에게 신의 존재를 믿느냐고 물었다.[21] 사라는 어떻게 답해야 할지 자신이 없어서 자기는 불가지론자라고 말했다. 브릭스가 대답했다. "양다리 걸치기가 정말로 원하는 건가요?" 그 질문 덕분에 사라는 인간의 평등이라는 질문이 문제가 된다면 하나님에 대해 더 생각해야 함을 깨달았다. "나는 몰라요"로는 이제 충분하지 않았다.

사라는 옥스퍼드를 졸업하고서 플로리다주립대학교에서 조교수를 시작했다. 그곳에서 사라는 각자 인생에 예수의 영향을 많이 받은 기독교인들을 만났다. 그들은 노숙자에게 밥을 주고, 공동체 센터를 운영하며, 농장에서 일하는 이주 노동자들에게 거처를 마련해 주었다. 결국 사라는 스물여덟 번째 생일 직전, 하나님을 진지하게 찾기 위해 처음으로 한 교회로 걸어 들어갔다. 이내 사라는 벅찬 기분이 들었고, 마침내 하나님이 자기를 온전히 아시고 조건 없이 사랑하신다고 느꼈다. 자신의 새로운 이해를 사라는 이렇게 서술한다.

알고 보니 기독교는 내가 한때 갖고 있던 캐리커처와 완전히 달랐어요.

---

21 앤드류 브릭스는 기독교와 과학을 아주 흥미롭게 다룬 *The Penultimate Curiosity: How Science Swims in the Slipstream of Ultimate Questions* (Oxford: Oxford University Press, 2016)를 공동 집필했다.

…… 하나님은 스스로 의롭다 하는 사람들이 아니라 마음이 상한 사람들을 원하십니다. 또 구원은 우리가 선행을 통해서 구름 속에 있는 어느 장소를 각자 얻는 방법에 관한 것도 아닙니다. 오히려 그 반대죠. 우리가 하나님과 화해하기 위해서 할 수 있는 일은 아무것도 없습니다. 사학자로서 이 사실에 나는 깊이 감명받았습니다. 나는 인류 역사에 나타난 가난과 폭력과 부당함의 순환을 매우 잘 알았기에, 과학적으로건 다른 무엇으로건, 우리가 고안한 유토피아가 우리를 구원할 수 있으리라고 생각할 수 없었습니다.[22]

사라가 발견한 대로, 정의에 대한 갈망 때문에 '급진적인 좌파 이념'에 끌렸으나, 궁극적으로 예수의 급진적인 메시지가 그 갈망을 더 채워 주었다. 예수께서는 다른 이들을 구원하기 위해 자신의 권리를 포기하시고 고난과 모욕과 죽음을 받아들이셨다. 사라는 이렇게 적는다. "기독교인으로 살라는 것은, 이 새롭고 급진적인 창조의 일부가 되라는 부르심이다. 나는 구름 속에 있는 어느 장소를 수동적으로 기다리고 있지 않다. 그리스도께 구속함을 받았으니, 이제 내게는 해야 할 일이 있다." 무신론은 사라의 마음 깊이 자리 잡은, 인간의 평등에 대한 신념과 정의에 대한 갈망을 채워 주지 못했다. 사라는 자신이 결코 알지 못하던 곳을 도덕적으로 그리워하며 향수병을 앓았던 것이다.

---

22 Irving-Stonebraker, "Singer Drove Me from Atheism."

악한 믿음

펜실베이니아대학교 소아과와 백신학 교수인 폴 오핏도 아주 비슷한 발견을 했다. 오핏에게는 종교가 도덕을 저해한다고 생각할 이유가 충분했다. 1991년, 펜실베이니아주 전역에 홍역이 유행했다. 어린이 수백 명이 홍역을 앓았고, 아홉 명이 죽었다. 오핏은 필라델피아 아동병원 소속 내과의였다. 홍역 환아들이 다른 환아와 다른 점은, 반드시 고통이 따르지는 않는다는 사실이었다. 필라델피아에 있는 교회 두 곳은, 어린이 수백 명을 교육하는 학교에 인접해 있으면서도 백신과 치료를 거부했다. 따라서 질병이 성큼성큼 영향을 끼치기 시작하여 퍼져 나갔다.

이 사건을 비롯하여 여러 사건 때문에 오핏은 "악한 믿음: 종교적 신념이 어떻게 현대 의학의 기반을 허무는가"(Bad Faith: How Religious Belief Undermines Modern Medicine)라는 제목으로 책을 쓰려고 했다. 오핏은 종교가 없었으므로 자신이 "리처드 도킨스와 크리스토퍼 히친스, 샘 해리스 같은 호전적 무신론자들이 목소리를 낸 것과 비슷한 주제를 발언"하리라고, 즉 종교는 비논리적이며 유해할 수 있다는 목소리를 내리라고 생각했다.[23] 그러나 오핏은 성경을 읽고 의학사를 살펴보면서 마음이 바뀌었다. 예수께서 아이들을 편들어 주시는 대목에서는 감동해서 눈물이 났다. 오핏은 이렇게 결론을 내린다.

---

23 Paul Offit, "Why I Wrote This Book: Paul A. Offit, M. D., *Bad Faith: When Religious Belief Undermines Modern Medicine*," Hamilton and Griffin on Rights (blog), March 17, 2015, http://www.hamilton-griffin.com/2015/03/17/why-i-wrote-this-book-paul-a-offit-m-d-bad-faith-when-religious-belief-undermines-modern-medicine/.

하나님의 존재를 믿는지 여부와 별개로 …… 나사렛 예수라고 서술되는 남자에게 틀림없이 감동받을 것이다. 예수가 살던 시대인 주전 4년에서 주후 30년 무렵에는, 어느 사학자가 언급했듯이 아동 학대가 "로마 제국의 심한 악덕"이었다. 영아 살해는 흔한 일이었다. 유기가 흔히 일어났다. 히포크라테스는 예수보다 400년 전쯤에 살았는데, 의사들이 어느 정도로 환자들과 윤리적으로 소통해야 하는지에 대해 종종 썼다. 그러나 히포크라테스는 아이들을 한 번도 언급하지 않았다. 아이들은 재산이었으며 노예와 다를 바가 없었기 때문이다. 그러나 예수께서는 아이들 편을 들어 주시고 아이들에게 마음을 쓰셨는데, 그때 그분 주위 사람들은 보통은 그렇게 하지 않았다.[24]

이제 오핏은 기독교를 역사상 "아동 학대를 반대하는 가장 위대한 단일 돌파구"라고 부르면서, 다른 사건들 중에서도 로마의 첫 기독교인 황제가 315년에 영아 살해를 금지했으며, 321년에는 초기 형태의 복지를 제공해서 가난한 가정에서 자녀들을 팔지 않아도 되게 해주었다고 말한다.[25] 결국 오핏은 자기 책의 부제를 "종교적 신념이 어떻게 현대 의학의 기반을 허무는가"에서 "종교적 신념이 현대 의학의 기반을 허물 때"로 바꾸어, 기독교가 의학과 윤리학에 방대하게 끼친 영향을 인정했다.

---

24 Paul Offit, "Why I Wrote This Book."
25 Paul Offit, *Bad Faith: When Religious Belief Undermines Modern Medicine* (New York: Basic Books, 2015), 127쪽.

무신론은 도덕의 기초를 닦을 수 없다

"역사를 보면 기독교의 손바닥 자국이 인권에서 소아 의학에 이르기까지 어디에나 있기는 해도, 오늘날 세상에는 세속 신념을 바탕으로 하는 일반 도덕이 있으니 우리는 잘 살지 않을까?" 이러한 염원에는 두 가지 문제가 있다. 첫째, 세상에는 종교 인구가 압도적으로 많다. 세상이 단일 민주 국가여서 각 사람이 한 표씩 행사하고 이 유권자들에게 도덕의 기초가 되는 신앙 체계를 정하라고 한다면, 기독교가 뽑힐 것이다. 또 기독교는 가장 다양한 연합체를 대표할 것이다. 무신론이 세계 인구에서 차지하는 비중은 상대적으로 적으며, 주로 공산주의 정권에서 사는 사람들에게 집중되어 있는데, 우리는 왜 무신론을 토대로 세계의 도덕을 확립하려 하는가?

그러나 둘째 문제는 훨씬 심각하다.

2012년에 듀크대학교 철학 교수인 알렉스 로젠버그는 「무신론자의 현실 안내서: 환상 없이 인생 즐기기」(*The Atheist's Guide to Reality: Enjoying Life without Illusion*)에서 무신론자의 관점으로 일련의 질문을 다루었다.

- 신이 있는가? 없다.
- 현실의 본질은 무엇인가? 물리학이 말하는 대로다.
- 우주의 목적은 무엇인가? 존재하지 않는다.
- 인생의 의미는 무엇인가? 위와 같음.
- 왜 내가 이곳에 있는가? 순전히 운이다.
- 기도가 효과가 있는가? 당연히 없다.

- 영혼이 있는가? 영혼은 불멸인가? 농담하는가?
- 자유 의지가 있는가? 어림도 없다.
- 내가 죽으면 무슨 일이 일어나는가? 우리를 빼고 모든 것이 전과 다름없이 흘러간다.
- 옳고 그름, 선과 악의 차이는 무엇인가? 도덕적으로 아무 차이가 없다.
- 왜 내가 도덕적이어야 하는가? 비도덕적인 것보다 기분이 좋기 때문이다.
- 낙태나 안락사, 자살, 세금 납부, 해외 원조, 또는 그밖에 무엇이든 당신이 금지하거나 허가하거나 때로는 의무화하기 싫은 것이 있는가? 무엇이든 다 괜찮다.[26]

나는 로젠버그 교수를 개인적으로 모르지만, 내가 확신하기로 로젠버그가 이 장 첫머리에서 우리가 본 것처럼 ISIS의 소책자에 실린 문답을 본다면(80쪽 참고) 깜짝 놀랄 것이다. 그러나 로젠버그가 간단히 무신론에서 도출해 낸 도덕적 답변에 따르면, "사춘기에 접어들지 않은 여자 노예와 성교가 허용되는가?"라는 질문에 대한 시원시원한 대답이 있다. "무엇이든 다 괜찮다."

확실히, 이 말은 무신론자가 인간의 평등을 기초로 하는 도덕 체계를 만들어서 그에 따라 살아가지는 못한다는 뜻이 아니다. 그렇게 만들고 살아가는 무신론자가 많다. 그러나 이것이 무신론의 논리적 결

---

26   Alex Rosenberg, *The Atheist's Guide to Reality: Enjoying Life without Illusion* (New York: Norton, 2011), 2-3쪽.

론(outworking)은 아니다. 무신론자이자 MIT 철학 교수인 알렉스 번이 논평하듯이 "과학이 실질적으로는 현실의 본질에 대해서, 각자 좋아하는 어떠한 도덕적 관점에 대해서, 인간의 본질이나 다른 어느 것에 대해서 아무것도 말해 주지 않는다고 생각하면서도 무신론을 시종일관 고수할 수 있다."[27] 무신론 그 자체에서는 도덕 체계가 나오지 않을 뿐 아니라, 과학적 무신론자는 자기 세계관에 있는 인간에 대해 과학적 관점에서 나온 무신론의 해석과, 윤리적 관점에서 나온 무신론의 해석 사이의 틈을 임시로 메꿔야 한다. 또 한 명의 MIT 교수이자 인기 과학 소설 작가인 앨런 라이트먼은 자신의 불가지론을 다음과 같이 분명하게 표현한다.

> 우리의 의식과 자의식은 환상을 하나 만들어 내는데, 바로 자신이 어느 특별한 본질에서 만들어졌으며, 그래서 자신에게 모종의 특별한 자아 능력, 대단한 '자기다움'(I-ness), 어느 정도 독특한 존재가 있다는 것이다. 그러나 사실상 우리는 뼈와 조직, 젤리 같은 세포막, 중성자, 전기 자극, 화학 물질에 지나지 않는다.[28]

이 말이 참신할 정도로 정직해 보일지 모른다. 그러나 만일 우리에게 과학만 있다면, 우리의 자아 감각은 그저 환상일 뿐이고, 우리에게는 도덕적 작인(作因)이 전혀 없으니 도덕은 선호에 불과해진다. 라이

---

[27] Alex Byrne, "Is Atheism a Worldview?," The Veritas Forum (video), September 19, 2016, https://www.youtube.com/watch?v=oeynhmPHqB4.
[28] "Alan Lightman Shares His Worldview," The Veritas Forum (video), September 16, 2011, https://www.youtube.com/watch?v=6Ny30CgaRmU.

트먼은 이어서 이렇게 말한다. "나무처럼, 또 도넛처럼 우리는 원자 묶음이다." 그러니, 도넛을 먹으라, 아니면 아이를 먹으라. 무엇이든 다 괜찮다.

라이트먼이 자아라는 개념의 폐기를 광야에서 홀로 부르짖지는 않았다. 인기 있는 신무신론자 샘 해리스가 2012년 자기 책 『자유 의지는 없다』(Free Will)에서 주장한 내용에 따르면, 자유 의지는 망상일 뿐이므로, "우리가 의식 있는 존재이기에 자기 정신생활의 성격에, 또 그 다음에 일어나는 행동에 깊이 책임을 져야 한다는 생각은 현실과 연결하기가 실로 불가능하다."[29] 라이트먼이나 해리스나 "무엇이든 다 괜찮다"는 도덕 결론을 도출하지는 않는다. 그러나 인간이 무엇인지에 대한 이들의 신념을 감안해 볼 때, 우리에게는 "안 될 이유가 없잖아?" 하는 질문이 미적미적 남는다. 실용주의적 답변만으로는 충분치 않을 것이다.

과학은 인류에 대해 이러한 결론을 내릴 수밖에 없는가? 털끝만큼도 그렇지 않다. 또 한 명의 MIT 교수이자 플라스마 물리학자로는 세계 정상급인 이안 허친슨은 자신의 견해를 이렇게 설명한다.

> 나는 양자 색역학(quantum chromodynamics)과 전약력(electroweak forces)을 통해 상호 작용하는 전자와 쿼크(양성자와 중성자를 구성하는 기본 입자_ 옮긴이)의 조합이며, 화학 원소의 불균일 혼합물이다. …… 나는 유전자 코드를 따르는 생화학 처리 장치이지만, 공조하는 세포들의 어마어마하면

---

29 Sam Haris, *Free Will* (New York: Free Press, 2012), 13쪽.

서도 기막히게 복잡한 유기체이기도 하며, 포유류로 털이 난 온혈 동물이다. 또 나는 한 인간이자 남편, 연인이자 아버지이며, 은혜로 구원받은 죄인이다.[30]

허친슨은 케임브리지 킹스칼리지 학부생일 때 예수를 따르기 시작했다. 허친슨의 기독교 신앙이 제시하는 세계관 안에서는 인간이 과학 원리에 수반되는 요소로 격하될 수 없다. 그와 달리 인간은 하나님의 형상으로 지음받고, 도덕 작인을 부여받고, 인간을 만드신 분에게 얼마나 사랑을 많이 받았는지, 그분이 대신 죽기까지 하셨다.

진화 이타주의는 어떠한가?

이 지점에서 기독교인들은 전통적으로 진화를 들먹이며 그 주장을 강조한다. 이들이 보기에 진화는 경쟁과 폭력, 약자 제거를 엔진의 연료로 삼아 달린다. 따라서 인간을 과학적 구성 요소 수준으로 깎아내리고 다른 수준의 의미를 배제한다면, 진화는 인간이 동등하게 귀하다는 신념 체계와 양립할 수 없다. 그러나 최근 몇 년 사이 진화 과학의 새로운 분야가 등장하여서 일부 무신론자들에게 과학이 어쨌든 우리의 도덕의 기초가 될 수 있다는 희망을 주었다. 마틴 노왁은 하버드 진화 동역학 프로그램(Harvard's Program for Evolutionary Dynamics) 책임자였고, 진화 이타주의라는 분야의 개척자다. 노왁의 주장에 따르면 인간은 진화에 의해서 경쟁뿐 아니라 협력에도 적합해져서, 때로는 남의 유익을 위해

---

[30] Ian Hutchinson, *Can a Scientist Believe in Miracles?: An MIT Professor Answers Questions on God and Science* (Downers Grove, IL: InterVarsity Press, 2018). 32쪽.

자신의 이익을 희생하기까지 한다.

노왁의 서술에 따르면, 협력을 위한 다섯 가지 기제(mechanism)는 직접 상호성("내가 네 등을 긁어 주고, 네가 내 등을 긁어 준다"), 간접 상호성("내가 네 등을 긁어 주고, 누군가가 내 등을 긁어 준다"), 공간 선택("내 인맥 안에서 협력한다"), 다층위 선택("우리 부족 사람 대부분이 협력한다면, 다른 부족과 경쟁하여 이길 수 있다"), 친족 선택("나는 우리 씨족 사람들을 위해서 희생할 것이다")이다.[31] 이들 기제 덕분에 인간의 행동은 솔직한 이기심 이상으로 향상된다. 그렇지만 이러한 기제가 우리의 도덕 신념의 토대가 될 수 있을까?

무신론자 심리학자인 스티븐 핑커가 이 결론에 내재하는 문제를 털어 놓는다. 핑커의 지적대로 미덕을 "다른 집단과 경쟁 중에 자기 집단을 이롭게 하는 희생"과 동일시한다면, "파시즘이 최상의 미덕이 될 것이다."[32] 핑커는 우리의 타고난 도덕 감각을 이렇게 묘사한다. "자연이 우리에게 기본적으로 전해 준, 공감하는 감각은 무엇이든 아주 좁은 테두리 안에 있는 개인들에게 적용되는데, 거개는 가족에게, 또 씨족이나 마을 안에 있는 친한 자기편에게 적용된다."[33]

투철한 세속 인본주의자인 핑커는 이 테두리를 점차 넓히면 보편적 인권은 하나님에게 호소할 것 없이 이성을 근거로 할 수 있다고 믿는다. 핑커는 과학이 우리에게 그러한 작업을 해줄 수 없다는 것은 인

---

31 이러한 기제는 마틴 노왁이 로저 하이필드와 공동 집필한 *SuperCooperators: Altruism, Evolution, and Why We Need Each Other to Succeed* (New York: Free Press, 2012), 270-271쪽에 요약되어 있다. 「초협력자: 세상을 지배하는 다섯 가지 협력의 법칙」(사이언스북스 역간, 2012).

32 Steven Pinker, "The False Allure of Group Selection," *Edge*, June 18, 2012, https://www.edge.org/conversation/steven_pinker-the-false-allure-of-group-selection.

33 "What Is the Source of Morality," The Veritas Forum (video), December 28, 2010, https://www.youtube.com/watch?v=TDkJku5s5jY.

정하지만, 객관적 도덕 원칙의 발견을 수학 원리의 발견에 비유한다. 자연에게서 우리는 하나, 둘, 셋, 다수라는 개념을 얻었다. 우리는 나머지 수도 이해해 냈다. 아마 보편적이고 객관적인 윤리 원칙도 비슷하게 우리의 이해 범위 안에 있을 것이다.

핑커는 **객관적** 도덕이 있다고, 즉 개인이나 문화적 선호와 관계없는 옳고 그름이 존재한다고 믿는 것이 무신론자의 과제라고 인정한다. 그러나 하나님을 들먹이는 것은 도움이 되지 않는다고 주장하려고 플라톤의 말을 그대로 인용한다.

> 어떤 행위는 도덕적이고 다른 행위는 부도덕적이라고 부를 만한 이유가 신에게 있는가? 만일 그럴 이유가 없다면, 즉 신이 기분 내키는 대로 명령을 내리는 것이라면, 그 명령을 진지하게 받아들일 까닭이 무엇인가? …… 반대로 신이 도덕적 이유로 어쩔 수 없이 어느 명령은 내리고 나머지 명령은 내리지 않는다면, 즉 만일 어린아이를 고문하라는 명령은 결코 고려 사항이 아니었다면 그러한 이유에 직접 호소하지 않을 까닭이 무엇인가?[34]

그러나 이 주장은 유신론의 논점을 이해하지 못한다. 우리와 달리 성경의 하나님은 보편적 범죄 현장에 늦게 도착해서 세상의 도덕 감각을 만들고자 하는 분이 아니다. 그분은 창조주이시다. 유신론의 관점에서 보면, 하나님이 어린아이를 만드셨기 때문에 (우리에게 도덕적 요구를

34　Steven Pinker, "The Moral Instinct," *New York Times*, January 13, 2008, https://www.nytimes.com/2008/01/13/magazine/13Psychology-t.html.

할 수도 있는) 어린아이가 있는 것이다. 핑커의 과학적 비유를 빌려서 말하자면, 하나님은 우주를 다스릴 물리 법칙을 자유로이 고안하셨듯이 우리를 다스릴 도덕법을 자유로이 정하셨다. 중력 법칙이 신의 변덕이 아니듯 윤리 법칙도 신의 변덕이 아니다. 유신론자의 세계관으로 보면 도덕과 현실은 근본이 같다.

노왁은 진화와 협력을 다룬 어느 논문에서 하나님의 사랑을 가리켜 모든 의미에서 우주의 근본이라고 한다(노왁은 가톨릭 신자다). "매순간이 존재하도록 정하는 데 하나님의 창조 능력과 사랑이 필요하다. …… 시간을 초월하시는 창조주이자 보존자께서 세상의 궤도 전체를 들어 올려 존재하게 하신다."[35]

우리의 생물학적 과거에서 가물거리는 도덕 본능은, 사랑이 많은 창조주의 존재 가능성을 떨어뜨리기는커녕 하나님이 존재하시며, 그분이 우리를 사랑하시듯 우리가 사랑하기를 바라신다는 믿음과 잘 맞는다.[36]

과학과 윤리와 일관성

무신론자의 도덕에 제기되는 이의에서는 일관성 문제가 핵심이다. 요점은 종교가 없는 사람들은 인간의 평등을 지지하는 체계를 구축해서

---

35 Martin Nowak, "How Might Cooperation Play a Role in Evolution?," Big Questions Online, January 13, 2014, https://answptest2.dreamhosters.com/2014/01/13/how-might-cooperation-play-a-role-in-evolution/

36 노왁은 협력에 대한 자신의 연구에 담긴 신학적 의미를 탐구했다. Martin A. Nowak and Sarah Coakley eds., *Evolution, Games, and God: The Principle of Cooperation* (Cambridge, MA: Harvard University Press, 2013).

그에 따라 살아갈 수 없다는 것이 아니다. 그들은 그렇게 할 수 있다. 그러나 오늘날 세속 인본주의자들은 도덕과 현실이 상충하는 세계관을 제시한다. 이들에 따르면 인간은 일종의 원자 모음인데, 자신이 동등한 도덕적 행위자라는 잘못된 신념 아래 고생하고 있다. 그러면서도 인간은 똑같이 대단하며 양도할 수 없는 가치를 지닌다.

그에 반해 기독교의 주장에 따르면, 별과 은하계를 창조하신 하나님이 우리도 창조하셔서 그분과 특별한 관계를 누리게 하셨고, 그분의 마음에서 흘러넘치는, 철저하고도 자기희생적인 사랑을 우리에게 불러일으키신다. 사랑이 많으시면서 이성적인 하나님에 대한 믿음은, 즉 그분의 형상으로 사람을 만드시고 우리에게 이웃과 원수를 모두 사랑하라고 명령하시는 하나님에 대한 믿음은 인간의 평등에 대한 신념의 역사적 근원일 뿐 아니라, 그 신념을 가장 잘 정당화하는 것이기도 하다. 그렇다고 해도 기독교인들이 도덕적 탁월함을 타고 났다고 주장할 수는 없다. 기독교인이 된다는 것은 자신이 도덕적으로 완전히 실패했다는 것을 인정하는 것이요, 지금까지 살았던 사람 중에 진정 유일하게 선한 분의 자비하심에 자신을 의탁하는 것이다. 그러나 내 친구 사라가 발견했듯이 기독교 세계관은 이타주의의 근거를 제공한다. 또한 당신은 원자의 모음을 '나'라고 틀리게 일컫지만, 기독교 세계관을 근거로 하면 궁극적인 정의는 그 원자의 모음에서 나온 착각 속의 망상적 갈망 이상임을 담대히 믿을 수 있다.

Question 5 ～～～～～～～～ **종교 때문에
폭력이 일어나지 않는가?**

Doesn't Religion Cause Violence?

● 두 차례의 세계 대전 사이인 1930년에, 영국의 유명한 철학자 버트런드 러셀이 이러한 주장을 했다.

> 종교 때문에 우리는 전쟁의 근본 원인을 제거하지 못하고, 종교 때문에 우리는 죄와 벌이라는 낡고 사나운 교리 대신 과학 협력의 윤리를 가르치지 못한다. 인류는 황금기의 문턱에 있을 가능성이 있지만, 그렇다면 우선 그 문을 지키고 있는 용부터 죽여야겠다. 그 용은 종교다.[1]

인간 역사를 폭넓게 쓱 훑어보면, 우리는 러셀의 주장을 이해하지 않을 수 없다. 주요 종교를 믿는 사람들은 하나같이 끔찍한 폭력 행위에 개입되어 있으며 흔히 자기네가 저지른 폭력을 신의 명령이라고 호소한다. 아마 종교 자체가 문제인지도 모른다. 우리가 그 용을 죽인다면, 인간들이 칼을 내려놓을지도 모른다.

---

1 Bertrand Russell, *Has Religion Made Useful Contributions to Civilizations? An Examination and a Criticism* (Chicago: Watts, 1930). Russell, *Why I Am Not a Christian: And Other Essays on Religion and Related Subjects* (n.p.: Touchstone, 1967), 47쪽에 실려 재출간됨. 「나는 왜 기독교인이 아닌가」(사회평론 역간, 2005).

이번 장에서는 종교 때문에 일어난, 유명하지만 잊고 있는 폭력 사례를 직시하겠다. 또 종교의 테두리 밖에 있는 광범위한 폭력 사례를 살펴보고, 모든 신앙인에게 영향을 끼치는 폭력의 다른 원인을 제시하겠다. 마지막으로, 기독교 신앙의 중심에 있는 폭력을 고찰하겠다.

그러나 일단, 용인 종교를 살펴보자.

"내가 기독교인이 될 수 없었던 이유는 십자군 원정 때문입니다"

어젯밤에 나는 생각이 많은 노숙자 한 명과 믿음에 대해 대화를 나누었다. 우리 교회는 어떻게든 살아가려고 애쓰는 사람들에게 매주 식사를 제공하는데, 식사 후에 그 사람과 이런저런 이야기를 했다. 대화를 나누던 중에 그 사람이 기독교를 고려하지 않는 이유로 십자군 원정을 댔다. 나는 그와 비슷한 감정이 섞인 말을 박사 친구들에게서도 들은 적이 있다. 우리는 기독교 기록에 묻은 이 유명한 핏자국을 어떻게 생각해야 할까?

폭력 배격은 예수의 입에서 나왔다. 예수께서는 제자들에게 "누구든지 네 오른편 뺨을 치거든 왼편도 돌려 대[라]"고 가르치셨다(마 5:39). 또 같은 제자들이 예수께서 체포당하시는 것을 막으려고 칼을 들자, 예수께서는 제자들을 꾸짖으시며, 제자들에게 당한 사람을 고쳐 주셨다(눅 22:50, 51). 그분은 "너희 원수를 사랑하며 너희를 박해하는 자를 위하여 기도하라"(마 5:44)는 급진적 명령으로, 인간 본성에서 흘러나와 인간 역사에서 대부분의 윤리 체계를 형성해 온 각본, 즉 도덕은 자신의 내집단(內集團)에만 적용되며, 외부인들은 도덕적인 척하며 죽여도 된다는 각본을 뒤집으셨다. 그리고 예수께서 하신 그 말씀은 로마 군인들이 예수를 십자가에 못 박고 예수께서 그들이 용서받기를 기도하실 때(눅 23:34) 돌연 생생히 살아났다. 그분의 처음 제자들은 폭력 앞에서도 이러한 사랑의 길을 계속해서 걸어갔으며, 많은 이가 예수를 주님으로 선언하기 위해 죽음의 길을 갔다. 그렇다면 이 모든 일이 어떻게 기독교의 지난 2,000년 역사와 아귀가 맞는가? 예수의 말씀은 용에게 씌웠지만 쉽사리 흔들어 떨굴 수 있는 입마개에 지나지 않았나?

    십자군 원정은 평화로운 동방 이슬람에 서방 종교를 정당한 이유 없이 폭력적으로 강요한 사건으로 묘사되며, 기독교의 폭력 행위를 들먹이고 무슬림과 기독교인 사이에 불거진 갈등의 이론상 틀을 찾으려 할 때면 흔히 가장 먼저 손을 뻗게 되는 사례다. 십자군 원정이 거의 1,000년 전에 발발했지만, 9·11 테러가 일어나자 십자군 관련 표현이 양쪽 진영에 투입되었다. 조지 부시는 경고하기를 "이것은 십자군 원정이며 대테러 전쟁이다. 시간이 좀 걸릴 것이다"[2] 했고, 오사마 빈 라덴은 "십자가 깃발 아래 십자군 대장 부시가 유대교와 기독교의 새로운 십자군 운동을 지휘하고 있으며, 이 시대에 우리 형제들이 그에 맞서는 전투의 첫 순교자가 되기를 바란다"[3]고 적었다. 그러면 중세 시대 십자군 원정이 오늘날의 물리적 충돌과 조금이라도 관계가 있는가?

    이 질문에 답하기 시작하려면, 흔한 오해 몇 가지를 밝혀야 한다. 역사가인 토머스 매든은 십자군 원정을 일컬어 "서양사에서 심하게 오

---

[2] "Remarks by the President upon Arrival," The White House (website), September 16, 2001, https://georgewbush-whitehouse.archives.gov/news/releases/2001/09/20010916-2.html.
[3] 아랍어 뉴스 방송인 알자지라가 파키스탄인들에게 미국의 아프가니스탄 공격에 저항하라고 촉구하며 공개한 성명서에서 인용. *The Guardian*, May 24, 2001에 게재. https://www.theguardian.com/world/2001/sep/24/afghanistan.terrorism22.

해받는 사건 중에 손꼽히는 사건"이라고 하면서, 최근 십자군에 대한 통속 역사서들은 "역사가들이 오래전에 일소해 버린 근거 없는 통념"을 재활용해 오고 있다고 언급한다.[4] 이러한 통념의 핵심에 앞서 언급한 견해가 있는데, 십자군 원정은 서방 기독교인들이 평화를 사랑하는 동방 무슬림들에게 자기네 신앙을 강요하려던, 정당한 이유 없는 도발이었다는 것이다. 진실은 거의 정반대다. 역사가 로버트 루이스 윌킨의 말에 따르면 십자군 원정은 "이슬람이 들어오기 전 수세기 동안은 기독교였던 땅이 점령당한 데 대한 기독교의 역공"이었다.[5]

기독교 운동이 단연코 비폭력으로 시작한 반면에, 무함마드는 최초의 무슬림 군대를 직접 지휘했다. 매든은 이슬람 창시에서 제1차 십자군 원정까지의 시기를 이렇게 서술한다.

무함마드 사망 직후에 이슬람 전사들은 어마어마한 기세로 기독교인들과 맞서 싸웠다. 이슬람 전사들은 대단히 성공을 거뒀다. 한때는 세상에서 기독교가 가장 밀집된 지역이던 팔레스타인, 시리아, 이집트가 금세 넘어갔다. 8세기 무렵, 무슬림 군대는 기독교였던 북아프리카와 스페인 전역을 정복했다. 11세기가 되자, 성(聖) 바울 시대 이후로 내내 기독교였던 소아시아(현재 튀르키예)를 셀주크 튀르크가 정복했다.[6]

---

4 Thomas F. Madden, *The New Concise History of the Crusades*, rev. ed. (Oxford: Roman and Littlefield, 2006), viii.

5 Robert Louis Wilken, "Christianity Face to Face with Islam," *First Things*, January 2009, https://www.firstthings.com/article/2009/01/christianity-face-to-face-with-islam.

6 Thomas F. Madden, "The Real History of the Crusades," *Crisis*, March 19, 2011, https://www.crisismagazine.com/2011/the-real-history-of-the-crusades.

예루살렘은 무함마드가 사망한 지 5년 후인 637년에 무슬림 군대에 처음으로 점령당했다. 그러나 무슬림 군대 지도자인 칼리프 오마르는 기독교 순례자들이 돈을 내면 계속 기독교 성지를 방문할 수 있게 했다. 하지만 1076년에 튀르크계 무슬림들이 예루살렘을 재점령하자, 분위기가 바뀌었다. 순례자들이 공격을 받았다. 예루살렘 총대주교가 납치되었다. 순례 성지들이 훼손되었다. 동방 기독교인들이 도와달라고 외치자 1095년, 교황 우르바노 2세가 유럽 지도자 회의를 소집했고, 여드레 동안 숙의한 끝에 서방 기독교인들이 개입을 결의했다. 이 회의에서 제1차 십자군 원정이 시작되었다. 목표는 예루살렘 탈환이었다.

제1차 십자군 원정은 목표를 달성하여, 예루살렘이 함락되었다. 그러나 다른 여러 면에서 보면, 그 일은 재앙이었다. 십자군은 예루살렘에 도착하기도 전에 대대적으로 인명 손실이 있었다. 잔여 병력이 마침내 도착했을 때는 탈진과 굶주림에 시달렸다. 예루살렘 자체에는 비축 식량이 많았기에, 포위당하여 성 안에 있는 이들보다 성 밖에 있는 이들이 더 해를 입었다. 그러나 예루살렘이 함락되자, 잔혹 행위가 중세 시대 전쟁의 기준을 훨씬 넘어섰다. 여자와 아이를 포함하여 무슬림 수만 명이 죽임을 당했다.

예루살렘 탈환에 대한 열망과, 동방 기독교인들이 수세기 동안 무슬림 군대에 정복당한 일을 역사적 맥락에서 이해해야 하는 반면에, 쓸데없이 여자와 아이를 살해한 일은 기독교 윤리의 충격적 실패를 보여준다. 개중에는 예루살렘 함락을 구약에 나오는 여호수아의 여리고 격파와 나란히 놓으려는 이들도 있다. 여리고 격파에서도 창녀 라합이 여호수아의 정탐꾼들을 도와준 덕분에 라합과 라합 가족만 살았다. 구약에서 하나님의 백성이 때로는 다른 민족에 대한 하나님의 심판을 실행하라는 명령을 받기는 하지만(역으로 다른 민족이 하나님의 백성에 대한 심판을 실행하라는 명령을 받기도 하지만), 신약에서는 인식이 전환된다. 예수께서는 거듭 비폭력을 가르치셨고, 십자가에서 민족들을 향한 하나님의 심판을 온전히 다 받으셨다. 취약한 사람들을 보호하기 위한 군사적 개입을 찬성하는 기독교적 주장을 할 수는 있다. 즉 (11세기 예루살렘에 있던 기독교인들이든 20세기 독일에 있던 유대인들이든) 박해받는 종교적 소수 집단 보호가 여기에 속할 것이다. 그러나 신약에서는 폭력을 반대하는 명령을 반복하기 때문에 무분별한 민간인 대량 학살은 기독교라고 인지할 수 있는 관점이라면 어느 측면에서 보든 옳지 않다.

그 과정에서 십자군이 유대인들을 상대로 저지른 폭력 때문에 잔인성의 얼룩은 더 뚜렷하게 남았다. 매든이 지적하듯이 그러한 일들은 "교회법을 정면으로 위반하면서 산발적으로 일어난 사건이고, 성직자들과 세속 지도자들에게 똑같이 비난받았다."[7] 그렇기는 하지만 한바탕 일어난 반유대주의 폭력은 살해 욕구를 분명히 보여 준다. 게다가 그 시대 사람들에게 충격을 안겨 주는 조치가 있었으니, 제4차 십자군은 세계에서 가장 큰 기독교 도시인 콘스탄티노플 약탈에 적극적으로 개입했다. 이 사건은 어느 정도는 동방 정교회 다수파가 전에 라틴계 기독교인들을 학살한 일 때문에 벌인 보복 공격이었다. 하지만 이 일로 기독교 역사의 비극적 현실이 드러난다. 차이를 가로지르는 성경적 형제애라는 유대가 있는데도, 예수께서 제자들에게 원수까지 사랑하

---

[7] Thomas F. Madden, "Crusaders and Historians," *First Things*, June 2005, https://www.firstthings.com/article/2005/06/crusaders-and-historians.

라고 명령하셨는데도, 예수께서 친히 폭력을 거부하시고 초기 기독교인들이 기꺼이 순교를 받아들였는데도, 지난 2,000년을 보면 기독교인들은 서로 상대방을 향한 폭력에 거듭거듭 휘말렸다.

이러한 풍조는 종교 개혁 시대를 지나 더 가까운 과거까지, 북아일랜드에서 일어난 가톨릭 신자들과 개신교 신자들 간 충돌에서 1994년 르완다 대학살에 이르기까지 이어졌다. 르완다 대학살 때 투치족 수만 명이 다수파 후투족 정부에 살육당했는데, 르완다는 아프리카에서 기독교 신앙을 표방하는 비율이 아주 높은 국가 중 하나다.[8]

의심의 여지 없이, 기독교인들이 수세기에 걸쳐 폭력 행위를 많이 자행해 왔다. 어떤 경우(취약한 사람들을 보호하려다가 저지른 경우)에는 기독교 윤리에 따라서 폭력 행위를 정당화했을지도 모른다. 다른 경우에는 폭력 행위가 예수의 가르침과 전혀 양립할 수 없었다.[9] 그러나 지금까지도 우리가 십자군 원정과 같은 폭력 사건을 (그 모든 복잡한 얽힘 속에서) 판단하는 윤리적 기준의 원천은 기독교이며, 기독교는 '그들과 우리'라는 부족 윤리를 허물어뜨리고 인간성을 강조하며 원수의 가치를 강조한다.

그러나 이렇다고 해도 우리는 기독교보다 평화로운 종교를 믿고 따를 수는 없는가? 내 친구들 중에 유일신교를 버렸지만 영적 정체성은 유지하려는 이들 대부분에게는 분명한 답이 하나 있다.

---

8 그 대량 학살에 기독교가 어떻게 연루되었는지에 대한 상세 내용은 다음 책을 보라. Timothy Longman, *Christianity and Genocide in Rwanda* (Cambridge: Cambridge University Press, 2011).

9 기독교인들이 정치권력을 휘두르던 초반에, 4세기 신학자인 히포의 아우구스티누스는 '정당한 전쟁'의 기준을 정했으며, 특히 개종을 목표로 하는 폭력 행사는 적법하지 않다고 했다.

불교는 어떠한가?

서양인 대부분은 불교를 세계 종교계에서 열외로 여긴다. 이슬람과 기독교에서 각각 지하드(聖戰)와 십자군이라는 장면이 떠오른다면, 불교에서는 평화로운 명상이 떠오른다. 여기에 용은 없다. 그러나 ISIS의 전술에 경악했다면, 불교도가 다수파인 미얀마에서 로힝야족 무슬림을 대상으로 자행된 폭력에도 분명 기겁할 것이다.

군인들은 하시나가 사는 동네에 도착하자, 남자들과 소년들을 처형하는 동안 하시나와 다른 여자들에게 총구를 들이댔다. 그러고 나서는 여자들과 소녀들을 한 번에 다섯 명씩 오두막으로 끌고 갔다. 하시나는 기억을 떠올렸다. "나는 아기를 스카프 밑에 숨기려고 했지만, 딸애 다리가 보였어요. 그자들은 아기의 다리를 와락 잡아채더니 불에 던져 버렸어요."¹⁰ 군인들은 여자들을 때리고 겁탈한 후에 오두막 문을 닫고 불을 질렀다. 국경 없는 의사회(Doctors Without Borders)의 추산으로는 어린이 1,000명을 비롯하여 로힝야족 9,000명이 이러한 공격을 당한 후 죽었다. 그 대량 학살은 내가 글을 쓰는 동안에도 계속되고 있다.

2018년 〈뉴욕 타임즈〉의 어느 외부 기고문은 "우리는 불교도들이 폭력적일 때 왜 놀라는가?"라는 제목으로 "불교 사회에는 역사적으로 폭력 사례가 부족하지 않다"는 사실을 일깨워 주었다. 그 기사가 열거하는 사례에는 "특히 불교 민족주의"가 부채질을 한 스리랑카 내전 (1983-2009), 현대 태국의 폭력 사태, 달라이 라마 자신의 분파 내부의 폭

---

10 Nicholas Kristof, "Is This Genocide?," *New York Times*, December 15, 2017, https://www.nytimes.com/2017/12/15/opinion/sunday/genocide-myanmar-rohingya-bangladesh.html에 인용됨.

력, "2차 세계 대전 시대 일본 민족주의에서 불교 단체의 전쟁 가담을 다루는 학술 문헌의 증가"가 있다.[11] 불교가 유난히 폭력을 유도한다는 말이 아니다. 수백만 불교도가 평화롭게 산다. 그러나 우리가 불교에 종교적으로 자유로운 피가 흐른다고 여긴다면 자신을 기만하는 것이고, 불교도가 자행한 폭력, 특히 무슬림을 겨냥한 폭력을 못 본 체할 것이다. 사려 깊은 용도 불을 뿜을 수 있다.

2016년에 나온 마틴 스코세이지의 영화 〈사일런스〉(Silence)는 그 용이 납득하기 어려운 또 다른 부분에서 머리를 들어 올린다는 데 시선을 집중하게 했다. 서구인들은 동양 전통 종교를 낭만적으로 생각하는 경향이 있다. 그러나 〈사일런스〉는 17세기 일본에서 신도-불교 정부가 (유럽인과 일본인) 기독교인에게 자행한 박해를 표현했다. 기독교인 수만 명이 몹시도 처참하게 처형당해서 순교 이야기로는 그 일을 묘사하기가 힘들 정도였다. 이러한 규모의 폭력과 잔인함을 우리는 마음 깊이 새겨야 한다. 그러나 우리는 잊었다. 사실, 17세기 일본에서 일어난 기독교인 대학살에 관한 우리의 집단 기억 상실은, 그보다 500년 먼저 일어난 십자군 원정을 생생하게 기억하는 일과 뚜렷하게 대조된다. 일본에서 일어난 기독교인 박해는 우리의 고정 관념과 어긋나는 또 다른 사례다.

이 책 나머지 부분에서는 종교인들이 저지른 폭력의 흙더미를 파내고, 그 표면을 간신히 긁을 수 있을 것이다. 분명, 다른 용보다 불을 더 많이 뿜었을 용들이 있다. 즉 이슬람이 창시된 이래 1,400년 동안

---

11   Dan Arnold and Alicia Turner, "Why Are We Surprised When Buddhists Are Violent?," *New York Times*, March 5, 2018, https://www.nytimes.com/2018/03/05/opinion/buddhists-violence-tolerance.html.

에, 그리고 현시대에 이슬람의 이름으로 자행된 폭력은 간과하기 힘들다. 그러나 폭력의 역사를 분석해 보면, 세계 주요 종교 중에 손에 피를 묻히지 않고 등장한 종교는 하나도 없다. 수세기 동안 유대인들이 박해받는 디아스포라로 살아오면서 압제와 폭력을 견뎌 왔지만, 현재 진행 중인 이스라엘-팔레스타인 충돌을 보며 우리 대부분은 유대인의 기록에 폭력이 없다고 선언하기 전에 멈칫할 것이다. 그렇다면 버트런드 러셀이 옳았는가? 종교라는 용을 죽이면 평화의 황금시대가 시작되리라고 결론 내려도 별로 틀리지 않을 것인가?

공산주의의 꿈, 공산주의의 악몽

예수께서 가난하고 압제받는 이들을 대변해 주신 일이 수세기 내내 크게 울려 퍼졌다. 예수께서는 자신이 "가난한 자에게 복음(기쁜 소식)을 전하기]"(눅 4:18) 위해 왔노라 주장하셨으며, 첫 기독교인들은 이 말씀을 아주 진지하게 받아들였다. 물건을 공동으로 소유했고, 땅이나 집이 있는 사람들은 땅과 집을 팔아서 그 돈을 필요한 사람에게 나누어 주었다(행 4:32-35). 4세기 무렵에 기독교인들은 병원을 고안해 냈고, 복지 제도를 제정했으며, 어려운 사람들을 돌봤다.[12] 사실, 4세기 신학자인 요한 크리소스토무스는 성경을 근거로 자선을 베풀지 않는다면 가난한 이들에게 강도질을 하는 것과 같다고 주장했고, 기독교가 전파되면서 가장 낮은 이들에 대한 배려도 퍼져 나갔다.[13]

---

12 최초라고 알려진 병원은 370년에 카이사리아 주교인 바실리우스가 설립했으며, 바실리우스는 자기 재산을 써서 병자들을 돌보는 병원을 세웠다.
13 John Chrysostom, *Four Discourses, Chiefly on the Parable of the Rich Man and Lazarus*,

그러나 칼 마르크스는 19세기 중반에 유럽을 살펴보면서, 기독교 국가로 추정되는 국가들이 성경의 약속과 얼마나 동떨어져 있는지 보았다. 마르크스가 내린 결론에 따르면, 기독교는 가난한 사람들을 갇힌 데서 풀어 주는 열쇠가 아니라 조용하게 하는 마약이었다. 마르크스는 이렇게 썼다. "종교는 압제받는 피조물의 한숨이요, 무정한 세계의 감정이요, 영혼이 없는 상황의 영혼이다. 종교는 인민의 **아편**이다. 인민의 **환상에 지나지 않은** 행복인 종교를 폐기하다는 것은, 인민의 **진정한** 행복을 요구하는 것이다."[14] 따라서 종교 제거는 정의를 향한 길에서 한 걸음 내딛는 것이다.

그러나 공산주의라는 폭력적이고 압제적인 악몽을 배경으로 들어 올려 보면 마르크스의 꿈은 너덜너덜한 누더기처럼 보인다. 구소련에서 6,100만 명이 목숨을 잃었다. 중화 인민 공화국에서 3,500만 명이 학살되었다. 여기에 더 작은 공산주의 국가(북한, 캄보디아, 베트남 등)에서 자행한 끔찍한 시민 학살(democides)과 인권 유린을 합쳐 보라. 그러면 영향력 있는 정치학자 R. J. 러멜이 내린 결론이 된다.

온갖 종교 중에서, 세속적이거나 다른 종류의 종교와 같은 것들 중에서 마르크스주의가 단연코 피를 가장 많이 흘렸다. …… 마르크스주의라고 하면 유혈 테러, 지독한 숙청, 죽음의 정치범 수용소, 살인적인 강제 노동, 비참한 국외 추방, 인간이 초래한 기근, 법적 절차를 따르지 않는

---

discourse 2, chap. 4 참조.
14 Karl Marx, *Early Writings*, trans. Rodney Livingstone and Gregor Benton (London: Penguin, 1992), 244쪽.

사형과 기만적인 여론 재판, 명백한 대량 살상과 대량 학살을 뜻한다.[15]

러멜은 순수하게 구소련과 중공에서 목숨을 잃은 사람 수를 "정리하기는 거의 불가능하다"고 하면서, 그 수가 "마르크스주의로 해낸 일"의 결과라고 보았다.[16] 우리는 종교가 바로 문제라고 결론 내리기 전에, 특히 반종교적인 이념 때문에 수백만 명에게 잔혹한 행위를 저질렀음을 인정해야 한다. 파시즘과 달리 이 공산주의 이념은 명백하게 유해한 신념이 아니라 보편적 정의에 대한 열망을 기초로 했었다. 공산주의가 저지른 여러 학살이 시사하듯이 (적어도 때로는) 종교라는 용을 죽이면 더 끔찍한 짐승이 풀려날 수 있다.

히틀러의 종교

종교와 폭력에 대한 논의는 홀로코스트를 설명해야 완료된다. 이 대량 학살은 수세기 동안 기독교인이 다수이던 나라에서 저질렀으며, 기독교인들도 어느 정도 연루되었으므로 우리 기독교인에게는 영원히 부끄러운 사건이다. 그러므로 우리는 자문해야 한다. 홀로코스트는 어떤 이념의 용에게서 나왔는가? 공산주의의 악행이 무신론의 오점이라면, 나치의 악행은 기독교의 오점이었는가?

히틀러는 종교의 힘을 지독할 정도로 잘 알았다. 무신론적 공산주의로부터 독일을 지키자고 주장하며 초기 연설에서는 하나님을 들먹

---

15 R. J. Rummel, "The Killing Machine That Is Marxism," WND (website), December 15, 2004, https://www.wnd.com/2004/12/28036/.

16 R. J. Rummel, *Death by Government*, rev. ed. (New York: Transaction, 1997), 101쪽.

였고 「나의 투쟁」(Mein Kampf)에서는 이렇게 선언했다. "오늘날 나는 내 행동이 전능하신 창조주의 뜻에 부합한다고 믿는다."[17] 1933년, 히틀러는 권력을 잡은 직후에 로마 교황청과 독일국의 상호 종교 협약의 서명을 주관하였으며, 그 협약으로 교회의 자유와 이익이 표면상으로 보호받았다. 마르크스가 보기에 종교 제거가 정의로 향하는 길을 포장하는 판석이었다면, 히틀러는 오히려 자신의 목적을 위해 종교의 힘을 이용했다. 히틀러가 무섭게 떠오르지 못하도록 저지하는 데 기독교인들이 전적으로 실패하기는 했지만, 히틀러가 활용한 종교는 기독교가 아니었다. 사실 히틀러 청소년단 단장이던 발두어 폰 시라흐에 따르면 "기독교의 파괴를 국가 사회주의 운동의 목적으로 분명하게 인식하였다."[18]

나치는 기독교를 노골적으로 배척하기보다는 이른바 '긍정적 기독교'를 지지하면서, 성경을 자기네 목적에 맞게 뜯어고쳤다. 첫째, 예수를 아리아인으로 변경했다. 신약에서는 예수의 유대인 정체성을 강조하지만, 히틀러는 "나는 예수를 금발에 푸른 눈 말고는 달리 상상할 수 없으며, 악마는 아무리 해도 유대인의 찡그린 표정으로만 생각난다"고 단언했다.[19] 나치 시대 성경은 구약을 없애고 복음서를 편집하

---

17 Adolf Hitler, *Mein Kampf—My Struggle*, ed. Rudolf Hess, trans. James Murphy (n.p.: Haole Library, 2015), 38쪽.

18 Joe Sharkey, "Word for Word/The Case against the Nazis; How Hitler's Forces Planned to Destroy German Christianity," *New York Times*, January 13, 2002, https://www.nytimes.com/2002/01/13/weekinreview/word-for-word-case-against-nazis-hitler-s-forces-planned-destroy-german.html에서 인용.

19 Richard Steigmann-Gall, *The Holy Reich: Nazi Conceptions of Christianity, 1919-1945* (Cambridge: Cambridge University Press, 2004), 37쪽에 인용된 *Völkischer Beobachter*, April 28, 1921.

여, 예수를 유대인으로 언급한 부분, 예수께서 이스라엘 사람을 선교적으로 우선하신 것, 히브리 성경(구약)에 나온 내용을 성취하신 일을 잘라 냈다. 그렇게 하려면 편집상 기상천외한 곡예를 해야 했다. 신약은 유대교 특징이 상당한 문서이기에, 예수에게서 구약을 떼어 내고자 하는 것은 셰익스피어에게서 영어를 떼어 내고자 하는 셈이다. 사실 초기 기독교인들에게는 먼저 유대인이 **되지** 않아도 기독교인이 될 수 있을지 여부가 중요한 질문이었다. 그 질문에 대한 답은 분명 "될 수 있다"였고, 그 대답은 사도 바울, 즉 자칭 "히브인 중의 히브리인"(빌 3:5)이 한 것이었다.

나치는 반유대주의적 악평을 하는 데서 그치지 않고, 다른 면에서도 자기네 이념에 맞게 신약을 고쳤다. 이를 테면, 세상을 변화시키는 예수의 산상 설교에서 약자들에 대한 깊은 긍휼을 제거하여 군국주의적 설교로 만들었다.[20] 마침내, 또 가장 어이없는 일이 일어났으니, 나치가 예수님 자리에 바로 히틀러를 놓은 것이다.

대중 계몽과 선전 담당 장관 요제프 괴벨스는 히틀러에 대해 이렇게 말했다. "우리는 역사상 가장 위대한 기적을 목도하고 있다. 천재가 새 세상을 건설하고 있다!"[21] 나치판 십계명은 "당신의 총통이자 주(主)를 찬양하라"고 선언했다. 히틀러 청소년단은 주기도문과 비슷하지만 총통에게 하는 기도문을 배웠다.

---

20 나치 시대 성경 개관은 Susannah Heschel, *The Aryan Jesus: Christian Theologians and the Bible in Nazi Germany* (Princeton NJ: Princeton University Press, 2010), 106-110쪽을 보라.
21 Jean-Denis G. G. Lepage, *Hitler Youth, 1922-1945: An Illustrated History* (Jefferson, NC: McFarland, 2008), 87쪽에서 인용.

아돌프 히틀러, 우리의 위대한 총통(Führer).

당신의 이름에 적들이 전율합니다.

당신의 제3제국이 도래하고, 당신의 뜻만 온 세상의 법입니다.

매일 당신의 목소리를 듣게 하시고, 당신의 영도력으로 우리에게 명하사, 우리가 끝까지, 우리 목숨을 다해서라도 따르게 하소서.

당신을 찬양합니다! 히틀러 만세![22]

히틀러 청소년단은 경배나 마찬가지인 것을 명령받았다. "나의 총통이시여, 당신의 이름은 청년의 행복이요, 나의 총통이시여, 당신의 이름은 우리에게 영생입니다."[23] 따라서 나치 독일은 새로운 종교를 창시했으며 그 종교에는 전혀 기독교 신앙일 리가 없는 새로운 메시아와 새로운 이념이 담겨 있었다.

비극적이지만, 신념에 따라서든 강제로든 다수의 독일 목사가 그 거짓을 그대로 받아들였다. 설상가상으로 많은 이가 그 거짓말을 설파하기까지 했다. 독일 민족의 정신이 1차 세계 대전 때문에 짓밟힌 상황에서, 민족의 긍지를 다시 세우겠다는 히틀러의 약속은 매우 유혹적이었다. 더욱이 반유대주의라는 추잡한 경향이 수세기 동안 유럽 기독교를 괴롭혀 온 데다, 종교 개혁을 통해서도 유대인들이 대대적으로 예수께 돌아오는 일이 바라던 대로 일어나지 않은 데 마르틴 루터가 아주 심하게 실망하자 반유대주의가 더 불붙었기 때문에, 일부 독일 기독교인들은 유대인에 대한 가해 증가를 매우 쉽게 받아들이게 되었다.

---

22 Lepage, *Hitler Youth*, 87쪽에서 인용.
23 Lepage, *Hitler Youth*, 87쪽에서 인용.

어느 기독교 지도자들이 주장한 호소에 따르면, "영원하신 하나님이 우리 국가를 위해, 우리 국가 특유의 율법을 만드셨다. 그 율법은 지도자 아돌프 히틀러와 그가 건립한 국가 사회주의 나라에서 구체화되었다."[24] 순응하지 않으면 크게 대가를 치렀다. 정권을 지지하지 않는 교회는 나치 폭도의 기습을 받았고, 비밀경찰인 게슈타포가 따라다녔다. 진정한 기독교에서 이탈한 것이 분명했다.

2차 세계 대전이 발발하기 2년 전인 1937년, 교황은 독일 가톨릭 교도에게 회칙(encyclical)을 썼는데, 그 회칙에서 히틀러가 교회를 대적하여 "박멸 전쟁"을 하고 있다고 비난했다. 교황은 이렇게 적었다. "존경하는 형제들이여, 글에서처럼 연설에서도 하나님의 이름이 마치 의미 없는 꼬리표인 듯이 점차 오용되어서 …… 인간이 생각하는 어느 피조물에게든 부착되고 있다는 데 주의하십시오."[25] 교황은 기독교와 민족주의 사이에 일어난 갈등을 폭로하면서 이렇게 썼다. "우주의 창조주이신 하나님을 어느 한 민족의 하나님으로, 민족 종교라는 개념 속에, 또는 어느 단일 민족이라는 경계 안에, 어느 단일 인종이라는 좁은 한계 안에 가두려는 시도 속으로는 얄팍한 사고방식만 더듬더듬 들어갈 수 있을 뿐입니다." 또한 "전적으로 하나님 말씀"인 구약 삭제를 반대하면서, "구약에 저장된 보물을 볼 수 없게 하는 것은 무지와 자만뿐입니다" 하고 단언했다. 더 나아가 복음서를 고쳐 쓰는 일을 비판하

---

24 "Directives of the Church Movement German Christians (Movement for a National Church) in Thuringia," in *The Nazi Years: A Documentary History*, ed. Joachim Remak (Long Grove, IL: Waveland, 1990), 95-96쪽.

25 Pope Pius XI, "Mit Brennender Sorge: On the Church and the German Reich," Papal Encyclicals Online, February 20, 2017, http://www.papalencyclicals.net/pius11/p11brenn.htm.

여 이렇게 말했다. "그리스도의 복음 안에서 도달한 계시의 정점은 최종적이고 영원합니다. 그 정점은 인간의 손으로 하는 손질이라는 것을 모르며, 특정 지도자들이 이른바 인종과 혈통이라는 신화에서 도출해 낸 것과 같은 대체물이나 자의적 대안을 허용하지 않습니다." 한 걸음 더 나아가, 교황은 히틀러의 메시아 사교(邪敎)를 단호히 고발한다.

> 누구든 하나님과 그분의 피조물 사이의 본질적 차이를 신성 모독적으로 무시하면서, 언젠가 죽게 마련인 한 인간을 감히 신인(神人)과 인간의 자손 사이에 놓는다면, 그리고 그 인간을 역사상 그리스도에 견주어, 그리스도를 넘어서, 그리스도와 비교하며 가장 위대하다고 한다면, 그 사람은 무(無)의 선지자라 불려야 마땅할 것입니다.

교황이 히틀러의 출세에 어떻게 연루되었는지에 대한 의문을 다룬 인쇄물이 많다. 그러나 이 편지에 담긴 메시지는 분명하다. 나치가 기독교를 얼마나 훼손했는지, 기독교의 본모습을 알아볼 수 없을 정도라는 것이다.

같은 해에 개신교인 수천 명이 나치의 전술에 항의했다. 목사 700명이 체포당했다. 많은 이가 사형을 당하거나 집단 수용소로 보내졌다. 가장 유명한 지도자는 목사이자 신학자인 디트리히 본회퍼로, 유대인에 대한 나치의 태도에서 보이는 혐오스러운 성격을 처음으로 확인한 사람들 중에 하나다. 본회퍼는 기독교인들에게 유대인들을 예수의 선한 사마리아인 비유에 나오는, "강도 떼 사이에 쓰러진 이웃"으로 여기라고 촉구했다. 즉 그리스도께서 어떠한 대가를 치르더라도 구조하라고 명하신 사람으로 여기라는 것이었다. 그리고 그 대가는 엄청났다. 1939년에 본회퍼는 "그리스도께서 어느 사람을 부르실 때, 그에게 와서 죽으라고 명령하시는 것이다"[26]라고 썼다. 그리고 1945년, 연합군이 플로센뷔르크 집단 수용소를 해방하기 며칠 전에 수용소 안에서 사형당했다.

히틀러를 반대하다가 죽은 많은 기독교인 중에 한스 숄과 소피 숄, 두 학생이 있다. 이들은 백장미단(White Rose)이라고 불리는 저항 운동을 시작했고, 유대인 대량 추방과 처형을 "인간의 존엄성을 거스르는 가장 끔찍한 범죄, 전 역사상 유례가 없는 범죄"라며 비난하는 소책자를 만들었다. 또 "히틀러의 입에서 나오는 말은 모조리 거짓이다" 하고 겁 없이 선언했다.[27] 소피는 "우리는 말로 싸운다"고 말했다. 이 남매는 저항에 대한 대가를 치렀다. 1943년 2월 18일, 소피는 대학교 안뜰이 내려다보이는 계단 꼭대기에 서서 공중에 전단을 던지고는 전단이 계단통에 펄럭이며 떨어지는 광경을 보고 있었다. 수위가 소피를 보고 게슈타포에 신고했다. 소피와 한스는 체포되었고, 심문을 당한 뒤 참수되었다.

이러한 용기를 보인 기독교인은 아주 드물었다. 매우 많은 이가 속담에 나오는 개구리처럼 서서히 끓어오르는 나치의 선전을 따랐다. 그러나 나치가 지지한 '긍정적 기독교'는 누구나 알아차릴 수 있는 성

---

26 Dietrich Bonhoeffer, *Life Together*, trans. John W. Doberstein (New York: HarperCollins, 1954), 8쪽.
27 Richard Hurowitz, "Remembering the White Rose," *New York Times*, February 21, 2018, https://www.nytimes.com/2018/02/21/opinion/white-rose-hitler-protest.html에서 인용.

경적 신앙과 극명하게 대조되었기 때문에 많은 이가 아연실색해서, 저항에 따르는 대가를 감수하고 행동에 나섰다. 본회퍼가 사형장으로 끌려가면서 친구에게 "이것으로 끝이지만, 내게는 생명의 시작입니다"[28] 하고 말했듯이 말이다.

히틀러의 과학

히틀러가 권력을 잡은 때는 러셀이 "종교 때문에 우리는 죄와 벌이라는 낡고 사나운 교리 대신 과학 협력의 윤리를 가르치지 못한다"고 선언하고서 3년이 지난 다음이었다. 히틀러는 자신의 인종 차별주의 이념을 지지할 새로운 종교를 낳기는 했지만, 그 종교를 과학으로 정당화하려고도 했다. 「나의 투쟁」에서 히틀러는 이렇게 주장했다.

> 대자연이 더 약한 개체가 더 강한 개체와 짝짓기를 바라지 않는다면, 우월한 인종이 열등한 인종과 섞이기는 더더욱 바라지 않을 것이다. 그렇게 섞이는 경우에는 수백만 년에 걸쳐 자연이 진화적으로 더 고도의 단계를 확립하려던 노력이 모두 수포로 돌아갈 것이기 때문이다.[29]

히틀러의 관점에서는 아리아 인종이 그야말로 우월했으며, 인종의 순수성 유지가 진화의 윤리였다.

> 강자는 지배해야 하고 약자와 짝을 지어서는 안 된다. 강자와 약자의 짝

---

28 Bonhoeffer, *Life Together*, 13쪽.
29 Hitler, *Mein Kampf*, 125쪽.

짓기는 강자의 우수한 본성을 희생한다는 뜻이다. 타고난 약자나 이러한 원리를 잔인하다고 여길 뿐이며, 그렇게 여기는 까닭은 자기가 천성이 더 허약하고 생각이 좁기 때문이다. 그와 같은 법칙이 진화 과정을 지휘하지 않는다면, 생물이 한층 더 발전하리라고는 결코 생각할 수 없다.[30]

앞으로 7장에서 살펴보겠지만, 진화는 공산주의와 자본주의와 칼뱅주의만큼이나 서로 다른 체계의 과학적 기반으로 주장되어 왔다. 더욱이 히틀러는 다윈이 직접 말한 내용뿐 아니라 중간 사상가들의 성과 수준 정도로 진화론을 이해했다.[31] 그러나 우리는 그 소름끼치는 논리를 볼 수 있다. 즉 진화가 적자생존으로 결정된다면, 아마도 한 인종이 다른 인종보다 적합하고 경쟁에 우월하다고 주장할 수 있을 것이다. 사실상 스티븐 핑커의 논평을 다시 한 번 떠올려볼 때, 진화에 의해 우리에게 전해진 윤리학을 다룬, 현재의 많은 해석에 따르면 덕은 "다른 집단과 경쟁 중에 자기네 집단을 이롭게 하는 희생"과 같고, 이 표현에 따르면 히틀러의 파시즘은 "궁극적이고 덕스런 이념이었다."[32]

히틀러의 철학자

히틀러에게 가장 강렬하게 지적 영향을 끼친 인물은 19세기 독일 철학

---

30 Hitler, *Mein Kampf*, 125쪽.
31 다윈은 진화가 인종 계급을 함의한다고 정말 믿었지만, 유대인에 대해서는 지나치듯이 언급했을 뿐이고 오히려 유대인과 아리아인의 유사성에 주목했는데, 히틀러는 그 유사성을 강력하게 반대했다. Robert J. Richards, *Was Hitler a Darwinian? Disputed Questions in the History of Evolutionary Theory* (Chicago: University of Chicago Press, 2013), 202쪽.
32 Steven Pinker, "The False Allure of Group Selection," *Edge*, June 18, 2012, https://www.edge.org/conversation/steven_pinker-the-false-allure-of-group-selection.

자 프리드리히 니체였다. 특정 종류의 계몽주의적 합리주의가 하나님은 기능적으로 죽었다고 선언했지만, 니체가 보기에 유럽은 여전히 기독교 윤리를 이용하고 있었다. 「우상의 황혼」(The Twilight of Idols)에 니체는 이렇게 썼다. "기독교 신앙을 끊어 버린다면, 기독교 도덕에 대한 권리를 자기 발밑에서 치워 버리는 것이다. 이 도덕은 결코 자명하지 않다. …… [기독교의] 주요 개념인 하나님을 믿는 신앙에서 벗어나면 모든 것에서 벗어나므로, 필요한 것은 아무것도 손에 남지 않는다."[33] 니체는 후일에 히틀러가 옹호할 그 이념이 기독교와는 기원이나 가치관에서 모두 상반된다고 인정했다.

기독교는 유대교를 근원으로 하여 생겨나서 유대교의 토양 위에서 성장한다고 이해할 수 있으므로, 어떠한 혈통과 인종의 도덕성과 특권에도 반(反)하는 운동이며, 탁월한 **반(反)아리아** 종교다. 기독교는 아리아 인종의 모든 가치관에 대한 재평가이며 …… 가난하고 천한 자들에게 전파된 복음은 모든 피압박자와 가련한 자, 실패한 자와 사랑을 덜 받은 자가 '인종'에 대항하여 일으킨 전반적 반란이다.[34]

「차라투스트라는 이렇게 말했다」(Thus Spoke Zarathustra)에서 니체는 일종의 위버멘쉬(Übermensch), 즉 초인을 상상했는데, 위버멘쉬는 선악

---

33 Friedrich Nietzsche, "Skirmishes of an Untimely Man," chap. 8 of *The Twilight of the Idols*, in *The Portable Nietzsche*, ed. and trans. Walter Kaufmann (New York: Penguin, 1976), 515-516쪽.

34 Friedrich Nietzsche, "The 'Improvers' of Mankind," chap. 6 of *The Twilight of the Idols*, in *The Portable Nietzsche*, 504-505쪽.

을 초월하며 이 '노예의 도덕'을 떨쳐버리는 인물이다. 차라투스트라는 유인원과 인간 사이의 진화 관계를 인간과 위버멘쉬의 관계와 비교한다.[35] 히틀러는 이 발상을 아리아계 독일인과 연결했고, 기독교가 건네는 나약한 도덕을 배척했다.[36]

나치즘을 염두에 두기

히틀러는 어설픈 과학을 철학의 기초로 삼았고, 그러한 과학의 범위를 넘어섰다. 진화적으로 인종 계층이 있다는 발상은 과학적으로 입증할 수 없다. 그러나 당시 히틀러는 인종에 계층이 있다고 확신했고, 독일 국내외에서 많은 과학자가 이를 지지했다. 따라서 사람들이 종교를 과학으로 대체할 수 있으며, 더 나은 세상이 도래하기를 기대할 수 있다고 말할 때 우리는 주의해야 한다. 과학은 우리에게 도덕을 제시하기 위한 것이 아니다. 과학은 화학 무기와 화학 약물을 만드는 데는 도움을 주지만, 그러한 무기와 약물의 사용 여부와 시기는 알려 주지 못한다. 바로 앞 장에서 보았듯이 과학으로는 인간을 동등하고 가치 있게 대해야 한다는 신념의 기초를 닦지 못한다.

나치즘을 (어떠한 유형이든) 종교라는 용의 발밑에 둔다면, 현대 과학의 발밑에도 두어야 한다. 히틀러는 종교와 과학을 모두 들먹였다. 더욱이 니체가 지적했듯이 도덕적 기반이 없다면 인간 평등에 대한, 또

---

35 "인간은 동물과 초인 사이에 뻗어 있는 밧줄, 무저갱 위에 있는 밧줄이다." Friedrich Nietzsche, *Thus Spake Zarathustra*, trans. Thomas Common (1909), prologue, sec. 4.

36 히틀러와 니체 철학의 관계를 아주 잘 다룬 내용으로는 Ronald E. Osborn, *Humanism and the Death of God: Searching for the Good After Darwin, Marx, and Nietzsche* (Oxford: Oxford University Press, 2017), 128-175쪽을 보라.

폭력과 인종 차별 거부에 대한, 이른바 자명한 도덕적 진리를 고수할 수 없다. "기독교 신앙을 끊어 버린다면, 기독교 도덕에 대한 권리를 자기 발밑에서 치워 버리는 것이다."[37]

민주주의는 어떠한가?

우리가 틀린 질문을 해온 것이라면 어떻게 될까? 어쩌면 종교는 대체로 폭력 문제와는 관계가 없으며, 답은 그냥 자유 민주주의의 확립인지도 모른다. 히틀러도 이른바 민주주의 안에서 권력을 잡았으니, 민주주의로도 대량 학살을 자행하는 독재자를 확실하게 막아 내지는 못한다. 그러나 자유 민주주의는 일정 범위의 기대와 관련이 있다. 핑커가 언급했듯이, 민주주의는 "성장률이 더 높고, 전쟁과 대량 학살이 더 적으며, 더 건강하고 교육을 잘 받은 시민이 있고, 기근이 사실상 거의 없다."[38]

민주주의는 기원전 5세기 아테네에서 처음 등장했다. 그러나 아테네 민주주의의 기반에는 자유와 평등에 관한 보편적 권리가 없었다. 참정권은 성인 남자 시민에게만 있었고 "남성인 주택 소유자로, 동일한 언어를 말하고 동일한 신을 섬기며, 도시 국가를 지키기 위한 병역에 기꺼이 복무하는 동질성에 따라 참정권이 결정되었다."[39] 철학자들은 회의적이었다. 플라톤은 재능 있는 엘리트를 넘어서 권력을 공유하는 것은 어리석은 일이라는 이유로 민주주의를 반대했다. 아리스토텔

---

37 Nietzsche, *The Portable Nietzsche*, 515쪽.

38 Steven Pinker, *Enlightenment Now: The Case for Reason, Science, Humanism, and Progress* (New York: Penguin, 2018), 200쪽.

39 John W. de Gruchy, *Christianity and Democracy: A Theology for a Just World Order* (Cambridge: Cambridge University Press, 1995), 16쪽.

레스가 보기에 민주주의는 군주가 인자한 왕이 아니라 독재자인 경우에만 군주제의 개선이었다.[40] 그 후로 민주주의는 간헐적으로 퍼져 나갔지만, 가짜 봄날도 많았다. 그러나 오늘날 서구에서 민주주의는 자명한 선(善)으로, 과학이나 인터넷처럼 현대에 시작된 것으로 보인다. 이러한 시각에는 두 가지 문제가 있다.

첫째, 민주주의의 성장과 전파가 기독교와 관계있음을 잊었다는 것이다. 이 길은 곧게 뻗지도, 평탄하지도 않았다. 기독교인들은 평등이라는 민주주의 이상의 양성을 도우면서, 동시에 국가주의와 엘리트주의라는 억압적 발상을 존속시켰다.[41] 복잡다단한 과거를 낭만적으로 보아서는 안 된다. 그러나 신분과 상관없는 인간 평등이라는 성경 윤리, 지도자는 종(servant)이라는 성경의 주장, 인간의 본성에 대한 성경의 현실주의 덕분에, 기독교로 공적 토양을 일구어 놓은 여러 국가가 민주주의를 표방하는 권력 분배를 받아들일 수 있었다. 미국이라 불리는 복잡한 통합이 적당한 사례다.

더욱이 기독교와 민주주의의 관련성은 서구를 넘어서도 뚜렷하다. 정치학자 로버트 우드베리가 보여 준 내용에 따르면, 역사상 개신교 선교사의 너른 분포가 "아프리카와 아시아, 라틴 아메리카와 오세아니아에서 나타난 민주주의 변이를 절반은 설명해 주며, 최근 통계 조사를 좌지우지하던 변수 대부분이 끼치는 영향을 제거해 준다."[42] 선교

---

40 De Gruchy, *Christianity and Democracy*, 17쪽.
41 John Witte, ed. *Christianity and Democracy in Global Context* (Boulder, Co: Westview, 1993)를 보라.
42 Robert D. Woodberry, "The Missionary Roots of Liberal Democracy," *American Political Science Review* 106, no. 2 (2012): 244쪽.

사들은 "종교의 자유, 대중 교육, 대량 인쇄술, 신문, 자발적 조직, 식민지 개혁이 발전하고 전파되기 시작하도록 한 결정적인 촉매였으며, 그렇게 함으로써 안정적인 민주주의가 더욱 가능할 수 있는 환경을 조성하였다."[43] 이러한 상관관계는 선교 활동에서 생겨난 긍정적 효과를 보여 주는 사례다.

우리가 자유 민주주의를 정부의 당연한 형태로 여길 때 잊어버리는 둘째 요소는, 세계에 둘째로 많이 퍼진 신앙 체계가 민주주의와 양립할 수 있을지 의문이라는 점이다. 기독교와 달리 이슬람교는 민주주의와 융합할 수 없는 정치 구조와 법을 지시한다. 이코노미스트 인텔리전스 유닛(Economist Intelligence Unit)의 "2017 민주주의 지수"(Democracy Index 2017)에 따르면 2017년에 이슬람 협력 기구(Organization of the Islamic Cooperation)의 57개 회원국 중에 민주주의 국가로 간주되는 나라는 6개뿐이며, 그 여섯 나라 모두 상당히 "결함이 있다." 서구가 이른바 '아랍의 봄'(2010-2012)을 오독한 기저에는 이러한 긴장이 있다. 서구인들은 무슬림이 다수인 여섯 나라에서 일어난 항의 시위의 결과로 자유 민주주의 국가가 탄생하기를 기대하며 열심히 지켜보았다. (시위가 시작된) 튀니지에서는 실제로 민주주의 국가가 탄생했다. 그러나 리비아, 시리아, 예멘, 이라크에서는 시위가 (수천 명의 민간인 사망과 ISIS의 끔찍한 발흥을 포함한) 내전으로 변질되었고, 바레인에서는 시위가 진압되었다. 이러한 결과의 원인은 다양하다. 그러나 그중에 한 가지 원인은, 항의 시위를 하

---

43 Woodberry, "The Missionary Roots of Liberal Democracy," 244쪽. 이 결과는 서로 다른 대륙들과 부표본들에 걸쳐 일관성 있게 나타나며, 50여 개의 대조군과 도구 변수 분석에서 확실하게 나타난다.

던 파벌 대부분을 보수 이슬람주의자들이 지휘했으며, 이들은 자유 민주주의 국가를 건설하기보다는 세속 정권을 타도하고 샤리아법을 시행하고자 했다는 것이다.

민주주의는 저절로 생기지 않으며, 필연적으로 전파되지도 않는다. 이코노미스트의 "2017 민주주의 지수" 백서에 따르면 민주주의 평균 점수가 2016년에는 5.52였는데 2017년에는 5.48로 떨어졌다(10점 만점).[44] 이슬람교가 앞으로 수십 년 동안 계속 퍼져 나갈 테니, 민주주의가 더 쇠락하는 것을 보지 않으리라고 추정하기는 어렵다. 민주주의가 알에서 깨어나고 살아남으려면, 올바른 철학적 토대에 둥지를 틀어야 한다. 확실히, 서구에서 많은 기독교 국가가 상당한 세속화를 목격해 왔다. 그러나 기독교 신앙과 관습이 쇠락해 온 국가들도 인간의 동등한 가치, 종교의 자유, 가난한 자들 돌봄을 요구하는 기독교 철학 유산을 여전히 고수한다. 인도는 세상에서 가장 큰 민주주의 국가이면서 기독교 인구 비율이 낮기는 하지만, 인도 민주주의의 모델은 (기독교 유산을 기초로 하는) 영국 자유주의 전통과 미국 모델에서 유래했다.[45] 예수에 관한 우리의 신앙이 어떠하든지 세계에 민주주의가 전파되기를 간절히 바란다면, 기독교 전파가 (특히 중국에서 기독교가 지배적 위치에 있는 것이) 최고의 희망일 것이다.

---

44 "Democracy Continues Its Disturbing Retreat," *The Economist*, January 31, 2018, https://www.economist.com/graphic-detail/2018/01/31/democracy-continues-its-disturbing-retreat를 보라.

45 Sumit Ganguly, "The Story of Indian Democracy," Foreign Policy Research Institute (website), June 1, 2011, https://www.fpri.org/article/2011/06/the-story-of-indian-democracy/.

더 심각한 문제

하지만 이 결론에 따르면 우리는 마르크스가 진단한 문제로 돌아가게 된다. 즉 기독교인들이 신약의 약속을 이행하지 못했다는 것이다. 분명 기독교는 다른 어느 세계관에 비할 데 없이 평화와 정의에 지대한 영향을 끼쳐 왔다. 그러나 기독교의 실패 기록 역시 기나길다. "십자군은 왜 필요 이상으로 살육에 탐닉했는가?" "왜 그렇게도 많은 목사가 히틀러를 지지했는가?" "기독교인이 다수인 미국이 어떻게 노예 제도를 받아들였는가?" 목록은 계속 이어진다. 내 생각에 이른바 기독교 국가가 예수의 가르침에 따라 살아가는 데 실패한 이유는 두 가지다. 이 두 이유는 예수께서 직접 분명하게 말씀하셨다.

첫째, 자신이 기독교인이라고 밝힌다고 해서 모두 진정한 기독교인이라고 상정할 수는 없다. 어느 사회에서 예수를 따른다는 주장이 순교행(行) 승차권이 아니라 권력으로 가는 길인 경우에는 특히 그렇다. 예수께서 마지막 심판을 묘사하신 말씀에 따르면, 많은 이가 정죄를 선고받고 놀랄 것이고, 그때 가난한 사람들과 압제당하는 사람들을 돌보지 않았다는 데서 이들이 예수를 따르지 않았음이 드러날 것이다.[46] 둘째, 성경은 우리에게 기독교인들의 도덕적 실패를 예상하라고 가르친다. 우리는 본래 선한 사람이 아니며, 제대로 된 양육과 교육과 환경을 경험하지 않았다면 악하게 행동할 사람이다. 오히려 우리는 선천적으로 죄인이어서, 운전대가 잘못 조정된 자동차처럼 이기심 쪽으로 확 돌아간다. 내 마음속에서도 이러한 일이 매일같이 보인다. 예수

---

[46] 예를 들어 마 25:41-45을 보라.

께서 죽으심으로 기독교인들이 죄로 인해 받아야 하는 형벌에서 풀려났지만, 성경이 분명히 말하듯이 기독교인들은 예수께서 다시 오신 다음에야 죄의 저주에서 자유로워질 것이다. 나는 성장하고 있다는 표시를 내 삶에서 보기를 기대할 수 있다. 그러나 평생 죄와 계속 싸울 것에 대비하여 마음을 단단히 먹어야 한다. 사도 요한이 단언했듯이 "만일 우리가 죄가 없다고 말하면 스스로 속이고 또 진리가 우리 속에 있지 아니할 것이[다]"(요일 1:8).

오늘날 서구인 대부분에게 폭력은 이기심에 도움이 되지 않는다. 만일 내가 살인을 저지른다면 내 인생은 개선되지 않을 것이다. 그러나 폭력을 행사하는 것으로 유리한 상황에 놓인다면, 내가 무슨 짓을 할 수 있을지 누가 알겠는가. 나라면 목숨을 바쳐서 나치에 저항했으리라고 생각하고 싶다. 그러나 내 도덕적 용기는 한 번도 그런 식으로 시험을 받은 적이 없고, 나이가 들수록 나 자신의 선(善)에 대해 점점 자신이 없어진다. 바로 앞 장에서 우리는 기독교인의 세계관이 보통은 사람들을 도와서 더 사랑하고 덜 폭력적이 되게 한다는 타당한 증거를 보았다. 그러나 기독교인들은 교회라는 아주 작은 사회 속에서조차 도덕적 실패에 직면한다. 본회퍼가 말했듯이, "하나님이 우리를 인도하셔서 진짜 기독교인의 교제를 알려 주고자 하신 것만큼이나 분명히, 우리는 다른 이들에 대해, 대체로 기독교인들에 대해, 또 운이 좋다면 자기 자신에게 대해 엄청난 환멸감에 사로잡힌다."[47] 환멸은 기독교인의 삶의 끝이 아니다. 거기가 시작이다.

---

47 Bonhoeffer, *Life Together*, 27쪽.

기독교 신앙의 중심에 놓여 있는 폭력

기독교의 중심에는 극심한 폭력의 상징이, 즉 죄 없는 남자를 국가가 주도하여 잔인하고 고통스럽게 처형한 상징이 박혀 있다. 기독교인들의 믿음에 따르면, 이 처형은 하나님이 친히 연출하셨다. 어떤 이들은 이것을 근거로 삼아 기독교가 폭력을 미화한다고 주장하기도 한다. 그러나 십자가의 의미는 완전히 정반대다. 폭력은 강자가 약자를 해치려고 이용하는 힘이다. 십자가에서, 이제껏 살았던 사람들 중에 가장 강한 사람이, 지금까지 죽은 사람들 중에 가장 끔찍한 죽음을, 힘없는 자들을 위해 달게 받으셨다. 기독교는 폭력을 미화하지 않는다. 기독교는 폭력을 수치스럽게 한다.

십자가는 폭력을 신랄하게 비판하고 우리의 가장 근본적인 문제에 말을 건넨다. 그 문제는 교육이나 민주주의나 기회의 부족이 아니라, 성경이 죄라고 일컫는 참혹한 현실이다. 그리고 예수께서 부활했다는 이상한 주장에서 우리는 악이 궁극적으로 승리하지 못하겠고, 누구든 그리스도를 따르기 위해 자기 생명을 버리는 사람은 그 생명을 찾으리라는 희망을 얻는다. 이러한 믿음을 깊이 들이마시면, 행동할 이유가 된다. 이 믿음 때문에 기독교인들이 4세기에 아프고 가난한 사람들을 돌보는, 현재 병원이라 불리는 곳을 만들었다. 이 믿음 때문에 마틴 루터 킹이 비폭력 저항이 폭력적 압제를 이길 수 있다고 믿었다. 또 이 믿음 때문에 기독교인들이 오늘날 전 세계에서 자신을 희생하여 다른 이들을 섬긴다. 〈뉴욕 타임즈〉에 "허풍쟁이가 없는 복음주의자들"이라는 제목으로 실린 외부 기고문에서, 퓰리처상을 받은 기자이자 인권 운동가인 니콜라스 크리스토프는 이렇게 썼다. "본국이든 해외든,

굶주림이나 말라리아, 감옥 강간과 산과 누공(obstetric fistula. 분만 과정의 압력으로 인해 산모의 방광이나 질, 요도, 자궁, 직장 등이 뚫리는 손상_ 편집자), 인신매매, 대량 학살과 싸우는 최전방에 나가 보면, 그곳에서 만나는 가장 용감한 사람들 중 일부는 참으로 자기 믿음을 실행하는 복음주의 기독교인(또는 여러 면에서 비슷한 보수 가톨릭교도)들이다."[48]

종교가 폭력의 원인인가? 물론 그럴 수 있다. 그러나 수백만 명이 신앙에 이끌려 다른 이들을 사랑하고 섬긴다. 그리고 특히 기독교는 민주주의를 위해서 거름 역할을, 정의를 위해서 동기를 부여하는 역할을, 치유를 위해서 권한을 위임받는 역할을 해왔다. 기독교가 없다면 세상에 폭력이 더 줄어들 것이라 생각한다면, 사실을 확인해 볼 필요가 있을 것이다.

---

[48] Nicholas Kristof, "Evangelicals Without Blowhards," *New York Times*, June 31, 2017, http://www.nytimes.com/2011/07/31/opinion/sunday/kristof-evangelicals-without-blowhards.html.

Question 6 ～～～～ 성경을 어떻게 문자 그대로
받아들일 수 있는가?

How Can You Take the Bible Literally?

● 마음(heart)이 무너진 적이 있는가? 나는 그런 적이 있다. 무슨 일이 일어났는지 말해 줄 수 있다. 그렇지만 그보다도 무슨 일이 일어나지 않았는지를 말해 주겠다. 아무도 구급차를 부르지 않았다. 아무도 내 혈압을 재지 않았다. 아무도 심폐소생술을 실시하지 않았다.

한 번이라도 마음이 무너진 적이 있다면, 그 고통을 심장 정지만큼이나 생생하게 느낄 수 있다는 것을 알 것이다. 그러나 내게 심장 마비가 와서 남편이 911에 전화했는데, 교환원은 이렇게 말한다면 어떻겠는가? "선생님 아내 분의 심장(heart) 소식을 듣게 되어 안타깝습니다. 아무것도 하려고 하지 마세요. 그냥 아내 분을 안고서, 아내 분에게 귀를 기울이고, 선생님이 아내 분을 사랑한다는 걸 알려 주세요."

인생은 문자 그대로의 진실을 은유(metaphor)와 구별하는 데 달려 있다. 어느 친구가 당신한테 자기 남편을 죽이겠다고 말한다면, 당신은 친구가 남편한테 짜증이 나서 그렇게 거친 말로 표현했으리라고 추론할 것이다! 남동생이 "좋아하는 여자애가 내 밸런타인데이 카드를 읽을 때 쑥스러워서 진짜 죽을 뻔했잖아" 하고 말한다면, 당신은 동생

이 다시 살아났다는 데 놀라지 않을 것이다. 그렇지만 만일 동생이 "그 애한테 거절당해서 너무 마음이 아파 자살을 생각하고 있어" 하고 말한다면, 그 말을 문자 그대로 받아들이는 것이 나을 것이다. 문자 그대로의 표현과 은유 표현 둘 다 현실을 서술한다. 문자 그대로의 말로 거짓말을 할 수 있고, 은유를 통해 진리를 말할 수 있다. 사실상, 성경에 관해서라면 가장 심오한 진리 일부는 은유적으로 표현된다.

이 장에서 살펴볼 내용은, 일부 성경 본문은 문자 그대로 읽고 다른 본문은 그렇게 읽지 않는다면 일관성이 없다는 잘못된 생각, '성경을 문자 그대로 받아들이기'가 우리에게 성경의 놀라운 주장을 회피할 면허를 늘 내주는 것은 아니라는 추정, 복음서에 있는 모순에 대한 의문, 신약은 1세기에 나사렛 예수라고 알려진 유대인에 관한 신빙성 있는 자료가 아니라는 생각이다.

어느 본문은 문자 그대로 읽고
다른 본문은 그렇게 읽지 않는다면 일관성이 없지 않은가?

우리 삶에는 은유가 넘쳐난다. 우리는 '뼈 빠질 정도로' 일한다. 우리는 '심장을 바쳐' 사랑한다. 의사소통을 다룬 최근 연구 조사에서는 수천 년 동안 시인들이 알고 있던 사실을 입증했다. 즉 우리 인간들은 은유가 잊히지 않으며, 설득력이 있고, 마음을 움직인다고 생각했다는 것이다. 우리 뇌는 한 가지 사물이나 경험을 다른 사물이나 경험에 비기는 생생한 묘사들로 연결되어 있다. 그 생생한 묘사 때문에 상상력에 불이 붙고, 그렇게 묘사한 사람과 우리가 이어지며, 은유가 통하게 하는 공통의 경험이 한데 모인다. 사사로운 농담이나 공통 언어와 마찬가지로 은유를 통해서도 관계가 쌓인다. 바로 그런 이유로 연인들이 시를 쓴다.

어찌된 일인지 우리는 성경에 관해서는 이 사실을 망각한다. 2014년 한 설문 조사는 미국 목회자들에게 다음 중 어느 것이 자신의 성경관을 가장 정확하게 반영하느냐고 질문했다.

- "성경은 하나님의 실제 말씀이고 문자 그대로, 즉 축자적으로 받아들여야 한다." (28퍼센트)
- "성경은 하나님의 영감을 받은 말씀이지만, 성경에 있는 모든 내용을 문자 그대로 받아들여야 하는 것은 아니다." (47퍼센트)
- "성경은 인간이 기록하였고, 비유(parable), 전설, 역사, 도덕 계율이 담긴 고대의 책이다." (21퍼센트)[1]

직감적으로 우리는 이러한 표현으로 목회자들이 성경을 어느 정도로 진지하게 받아들이는지가 내림차순으로 분류되리라고 예상한다. 그렇지만 예수께서 친히 하신 말씀을 읽는다면, "성경을 문자 그대로, 즉 축자적으로 받아들이는 것"이 성경의 의도를 잘못 이해하는 경우가 많다는 것을 금세 깨달을 것이다.

예수께서 "나는 선한 목자다" 하고 말씀하실 때, 자신이 농장주라고 주장하시는 것이 아니다. 예수께서는 하나님은 목자라는 은유, 즉 구약에서 왕이 된 목자인 다윗이 "여호와는 나의 목자"(시 23:1)라고 선

---

[1] Lydia Saad, "Three in Four in U. S. Still See the Bible as Word of God," Gallup, June 4, 2014, http://news.gallup.com/poll/170834/three-four-bible-word-god.aspx.

포한 은유 안에 거하시는 것이다. 예수께서 "나는 참포도나무"(요 15:1)라고 말씀하실 때, 자신이 식물 상태라고 주장하시는 것이 아니다. 그보다는 우리에게 이스라엘이 하나님의 포도나무라는 구약의 은유를 떠올리게 하시는 것이다. 실제로 사람들은 예수의 말씀을 문자 그대로 받아들였기 때문에 흔히 예수를 오해했다.

요한복음에서 예수께서는 돈 바꾸는 사람들을 성전에서 내쫓으시고, "이 성전을 허물어라. 그러면 내가 사흘 만에 다시 세우겠다" 하시며 놀라서 얼떨떨해하는 구경꾼들을 자극하신다. 구경꾼들이 "이 성전을 짓는 데 마흔여섯 해나 걸렸는데, 이것을 사흘 만에 세우겠다구요?" 하는 반응을 보인다. 그러나 요한의 설명에 따르면 예수께서는 자기 몸을 가리켜 말씀하신 것이다. 예수의 몸은 진정한 성전이다. 거기에서 하나님이 그분 백성을 만나 주시고, 진정한 희생 제사가 바쳐지기 때문이다(요 2:19-21, 새번역). 후에 이름이 니고데모인 유대인 지도자가 밤중에 예수를 찾아온다. 예수께서는 니고데모에게 다시 태어나야 한다고 말씀하신다. 니고데모가 묻는다. "사람이 늙었는데, 그가 어떻게 태어날 수 있겠습니까? 어머니 배 속에 다시 들어갔다가 태어날 수야 없지 않습니까?"(요 3:4, 새번역) 더 나중에 예수께서는 사마리아 여자에게 물을 달라고 하심으로 인종과 종교와 성별의 장벽을 허무시고, 자신이 생수를 줄 수 있다고 주장하신다(요 4:10). 여기에서도 사마리아 여자는 예수의 말을 문자 그대로 받아들이고 의도를 오해했다.

성경에서 이러한 부분과 다른 부분에서 은유적으로 표현된 여러 진리는 놀라울 정도로 현실적이다. 실제로 성경 메시지가 진리라면, 우리 각자의 삶이라는 문자 그대로의 현실은 구체적으로 표현된 은유로, 우리에게 초월적이신 하나님을 가리켜 준다.

우리는 관련성을 의식하여 은유를 만든다. 이를 테면, 사랑은 아픔이고, 인생은 마라톤이며, 부모는 헬리콥터와 비슷하다. 그러나 하나님은 아버지의 사랑을 의식하시고서 자신을 우리의 아버지라 일컫게 하신 것이 아니다. 하나님이 부성(父性)을 창조하셨고, 그래서 가장 훌륭한 인간 아버지는 하나님이 아버지로서 우리를 어떻게 돌보시는지를 어렴풋이 보여 줄 수 있다. 하나님은 성교와 결혼에 담긴 친밀을 인식하시고서 예수를 신랑으로, 교회를 신부로 일컬으신 것이 아니다.[2] 그보다는 하나님이 성교와 결혼을 창조하셔서, 결혼이 가장 좋은 상태일 때 우리에게 하나님의 열정적이고 희생적이며 조건 없는 사랑의 맛을 보여 줄 수 있게 하셨다. 요한복음은 "태초에 말씀이 계시니라"라는 은유로 시작한다(요 1:1). 이 은유에서 하나님이 말씀으로 창조하셨다는 성경의 첫 문장이 떠오른다. 요한은 그 말씀을 바로 예수와 동일시해서, 우리의 이해에 은유가 가득하게 한다. 이를 테면, 예수는 세상의 빛이시고, 하나님의 어린양이시며, 성전이시고, 참포도나무이시며, 선한 목자이시고, 생수이시며, 그 길이시고, 문이시다.

은유와 기적

이 말은 성경에는 문자 그대로 받아들이게 하려는 의도가 없다는 뜻인가, 아니면 어느 본문이든 어려운 본문은 은유라 부르고 빙 돌아 나갈 수 있다는 뜻인가? 절대 그렇지 않다. 어떤 대화에든 문자 그대로의 뜻

---

2 이 은유에 관한 더 폭넓은 논의는 8장을 보라.

이 담긴 부분이 있고, 그렇지 않은 부분이 있다. 보통은 구별하기 쉽다. 예를 들어, 신약 기자들이 강조하듯이 예수께서는 문자 그대로(뼈와 상처 등이 다 있는 채로) 부활하셨다. 성경 전체에 퍼진 선명한 은유들에 주의를 기울인다고 해서, 기적과 영원한 진리와 우리가 내려야 하는 생사가 걸린 결정에 대한 주장과 같은, 성경의 근본적 주장이 흐릿해지지는 않는다. 실제로 예수의 가르침 중에 가장 어려운 가르침은 은유적으로 표현되었다. 예수께서는 이렇게 주의를 주셨다. "좁은 문으로 들어가라 멸망으로 인도하는 문은 크고 그 길이 넓어 그리로 들어가는 자가 많다"(마 7:13). 여기에서는 분명히 은유가 사용되었다. 그러나 성경을 진지하게 다루려고 할 때 어느 표현이 문자 그대로의 뜻인지 은유인지, 역사적인 일인지 비유(parable)인지를 놓고 의견이 갈리는 경우가 있다.

예수께서 빵을 떼시면서 "이것은 내 몸이다" 하시고, 포도주를 따르시면서 "이것은 내 피다" 하고 말씀하실 때 어떻게 이해해야 하는지를 놓고, 종교 개혁 시기에 많은 이가 피를 흘렸다. 이 표현은 은유인가? 아니면 예수의 죽음을 기독교인들이 기억할 때 예수께서 그들이 먹고 마시는 빵과 포도주로 기적적으로 변하시는가? 가톨릭교인과 개신교인은 의견이 다르다. 더욱이 예수의 기적은 은유가 이중인 경우도 흔하다. 예수께서는 중풍병자의 다리를 고쳐 주시기 전에 죄를 용서해 주심으로, 우리에게 신체적 치유와 영적 치유의 유사성을 보라고 하신다. 처음으로 어부 출신 제자들을 불러서 자신을 따르라고 하실 때, 놀라울 정도로 고기를 많이 잡게 지시하시고서는 그들에게 그물을 뒤에 내버려두고 '사람의 어부'가 되라고 말씀하신다(눅 5:1-11).

그러나 예수의 기적에 은유적 의미를 부여한다고 해서, 그 기적이 문자 그대로 일어나지 않았다는 의미는 아니다. 하나님만 하실 수 있는 일을 하시는 예수의 능력은 그분이 누구인지 나타낸다. 예수의 제자들은 두려움에 싸여서 "이이가 어떠한 사람이기에 바람과 바다도 순종하는가" 하며 놀라워했다(마 8:27).

비유와 시

문자 그대로가 아닌 동시에 참인(true-while-nonliteral) 복합성은 예수의 비유에서 더 드러난다. 예를 하나 들자면, '선한 사마리아인'이라는 유명한 비유 앞에는 "그때 예수께서 비유로 말씀하시되"가 없다. 게다가 예수께서는 그 사건을 실감나게 묘사하신다. 예수의 말씀에 따르면, 어느 남자가 예루살렘에서 여리고로 가는 (위험하기로 악명 높은) 길을 걸어가다가 강도와 폭행을 당한 후에 죽게 내버려졌다. 예수께서는 종교인 두 명이 그 피해자 곁을 지나가지만 멀찍이 피해서 갔다고 묘사하신다. 덧붙이자면, 시체를 만지면 의식상 불결해질 사람들에게는 아주 타당할 수 있는 행동이다. 이 이야기에서 가장 놀라운 요소는 주인공인데, 상처 입은 남자를 불쌍히 여긴 사람은 사마리아 사람이다. 그런데 이 본문 안에는 예수께서 실제 사건을 이야기하시는 중이라는 분명한 실마리가 하나도 없다. 그렇지만 예수께서 가르치시는 방식을 익숙하게 알고 있다면, 이 이야기가 범죄 현장 보고서가 아니라 그 자체로 의미가 있어서 말씀하신 비유임을 직감적으로 이해한다. 다시 말하지만, 사실인 것과 문자 그대로인 것의 차이를 구별해야 하고, 성경 어느 본문이든 의미를 이해하려면 장르에 주의해야 한다.

비유가 한 가지 예라면, 특히 구약에서 주요 문학적 특징인 시는 또 하나의 예다. 시편에는 성경의 시가(詩歌) 전편이 있어서, 이스라엘 백성에게 찬양집 역할을 했다. 구약 선지서의 글에도 시로 쓰인 영광송이 상당수 있으며, 오경이라고 알려진 성경의 첫 다섯 책에서도 시적 특징을 발견할 수 있다. 시적인 글은 성경의 애물단지가 아니라 성경이 지닌 힘의 일부였다. 그렇다고 해도 시의 특성을 인식하고서 시의 방식으로 읽어야 한다. 때로, 성경 본문이 지닌 은유적 특성을 인식하지 못하는 것은 연애시를 들고 슈퍼마켓에 가서는 거기에 적힌 것이 진열대에 왜 없는지 모르겠다고 하는 것이나 마찬가지다.

성경은 온통 모순으로 가득하지 않은가?

수학 교수인 새티언 데비더스는 기독교와 합리성에 관한 강연 후에, 모순으로 보이는 문제에 관해 도전적인 질문을 받았다. 데비더스는 상대방의 마음을 누그러뜨리는 반응을 보였다. 보통은 성경을 하나님의 말씀으로 믿는 사람이라면 성경이 "온통 모순으로 가득하다"는 말을 곧장 부인하리라고들 예상하지만, 데비더스는 그렇게 부인하기보다는 (청중이 염두에 두고 있는 사례가 없다면) 청중에게 창세기 1장과 2장의 창조 순서상 차이를 한 예로 들었다. 그리고 나서 설명하기를, 두 창조 이야기가 모순으로 보이지만 연대를 따르기보다는 신학적인 이유로 이렇게 배열되었다고, 그리고 우리가 두 가지 초점으로 보도록 나란히 놓였다고 한다. 우리는 그런 차이를 우리 세대에서 처음으로 알아차렸다고 지레짐작하는 경향이 있다. 그러나 그렇지 않다. 사실, 그 창조 이야기는 분명 신학적인 이유로 나란히 배치되었다.

예수의 가르침과 비교하는 것이 도움이 될 것이다. 예수께서는 자신을 일컬어 "선한 목자"라고 하셨다(요 10:11). 그렇지만 "하나님의 어린 양"이라고도 불리셨다(요 1:29). 어떻게 하면 한 사람이 목자이면서 양일 수 있는가? 그런데 예수께서는 왕이신 목자인 동시에 유월절 희생 제물인 어린양이시다. 제사장인 동시에 희생 제물이시고, 선지자인 동시에 말씀이시며, 알파인 동시에 오메가이시다. 이러한 표현을 모순이라고 일축해 버릴 수도 있고, 인간의 이해를 초월하는 어느 사람을 묘사하는 일종의 역설을 경험할 수도 있다. 사실 신약학자인 피터 윌리엄스가 언급했듯이, 예수께서는 흔히 역설을 통해 가르치셨다. 윌리엄스의 주장에 따르면, "그러한 의도적인 형식상 모순이 있다고 해서 모순이 되는 그 표현이 양쪽 모두 더 깊은 차원에서는 어떤 식으로든 진실이 아니라는 뜻은 아니다."[3]

성경이 난해하게 저술되었다는 것은 창세기 처음 몇 장에서 분명히 나타난다. 이를 테면, 창세기 2장에서 하나님은 아담에게 선악을 알게 하는 나무의 열매를 먹는 것을 금하시면서 "네가 먹는 날에는 반드시 죽으리라"고 경고하신다(창 2:17). 아담은 그 열매를 먹는다. 그렇지만 계속 살아서 세 아들의 아버지가 된다. 문맥상 이 경고는 세 가지로 해석할 수 있다. 첫째, 하나님은 육신의 죽음이 아니라 영의 죽음을 말씀하셨다. 이 해석은 신약과 일치하고, 신약에서 사도 바울은 통상 생명과 죽음을 영적 범주로 이용한다.[4] 예수께서 중풍병자를 고쳐 주시기 전에 죄를 사해 주기로 하셨듯이, 실제로 이 해석은 우리의 영적 상

---

3 Peter Williams, *Can We Trust the Gospels?* (Wheaton, IL: Crossway, 2018), 127쪽.
4 예를 들어, "또 범죄와 육체의 무할례로 죽었던 너희를 하나님이 그와 함께 살리시고"(골 2:13)를 보라.

태가 가장 중요함을 강조한다. 둘째, 하나님은 문자 그대로 같은 날이라는 뜻으로 말씀하지 않으셨고, 다만 아담이 일단 금지된 열매를 먹으면 육신의 죽음이 불가피하다고 경고하셨을 수 있다. 이 해석은 시간에 대한 하나님의 관점과 일치한다. 베드로는 "주께는 하루가 천 년 같고 천 년이 하루 같다는 이 한 가지를 잊지 말라"고 적고 있다(벧후 3:8). 창세기 2장 17절을 마지막이자 성경적으로 성립이 안 되는 셋째 처리 방식으로 말하자면, 하나님은 **날**과 **죽는다**는 말을 모두 문자 그대로의 뜻으로 말씀하셨지만, 거짓말을 하셨거나 생각을 바꾸셨다.

창세기 처음 몇 장의 장르가 정확히 무엇인지에 대해서 기독교인들의 관점은 다양하다. 2장 17절의 표현이 알려 주듯이, (과학적 질문은 제쳐두고) 창세기 1-3장을 순전히 문자적으로만 다루려는 사람들은 계속 그 본문 안에서 수수께끼와 함께 남아 있지만, 그 수수께끼는 분명 첫 독자들에게도 마찬가지로 수수께끼였을 테니 거기에는 틀림없이 의도가 담겨 있다. 사실, 창세기 2장과 3장에서 우리는 하나님이 육신의 죽음을 말씀하시는지 영의 죽음을 말씀하시는지, 또 육체의 죽음으로 인한 엄청난 손상조차도 하나님과 멀어지는 것보다는 덜 비참한 것이 아닌지 생각할 수밖에 없으며, 우리가 그렇게 생각할 수밖에 없다는 사실이 하나님의 경고에 담긴 설득력의 한 부분이다. 우리는 수천 년 전에 쓰인 글보다 자신의 지적 수준이 더 높다고 생각하기 쉽다. 그러나 성경을 읽을수록 그렇지 않다는 것을 깨달을 것이다. MIT 교수인 로잘린드 피카드는 십 대 시절, '오만한 무신론자'일 때 이 사실을 깨달았다. 피카드는 성경이 "말도 안 되는 허황된 내용"으로 가득하리라 생각했지만, 놀라게 된다. 피카드는 이렇게 회상한다. "저는 성경을 읽기 시작

했고, 그렇게 해서 제가 변하기 시작했죠."⁵

예수의 인생에 대한 이야기에서 모순으로 보이는 일들은 어떠한가? 3장에서 기독교는 예수의 죽음과 부활이라는, 문자 그대로 역사적인 사실과 운명을 같이한다고 주장했다. 사복음서에서 모순인 것처럼 보이는 일 때문에 이 사실이 위태위태해지지 않는가?

사복음서에 있는 모순은 어떠한가?

사복음서는 예수의 정체와 사명과 메시지에 관해 한목소리로 말하지만, 배열 순서와 세부 내용 면에서는 차이가 많다. 신약학자인 바트 어만이 이러한 차이를 광범위하게 다루어서 글을 쓰고는, 성경은 도무지 해결할 수 없을 정도로 모순적이라고 결론 내렸다. 그러나 어만이 예로 들은 내용 일부에서는 관찰자의 편견이 드러나며, 어만은 그 편견 때문에 부적절한 결론을 도출했다. 예를 들어 어만의 언급에 따르면, 예수께서 마태복음에서는 "나와 함께 아니하는 자는 나를 반대하는 자요"(마 12:30) 하고 단언하시지만 마가복음에서는 "우리를 반대하지 않는 자는 우리를 위하는 자니라"(막 9:40)고 말씀하신다. 어만은 이렇게 묻는다. "예수가 이 둘을 다 말했는가? 이 둘을 다 가리켜 말할 수 있는가? 이 둘이 어떻게 동시에 참일 수 있는가? 복음서 기자 중 하나가 사건을 재배열했을 가능성이 있는가?"⁶ 그렇지만 이해하고자 한다면 풋볼 경

---

5   로잘린드 피카드가 무신론자에서 신앙인이 된 길에 대해, 〈뉴욕 타임즈〉 칼럼니스트 로스 도댓에게 받은 인터뷰 질문에 답하는 중에 회상한 내용. The Veritas Forum (video), January 12, 2016, https://www.youtube.com/watch?v=3ScEV1IbL5A.

6   Bart D. Ehrman, *Jesus, Interrupted: Revealing the Hidden Contradictions in the Bible (And Why We Don't Know about Them)* (New York: HarperOne, 2010), 41쪽.

기만 시청해도 이해할 수 있다. 두 팀이 있다면 한 선수가 양 팀에 모두 속할 수는 없다. 또 앞에서 언급했듯이 예수께서는 역설을 통해 가르치시는 경우가 흔했다. 역설은 그다지 낯설지 않다. 피터 윌리엄스는 우리의 이해를 돕고자 친숙한 문학 작품의 예로「두 도시 이야기」(A Tale of Tow Cities)의 첫 문장("최고의 시대이자, 최악의 시대였다")을 인용한다.[7] 그럼에도 사복음서에서 모순으로 보이는 내용은 그 형태가 다양하므로 신중하게 연구해야 한다.

일부 수수께끼는 예수께서 어떤 일을 딱 한 번만 하셨다고 추정하기 때문에 생긴다. 우리는 예수께서 비슷한 일이나 말을 상이한 장소나 시간에 하신 것을 보면서, 복음서 기자들이 혼동했다고 결론 내릴 수 있다. 그러나 현대의 순회 설교자와 정치가와 활동가처럼 1세기 랍비들도 통상 자신의 가르침을 반복해서 메시지를 전했다. 때로는 기적조차도 이유가 있어서 되풀이된다. 예를 들어서, 마태복음은 예수께서 떡 다섯 개와 물고기 두 마리로 남자 5,000명을 (또 여자들과 아이들도) 먹이셨다고 기록한다(마 14:13-21). 그 다음 장에서는 4,000명이 넘는 사람들을 떡 일곱 개와 작은 물고기 두어 마리로 먹이신다(마 15:32-39). 각 사건에서 예수께서는 제자들과 비슷한 내용으로 대화를 나누신다. 처음에는 제자들이 첫 기적을 그렇게 금세 잊어버릴 수 있다는 사실이 아주 이상해 보인다. 같은 사건인데 세부 내용(장소, 떡의 개수 등)을 혼동해서 재차 이야기한 것이 아닌가 하는 생각이 든다. 그러나 그 다음 장에서 예수께서 이 두 사건을 상기하신다. 제자들에게 바리새인과 사두개

---

7 Williams, *Can We Trust the Gospels?*, 127쪽.

인의 누룩을 주의하라고 경고하시자, 제자들은 자기들이 떡 가져오기를 잊어버린 것 때문에 예수께서 불만을 토로하신다고 생각한다. 그러자 예수께서 대답하신다. "너희가 …… 떡 다섯 개로 오천 명을 먹이고 주운 것이 몇 바구니며 떡 일곱 개로 사천 명을 먹이고 주운 것이 몇 광주리였는지를 기억하지 못하느냐?"(마 16:9-11)

두 기적이 일어난 장소를 눈여겨보면, 그 의미를 알아차리게 된다. 두 번째로 사람들을 먹이신 곳은 이방인 인구 비율이 높은 지역이다. 첫 번째 기적에서는 굶주린 이스라엘 사람들을 위해 모세를 통해 하늘에서 공급하신 떡이 생각난다면, 두 번째 기적에서는 이러한 공급이 비유대인들에게까지 확대된다. 예수께서 사역하시는 동안 많은 무리를 수십 번은 먹이셨을 수도 있다. 요한이 말했듯이 예수께서 하신 일을 모조리 기록한다면, "이 세상이라도 이 기록된 책을 두기에 부족할" 것이다(요 21:25). 그렇지만 마태는 이 두 기적을 연이어 기록하여 신학적 의미를 보여 주었다.

복음서 간에 상이해 보이는 일들 중 일부는 현대의 시간 관념과 역사 이야기의 기준이 그 원인이 되기도 한다. 어만이 예로 들었듯이, 누가복음은 예수께서 부활하시고 제자들에게 나타나신 이야기에 바로 이어 승천하셨다고 기록한다(눅 24장). (마찬가지로 누가가 기록했다고들 믿는) 사도행전에서는 예수께서 부활 후 승천 전까지 40일 동안 모습을 보이셨다고 말한다. 이것은 모순인가? 아니다. 복음서는 정신없이 몰아치듯이("그리고 그때…… 그리고 그때…… 그리고 그때") 사건들을 압축하는 경우가 흔하지만, 그때도 사실은 사건과 사건 사이의 시간 간격이 상당하다. 다시 말하지만, 요즘에도 비슷한 경우가 있다. 친구는 나한테 자기

상사가 마음을 바꾼 일에 대해 이렇게 말할 수 있다. "1분 전에는 나한테 이 일을 하라고 말하더니만, 1분 후에는 또 그 일 말고 저 일을 하라잖아." 상사와 나눈 두 대화가 일주일 간격으로 일어났을 수도 있지만, '1분'이라는 표현으로 친구의 주장이 분명해진다.

현대의 정서 때문에 우리는 사건이 일어난 순서를 바꾸는 것이 내키지 않는다. 그렇지만 1세기의 역사 기술 장르는 오늘날과 달랐다. 특히 요한복음에서는 보통 시간 순서보다는 신학을 강조하는 순서로 사건을 기록한다. 현대에서 이와 가장 유사한 것은 아마 영화일 것이다. 우리는 이야기의 부분 부분을 시간 순서 없이 경험하는 데 익숙하다. 예를 들어, 어느 등장인물이 성인 여성을 만난 직후에 그 두 사람의 어린 시절 관계를 회상하는 장면이 나올 수 있다. 내 남편은 철두철미하게 공학자 머리인 사람이기 때문에 보통은 그런 장면 전환을 알아차리려고 무진 애를 쓴다. 영화가 방금 20년 전으로 훌쩍 되돌아가서 등장인물의 배경이 되는 이야기를 보여 준다고 설명해 주면, 남편은 "그걸 어떻게 알았지?" 하고 묻는다. 보통은 설명할 수가 없다. 그냥 아는 것이기 때문이다! 우리는 소설뿐 아니라 실제 역사 사건을 들려주는 영화에서도 이러한 것을 예상한다. 때로 복음서 기자들도 비슷한 접근법을 사용한다.

장소 관념도 우리가 조상들보다 엄격할 수 있다. 복음서 기자들이 언제나 우리처럼 정확하게 배경을 기록하지는 않지만, 우리보다 더 정확하게 쓰는 경우도 있기는 해서, 수수께끼는 우리의 무지 때문에 생길 수도 있다. 예를 들어서, 누가복음은 예수께서 승천하신 위치가 베다니라고 하는 반면(눅 24:50), 사도행전은 제자들이 "감람원이라 하는 산"에서 돌아왔다고 한다(행 1:12). 베다니가 전통적으로 알-에이자리아(al-

Eizariya)라는, 요르단강 서안 지구의 성읍과 관련이 있으며, 감람산 남동쪽 비탈에 있다는 사실을 알기 전까지는 이 두 표현이 서로 모순으로 보인다.

오늘날에도 우리는 같은 장소에 엄밀히 따지면 서로 모순이 되는 표지를 사용할 때가 있다. 예를 들어, 나는 매사추세츠주 케임브리지에 산다. 보스턴은 찰스강 건너편에 있고, 케임브리지와는 완전히 별개인 도시여서, 주 정부와 학제와 정체성이 다르다. 그렇지만 나는 통상 사람들한테 보스턴에 살고 있다고 말한다. 케임브리지가 넓게 보면 보스턴 지역에 있기 때문이다. 또 영국인 친구들한테 케임브리지에 산다고 말하면 어느 케임브리지인지 설명해 줘야 하므로 그렇게 말하는 편이 덜 헷갈린다.

다른 복음서들은 어떠한가?

댄 브라운의 역사 소설인 「다빈치 코드」(*The Da Vinci Code*, 문학수첩 역간) 때문에 대중화된 발상은, 성경에 포함된 사복음서가 예수를 더 정확하게 묘사한 다른 이야기들을 희생시키고 선택되었다는 것이다. 바트 어만은 성경에 대해 비판적이기는 하지만 신약 복음서들이 "예수의 삶에 대해 알 수 있는 가장 오래되고 훌륭한 자료"라고 인정하면서, 이것이 "복음주의 기독교인에서 철저한 무신론자에 이르기까지, 고대의 어느 분야에서든 진지한 역사가들의 일치된 견해"라고 말한다.[8]

어떤 이들은 배제된 '복음서들'이 초대 교회에서 밀려난, 기독교

---

8   Bart D. Ehrman, *Truth and Fiction in The Da Vinci Code* (Oxford: Oxford University Press, 2004), 102쪽.

의 더 페미니스트적인 형태를 보여 준다고 말한다.⁹ 예를 들어 일부 영지주의 문서에서는 예수의 제자들 중 중요한 역할을 마리아에게 부여한다. 그렇지만 그 실제 문서를 읽어 보면, 일관성 있게 페미니스트적인 문서가 전혀 아니라는 것을 알게 될 것이다. 이른바 도마복음은 이렇게 끝난다. "시몬 베드로가 그에게 말했다. '여자들은 생명을 얻을 자격이 없으니, 마리아를 저희에게서 떠나게 하소서.' 예수께서 말씀하셨다. '나는 마리아를 인도하여 남자가 되게 할 것이며, 그렇게 해서 마리아도 너희 남자들을 닮은 살아 있는 영이 될 것이다. 어느 여자든 자신을 남자가 되게 한다면 하늘나라에 들어갈 것이다.'"¹⁰

이러한 여성 혐오 관점은 고대 철학과 상당히 일치했을 것이다. 그러나 이 표현은 정경 복음서에 나오는 예수의 고귀한 여성관과 극명하게 대비된다. 신학적 내용이 어떻든 간에, 성경에 들어오지 못한 그 '복음서들'이 정치적 이유로 배제되었으며, 성경에 들어온 복음서만큼이나 성경에 포함될 자격이 있다는 말이 사실일까?

예수에 관한 다른 글들이 초기 몇 세기 동안 교회에 돌아다녔지만, 예수의 사심과 죽으심과 부활하심과 관련하여 집필 연대와 그 사건들을 목격한 사도들과의 연관성 측면에서 보면 신약의 사복음서가 더 충실하다는 증거가 충분하다. 현존 사본에서 보면, 신약의 복음서들은 정경이 공식적으로 확립되기 전에도 다른 글들보다 널리 읽혔으며, 2

---

9 비정경 복음서에 대한 간결한 논의와 댄 브라운이 대중화한 견해에 대해서는 Garry Williams, *The Da Vinci Code: From Dan Brown's Fiction to Mary Magdalene's Faith* (Fearn, Ross-shire, UK: Christian Focus, 2006)를 보라.

10 *The Gospel of Thomas*, saying 114, *The Nag Hammadi Library*, ed. James M. Robinson (San Francisco: Harper, 1990), 138쪽.

세기 말에 이미 선집으로 함께 묶여 있었다.[11] 많은 경우에 다른 '복음서들'은 장르도 다르다. 예를 들어 도마복음은 사건과 가르침에 대한 기록이라기보다는 일종의 격언 모음집이다.[12] 그러나 오늘날 우리 성경에 포함된 복음서들이 예수의 삶에서 일어난 사건들에 아주 충실하며 믿을 만한 자료라고 도대체 어떻게 확신할 수 있는가?

예수와 목격자들

많은 학자가 복음서는 후대에 신학적으로 조작하여 내용을 늘인 구두 전승의 산물이어서 내적으로 일관성이 없으며 알려진 역사와 어설프게 일치한다고 주장해 왔고, 바트 어만은 그쪽에 서 있다. 한동안 그러한 견해가 학계에 만연했다. 그러나 최근 수십 년 동안 학자들 다수가 학문적으로 아주 탁월해지면서 사복음서의 역사성을 지지하는 새로운 주장을 제시했다. 사복음서의 진정성을 검토하기 위해 살펴볼 수 있는 온갖 종류의 증거를, 탁월하면서도 이해하기 쉽게 요약한 책으로 피터 윌리엄스의 『복음서를 신뢰할 수 있는가』(Can We Trust the Gospels?)를 추천한다. 이 책에서 입증하는 논거에 따르면, 사복음서에서 하는 놀라운 주장 때문에 많은 이들이 복음서가 거짓이라고 가정하기에 이르렀지만, 그 놀라운 주장이 없다면 그들은 우수한 성적으로 역사 시험에 합격할 것이다. 거의 역사적인 인물이 존재했을 수도 있는지를 궁금해

11　Charles E. Hill, *Who Chose the Gospels?: Probing the Great Gospel Conspiracy* (Oxford: Oxford University Press, 2010).

12　도마복음이 신약 저술에 의존했다는 증거는 S. J. Gathercole, *The Composition of the Gospel of Thomas: Original Language and Influences* (Cambridge: Cambridge University Press, 2012)를 보라.

하는 것과는 별도로, 우리에게는 예수의 삶에 대해 복음서 복사본에서 나온 사본 증거가 역사상 중요한 다른 어느 인물에 대한 증거보다도, 심지어 예수의 공적 사역 기간에 통치한 로마 황제 티베리우스에 대한 증거를 포함한 것보다도 훨씬 많다.[13] 적대적이고 비기독교적인 자료이지만, 예수의 삶과 죽음, 부활 주장이라는 기본 사실을 증언하는 증거도 다수 있다. 여기에서 나는 흥미진진한 증거에 의거한 맥락을 하나 뽑아 보겠다.

영국의 학자인 리처드 보컴이 획기적 저작 「예수와 그 목격자들」(*Jesus and the Eyewitnesses*, 새물결플러스 역간)에서 주장하기를, 마가복음은 "목격자 중 많은 이가 아직 살아 있을 때" 기록된 반면, 신약의 나머지 복음서들은 (목격자들의 증언이 자취를 감추었을 바로 그때 기록되지 않았다면) 살아 있는 목격자가 드물어졌을 때 기록되었다고 한다.[14] 보컴이 증명한 내용에 따르면, 복음서에 나오는 이름들의 빈도는 1세기 팔레스타인에서 나온 다른 자료에 있는 그 이름의 빈도를 반영한다(복음서에 마리아와 시몬이 왜 그렇게 많은지 의아해 한 적이 있다면, 마리아와 시몬은 그 당시 그 지역에서 아주 흔한 이름이었다!). 그러고 나서 보컴은 당대에 보편적이던 것에 대한 이해를 이용하여 복음서에서 목격자들의 유명인 이름 들먹이기를 예로 들고서, 이름이 나오는 이들 대부분은 "전승에 대한 권위 있는 보증인으로서" 자기 이야기를 들려준 목격자들이라고 주장했다.[15] 이것이 낯선

---

13 Williams, *Can We Trust the Gospels?*, 39-41쪽.
14 Richard Bauckham, *Jesus and the Eyewitnesses: The Gospels as Eyewitness Testimony* (Grand Rapids, MI: Eerdmans, 2008), 7쪽. 「예수와 그 목격자들」(새물결플러스 역간, 2015).
15 Bauckham, *Jesus and the Eyewitnesses*, 39쪽. 「예수와 그 목격자들」.

카메오가 등장하는 이유다. 예를 들어, 마가복음의 십자가 처형 이야기에서 예수께서 쓰러지자 군인들이 지나가던 사람에게 억지로 십자가를 지고 가게 한다. 마가는 이 남자의 신원을 "구레네 사람 시몬"이라는 출신지로 밝히지만, 또 "알렉산더와 루포의 아버지"라고도 기술한다(막 15:21). 보컴의 주장에 따르면, 시몬의 아들들이 언급된 까닭은 이들이 초기 기독교 공동체 내에 알려져 있어서 그 이야기를 확증할 수 있었기 때문이다.[16]

부활

각 복음서에 나오는 부활의 목격자들 이름 목록에 차이가 있다는 것이 그 목록의 진정성을 반대하는 증거로 흔히 언급되기도 한다. 그러나 보컴의 주장으로는 그러한 차이가 실제로는 "복음서가 세심하게 **주의**를 기울여서 여자들을 목격자로 소개했음"을 입증한다.[17] 보컴은 기자들이 개인적으로 아는 목격자들 이름을 밝혔다고 말한다. 이것이 마태복음에서는 의미심장하다. 유대교 율법에 따르면 어느 사건이든 목격자 셋을 선호하지만, 마태는 목록을 더 채우기보다는 "목격자로 자신이 잘 알고 있는 여자 딱 두 명에 만족한다."[18]

현대의 정서로는 여자들이 부활의 첫 목격자라는 사실이 지닌 의미를 거의 간과하기 쉽다. 당시 유대교 문화에서는 여자들의 증언을 신빙성 있게 여기지 않았다. 허구적 이야기에서라면 복음서 기자들이

---

16 Bauckham, *Jesus and the Eyewitnesses*, 51-52쪽. 「예수와 그 목격자들」.
17 Bauckham, *Jesus and the Eyewitnesses*, 49쪽. 「예수와 그 목격자들」.
18 Richard Bauckham, *Jesus and the Eyewitnesses*, 50쪽. 「예수와 그 목격자들」.

여자들을 핵심 증인으로 절대 선택하지 않을 것이다.[19] 그것은 오늘날 극히 중대한 법률상 청구권을 아이 몇 명의 증언에 의거하여 주장하는 것과 마찬가지였을 것이다. 여자들에 대한 이러한 문화적 편견은 남자 제자들의 반응에서도 보인다. "이 여자들은 막달라 마리아와 요안나와 야고보의 모친 마리아라 또 그들과 함께한 다른 여자들도 이것을 사도들에게 알리니라 사도들은 그들의 말이 허탄한 듯이 들려 믿지 아니하나"(눅 24:10, 11).

복음서들의 진정성은 복음서가 교회의 첫 지도자들에게 얼마나 당혹스러웠을지만 보아도 잘 증명된다. 예수의 남자 제자들은 일제히 예수를 버렸다. 베드로는 예수와 가장 친밀한 친구이자 초대 교회의 핵심 지도자였지만, 세 번이나 예수를 알지 못한다고 했다. 이 이야기와 나머지 많은 이야기를 보면, 복음서는 사도들에게 전혀 안 좋은 평판을 남긴다. 복음서 기자들이 실제 일어난 일을 기록하고 싶어 하지 않았다면 이러한 세세한 내용은 지워졌을 것이다. 그처럼 상세한 내용이 아마도 작성되지 않았을 테고! 영원히 '의심하는 도마'로, 또는 죽기까지 예수를 따르겠다고 맹세해 놓고서는 몇 시간 후에 예수를 모른다고 맹세한 제자로 알려지기를 누가 바라겠는가?

또 다른 뛰어난 신약학자이자 고대 역사가인 N. T. 라이트는 예수께서 죽은 자들 가운데서 살아나셨다는 주장에 관해 중요한 의미를 밝혔다. 라이트는 (여성 목격자들이라는 당혹스러운 상황을 포함하여) 역사적, 문화적 정황을 세심하게 살펴본 후에, 부활을 의심하는 데 보통 이용하던

---

19 N. T. Wright, *The Resurrection of the Son of God* (Minneapolis: Fortress, 2003), 607-608쪽. 「하나님의 아들의 부활」(크리스찬다이제스트 역간, 2005).

주장들 상당수를 뒤집었다. 예를 들어, 어떤 이들은 예수가 십자가에서 기절했지, 실제로 죽지는 않았다고 말한다. 그러나 로마 군인들은 죽이는 법을 알았다.[20] (메시아 운동의 지도자들이 일반적으로 받던 형벌인) 십자가 처형은 로마 군인들이 좋아하는 사형 방법 중 하나였다. 더욱이 라이트의 논평에 따르면, 그 당시 메시아 운동이 십자가 처형으로 끝나면, 추종자들은 포기하고 고향으로 돌아가거나 자기들 중에서 새로운 메시아를 찾았다. 메시아 역할은 보통 이전 지도자의 가까운 친척이나 동료에게 넘어갔다. 누가 봐도 예수의 형제인 야고보를 선택하는 것이 확실했다. 그러나 야고보가 초대 교회의 지도자이기는 했어도, 자신이 메시아라고 주장하려고 하지는 않았다.[21] 오히려 제자들은 예수께서 죽은 자들 가운데서 살아났다고 선언했다. 많은 이가 이 믿음을 위해 죽었다. 정교한 거짓말을 위해서라면 결코 그렇게 죽으려 하지 않았을 것이다.

유대교의 정황에 비추어 보아, 라이트는 예수께서 육체적으로 부활하지 않았으며 다만 제자들의 마음속에 계속 살아 있다는 발상도 일축한다. 유대교 용어에서 '부활'은 언제나 일정 기간 죽었다가 새로이 육체화된 생명을 의미한다. 1세기 유대인 다수는 하나님의 백성이 모두 마지막 날에 부활하리라고 믿었다. 그렇지만 그 도중에 한 사람이 변화된 부활의 몸으로 다시 살아난다는 것은 아주 낯설고 예상치 못한 발상이었다.

오늘날에는 몸의 부활을 믿기 어려워한다. 그러나 라이트가 설명

---

20 Wright, *Resurrection of the Son*, 709쪽. 「하나님의 아들의 부활」.
21 Wright, *Resurrection of the Son*, 700쪽. 「하나님의 아들의 부활」.

했듯이 우리의 1세기 선조들도 죽은 사람은 계속 죽은 상태로 있음을 알았다. 예수께서 제자들에게 당신이 죽었다가 살아나리라고 미리 알려 주셨는데도, 제자들은 하나같이 그 사실을 자기 눈으로 보고서야 믿었다. 또 다른 당혹스러운 사건에서는, 예수의 제자인 도마가 다른 모든 제자가 눈으로 봤다며 증언해도 직접 보기 전까지는 믿기를 거부했다(요 20:24-29).

 부활이 도마에게 믿을 수 없는 일로 보였듯이 우리에게도 그러하다. 그러나 우주를 창조하신 하나님이 존재하신다면, 우리는 기적이 일어날 가능성을 배제할 수 없다. 맨 처음에 자연의 법칙을 만드신 분이라면 그분이 선택하신 때에 분명 개입하실 수 있다. 맨 처음에 생명이 생기게 하신 분이라면 죽은 이들에게 틀림없이 생명을 주실 수 있다. 2018년에 MIT 교수인 이안 허친슨은 『과학자가 기적을 믿을 수 있는가?』(Can s Scientist Believe in Miracles?)라는 제목으로 책을 한 권 냈다.[22] 허친슨은 기독교 가정에서 자라지 않았으나, 케임브리지대학교에 학부 시절에 기독교인이 되었다. 이제 세월이 흐른 후, 수십 년 동안 최고 수준으로 과학 연구를 하고 나서, 허친슨은 "과학자가 부활을 믿을 수 있는가?" 하는 질문에 단호하게 "그렇다"고 대답한다.

---

22 Ian Hutchinson, *Can a Scientist Believe in Miracles?: An MIT Professor Answers Questions on God and Science* (Downers Grove, IL: InterVarsity Press, 2018).

Question 7 ~~~~~~~~ 과학이 기독교의 오류를
증명하지 않았는가?

Hasn't Science Disproved Christianity?

● 알렉스 로젠버그는 「무신론자의 현실 안내서」(The Atheist's Guide to Reality)의 처음 몇 쪽에서 이렇게 단언한다. "무신론에는 결정타가 되는 주장인 '신은 없다'보다 훨씬 많은 내용이 있다. 무신론에 따라오는 나머지 세계관 전부가 무신론에 있다. 그것은 현실에 대한 힘들고 혹독하며 숨 막히는 이해이며, 합리적인 의심을 뛰어넘어 진실성이 입증된 것이다. 그것은 과학이라 불린다."[1] 다른 무신론자들은 이를 더 부풀린다. 스티븐 핑커는 부정적인 사실을 적는다. "과학의 여러 발견이 시사하듯 온 세상의 전통 종교와 문화의 신념 체계는 …… 사실상 그릇되었다."[2] 리처드 도킨스가 보기에 우주는 "정확히 우리가 예상할 특성을 지니고 있어서, 본질적으로 설계나 목적이 없고, 악이나 선이 없으며, 다만 맹목적이고 가혹한 무관심만 있을 뿐이다."[3]

---

[1] Alex Rosenberg, *The Atheist's Guide to Reality: Enjoying Life without the Illusions* (New York: Norton, 2011), viii.

[2] Steven Pinker, *Enlightenment Now: The Case for Reason, Science, Humanism, and Progress* (New York: Penguin, 2018), 394쪽.

[3] Richard Dawkins, *River out of Eden: A Darwinian View of Life* (New York: Basic Books,

신무신론자들의 열정적인 노래에 귀를 기울이다 보면, 유신론 옹호는 다 끝나 버렸다는 생각이 들지도 모른다. 그렇지만 다른 발언들이 있다. MIT 교수인 대니얼 헤이스팅스는 십 대일 때 영국에서 예수를 따르기 시작했다. 헤이스팅스는 이렇게 말한다. "저는 우주를 창조하신 하나님이 계시다고 말하는 것으로 시작했습니다. 그리고 그분은 비인격적인 신이 아닙니다."[4] MIT 교수인 콩징은 중국에서 자랐고, 캘리포니아 버클리대학교에서 대학원을 다닐 때 기독교인이 되었다. 콩징은 이렇게 단언한다. "[제] 연구는 제게 하나님의 일을 하는 플랫폼일 뿐입니다. 하나님의 창조, 즉 하나님이 세상을 만드신 방식은 매우 흥미로워요. 정말 놀랍죠."[5] 옥스퍼드대학교 응용 민족 생물학 교수인 앤드류 고슬러는 교수가 된 뒤에 세속 유대교 배경에서 기독교인이 되었다. 고슬러는 이렇게 해명한다. "인생의 가치와 같은 단일 문제를 근거로 제가 그리스도를 믿게 된 것은 아닙니다. 관점이 전체적으로 재정립되어서 제 인생의 모든 면이 두루두루 조화롭게 잘 돌아가게 되었죠."[6] 목록은 계속 이어진다. 나는 뛰어난 과학자 수십 명과 함께 일하는 영광을 누려 왔는데, 케임브리지대학교 실험 물리학 교수인 러셀 코번은 그 과학자들이 느끼는 감정을 이렇게 표현한다. "과학에 대해 더

1996), 133쪽. 「에덴의 강」(사이언스북스 역간, 2014).

4   Daniel Hastings, "Exploring True Life," The Veritas Forum (video), June 28, 2011, https://www.youtube.com/watch?v=OGmNPWsR7_I.

5   David L. Chandler, "In Search of New Ways of Producing Nanomaterials: Kong's Research Focuses on How to Make and Control Novel Forms of Thin-Film Carbon," *MIT News*, May 9, 2012, http://news.mit.edu/2012/profile-kong-0509.

6   Andrew G. Gosler, "Surprise and the Value of Life," in *Real Scientists, Real Faith*, ed. R. J. Berry (Oxford: Monarch, 2009), 182쪽.

많이 이해한다고 해서 하나님이 더 작아지지는 않는다. 과학에 대한 이해가 깊어질수록 하나님의 창조 활동을 더 세밀하게 볼 수 있다."[7]

이번 장에서는 과학이 무신론을 지목한다는 흔한 가정에 이의를 제기하겠다. 과학의 기독교적 기원을 살펴보고, 기독교인들이 과학적 발견의 최전선에 얼마나 흔하게 있었는지도 살펴보겠다. 그다음에는 신앙에 일격을 가하리라고 널리 인정받은, 새로이 떠오른 몇몇 과학 분야를 스냅 사진 찍듯이 간단히 살펴보고서, 그 과학 분야가 세속 인본주의를 인정하기는커녕, 한편으로는 진리를 과학적으로 계량 가능한 정도로 끌어내리려 하면서 다른 한편으로는 삶의 본질적 가치를 인정하려 하는 신념 체계의 주요 약점을 드러낸다는 것을 보여 주겠다.

성경을 믿는 기독교인들은 과학과 성경 사이의 관계를 놓고서 늘 다양한 견해를 견지해 왔다. 이번 7장의 목표는 그 다양한 견해 사이의 옳고 그름을 판단하는 것이 아니다. 내가 믿기로는 누구든 예수를 따르기로 결심했다면, 각자 탐구에 나서서 각자 결론에 도달할 것이다. 바라기는 이 책에서 단지 과학과 기독교 간의 내실 있는 관계를 맛보게 해주고(이 관계는 일반 담론 속에 묻혔다), 합리적인 창조주 하나님을 믿는 신앙에서 과학적 진취성의 최초이자 최고인 토대가 나온다고 말하고 싶다.

기독교와 과학의 탄생

오늘날 신무신론자들의 말을 듣다 보면, 처음에 근대 과학을 발전시킨 부류가 기독교인들이라고는 거의 생각하지 못할 것이다. 프란체스

---

[7] Russell Cowburn, "Nanotechnology, Creation and God," TEDxStHelier (video), August 28, 2015, https://www.youtube.com/watch?time_continue=3&v=UepCFseK_os.

교회 수도사들인 로저 베이컨(1214년경-1294년경)과 오컴의 윌리엄(1285년경-1350년경)이 과학적 방법의 경험적, 방법론적 토대를 놓았다. 프랜시스 베이컨(1561-1626)은 과학적 방법을 확립하고 널리 알렸다. "무신론에서"(Of Atheism)라는 에세이에 베이컨은 이렇게 썼다. "보잘것없는 철학으로도 사람의 마음이 무신론으로 기울어지는 것이 사실이나, 철학에 깊이 들어가면 사람의 마음이 종교로 향하게 된다."[8] 로버트 보일(1627-1691)은 보일의 법칙으로 그 이름을 기리는 인물로, 과학 발전에서 또 한 명의 주전 선수였다. 보일은 독실한 기독교인이었으며, 복음 전도와 성경 번역에 상당한 자금을 쏟았다. 목회자가 되려고 생각했지만, 과학자로서 예수를 더 잘 섬길 수 있다고 결론 내렸다.

그렇지만 근대의 과학적 방법을 처음에 기독교인들이 고안한 것은 그냥 우연이 아닌가?

역사적 기독교는 지성인들의 삶을 소중히 여겼다. 중세 수도원은 학문 연구의 중심지였다. 최초의 대학교는 사제들을 훈련시킬 목적으로 세워졌다.[9] 옥스퍼드와 케임브리지(그리고 후에 하버드와 예일 같은 대학교)는 아주 분명하게 기독교 기관으로 설립되었다. 그러나 지적인 연구가 초기 근대 유럽에만 있지는 않았다.[10] 이슬람 세계 일부와 중국이 어떤 점에서는 기술적으로 더 앞서 있었으며, 분명 학문 연구를 귀하게 여겼

---

8 Francis Bacon, "Of Atheism," in *The Essays* (Harmondsworth: Penguin, 1986), 107쪽.
9 간혹 중세 유럽에 속하지 않는 고등 교육 장소를 '대학교'로 언급할 때도 있지만, 역사가 자크 베르제의 주장에 따르면, 정확히는 대학교가 아니었다. Verger, "Patterns," in *A History of the University in Europe*, vol. 1, *Universities in the Middle Ages*, ed. Hilde de Ridder-Symoens (Cambridge: Cambridge University Press, 2003), 35쪽을 보라.
10 예를 들어 하버드대학교의 교훈은 "*Veritas Christo et Ecclasiae*", 즉 "그리스도와 교회를 위한 진리"다.

다. 그러면 현대 과학이 왜 기독교 유럽에서 발명되었는가?

프린스턴대학교 교수이자 세계 최고의 과학 철학자 한스 핼버슨은 유신론 세계관과 과학적 세계관의 본질적 관련성에 대해 찬성론을 편다. 과학자는 시험관에서 자연 현상이 일어나는 자연적 원인을 찾지, 신의 개입을 찾지는 않는다. 그러나 핼버슨의 언급에 따르면, 그러한 과학의 방법은 무신론에서 생기지 않았다. 그와 반대로 최초의 과학자들은 이 우주를 하나님이 "우리와 같은 이성적 피조물이 인식할 수 있는 청사진에 따라 설계하시고 창조하셨다"고 믿었다. 하나님은 원하는 대로 자유롭게 창조하실 수 있으므로, "만물의 청사진을 발견하는 유일한 방법은 실증 연구를 이용하는 것이다."[11] 실제로 핼버슨은 지금도 과학에 대해서는 무신론보다는 유신론이 더 나은 철학적 토대를 제공한다고 주장한다. 무신론은 그 자체로는 과학에 아무런 토대도 제공하지 않는다.[12] 이 말은 무신론자들은 뛰어난 과학자가 될 수 없다는 뜻이 아니다. 무신론자면서 뛰어난 과학자가 많다. 그러나 무신론은 윤리적 신념의 기반이 될 수 없는 것과 마찬가지로 과학의 정당성도 입증하지 못한다.

---

[11] Hans Halvorson, "Why Methodological Naturalism," in *The Blackwell Companion to Naturalism*, ed. Kelly James Clark (Chichester, West Sussex, UK: Wiley-Blackwell, 2016), 142쪽.

[12] MIT 철학 교수이자 무신론자인 알렉스 번의 논평에 따르면, "과학이 실질적으로 현실의 본질에 대해서, 각자 좋아하는 어떠한 도덕적 관점에 대해서, 인간의 본질이나 다른 어느 것에 대해서 아무것도 말해 주지 않는다고 생각하면서도 무신론을 시종일관 고수할 수 있다." Alex Byrne, "Is Atheism a Worldview?," The Veritas Forum (video), September 19, 2016, https://www.youtube.com/watch?v=oeynhmPHqB4.

갈릴레오와 코페르니쿠스 혁명

기독교는 과학의 적이고 무신론은 과학의 동맹이라는 생각 때문에, 우리는 과학의 눈부신 발전을 한쪽으로 치우쳐서 이해하게 되었다. 지구가 태양을 중심으로 공전한다는 발견이 바로 딱 맞는 사례다. 1633년에 가톨릭교회가 갈릴레오에게 유죄 판결을 내린 일은 무신론의 승리로 표현되는데, 당시 우주 개념은 성경의 문자적 해석에 기반을 두고 있었고, 용감한 과학자들은 교회에 맞서는 것을 불사하며 그 개념에 이의를 제기했다. 실제로 이 사건은 기독교와 과학이 어떻게 서로 영향을 끼치는지를 보여 주는 전형으로 보인다. 즉 과학이 공격하면 교회가 물러선다. 사회학자인 일레인 하워드 에클룬드는 일류 대학교에 재직하는 과학자들을 인터뷰하고서 그중 많은 이가 "갈릴레오가 종교 재판의 손아귀에서 고문당한 것을 종교와 과학이 뿌리 깊은 갈등 관계라는 핵심 증거로" 인용한다는 사실을 알게 되었다.[13] 에클룬드가 지적하듯이 갈릴레오가 고문을 당했다는 생각은 많은 이가 믿고 있는 일종의 신화로, 역사적으로 뒷받침하는 증거가 없다. 그러나 갈릴레오 사건이 기독교에 대한 과학의 승리를 입증한다는 생각에는 세 가지 문제가 더 있다.

첫째, 갈릴레오는 기독교인이었다. 갈릴레오는 태양 중심설(지동설) 때문에 성경의 기반이 흔들리지는 않는다고 소리 높여 주장했다. 사실상, 갈릴레오는 신학적 주장을 하려다가 교황과 문제를 겪기도 했지만, 전에는 교황이 갈릴레오의 친구였고 갈릴레오의 과학 연구를 후

---

13 Elaine Howard Ecklund, *Science vs. Religion: What Scientists Really Think* (Oxford: Oxford University Press, 2010), 149쪽.

원했었다. 종교 개혁 때문에 가톨릭교회는 평신도가 신학적 의견을 발표하는 데 극도로 예민해졌다. 갈릴레오는 성경 저자들이 일반 사람들의 능력에 맞추어 표현했다고 주장했고, 이는 중세 신학의 기본 원리였다. 그러나 종교 개혁이라는 신학적 전투가 여전히 무섭게 계속되는 동안에는 그러한 쟁점이 정치적으로 비난받았다.[14]

둘째, 이 논란 이전에는 기독교의 우주론이 아니라 아리스토텔레스의 우주론이 보편적이었다. 아리스토텔레스의 우주 모형은 지구가 우주의 중심에 있고 그 주위를 태양이 공전하는 것으로, 코페르니쿠스와 갈릴레오가 그 우주론에 풍파를 일으키기 전까지 수세기 동안 대학교에서 가르치던 표준 패러다임이었다. 분명 일부 성경 본문에는 태양 중심설 모델보다 아리스토텔레스의 모형을 더 쉽게 겹쳐 놓을 수 있었다. 그러나 아리스토텔레스는 지구가 둥글다고 보았지만, 구약의 고대 근동 우주론에서는 지구가 기둥들에 얹혀 있다고 상상했으므로 이 두 우주론은 서로 연관되지 않는다. 따라서 코페르니쿠스 혁명 전에 교회가 지지하던 우주론도 엄격한 성경 문자주의와 양립할 수 없었다.

갈릴레오가 성경 문자주의를 뒤집었다는 생각에 담긴 셋째 문제는 수세기 동안 기독교인들이 과학에 관해서는 성경 본문에 대한 비문자적(nonliteral) 관점을 탐구해 왔다는 것이다. 예를 들어 4세기 신학자인 히포의 아우구스티누스는 기독교의 평판을 떨어뜨릴 수 있는 과학 관련 발언을 하지 말라고 당시 사람들에게 주의를 주었다. 아우구스티누

---

14 갈릴레오의 주장이 더욱 저지당한 이유는 자신의 *Dialogue concerning the Two Chief World Systems*(1632)에서 태양 중심설 모형에 대한 교황의 우려를 '심플리치오'라는 인물의 입에서 나오게 해서다. 심플리치오는 *Dialogue*의 나머지 부분에서 항상 지는 쪽에 찬성하는 발언을 했다.

스가 쓴 글을 보면, "기독교인들이 아마도 성경에 의미를 부여하면서 이 화제에 관해 터무니없는 말을 하는 소리를 [비기독교인들이] 듣는다면, 수치스럽고 위험한 일이다."[15] 오늘날 일부 기독교인은 주장하기를, 어느 과학적 질문에 대해서든 성경을 문자적으로 읽지 않는다면 부활 주장의 신뢰성이 깎인다고 한다. 아우구스티누스는 그와 반대로 주장했다.

> [믿지 않는 자들이] 자기가 잘 알고 있는 분야를 어느 기독교인이 잘못 이해하고 있으면서 우리 책들과 연관 지어 자신의 어리석은 의견을 옳다고 주장한다면, 믿지 않는 자들이 어떻게 죽은 자들의 부활, 영생의 소망, 하늘나라에 관한 문제에서 그 책들을 믿겠는가?[16]

따라서 코페르니쿠스 혁명은 무신론자 과학자들이 늘 성경의 문자주의적 관점이던 것에 일격을 가한 일이 아니라, 이교도 철학을 기반으로 수세기 동안 계속된 오해에 기독교인 과학자들이 일격을 가한 일로도 알려질 수 있다. 분명 그 당시에는 가톨릭교회가 반대했다. 그러나 실제로 그 이후에 발생한 과학적 논란마다 그러했듯이, 기독교인들은 양측에 다 있었다.

---

15 St. Augustine, *The Literal Meaning of Genesis* (1.19.39), trans. John Hammond Taylor (New York: Paulist Press, 1982), 43쪽.

16 Augustine, *Literal Meaning of Genesis*, 43쪽.

과학계 기독교인들의 (아주) 간략한 역사

과학사에서 신자들의 가치는 다름 아닌 알베르트 아인슈타인에서 찾을 수 있다. 아인슈타인은 자기 서재 벽에 과학 영웅인 아이작 뉴턴, 마이클 패러데이, 제임스 클러크 맥스웰 세 사람의 사진을 늘 걸어 두었다. 뉴턴(1642-1727년경)은 역대 손꼽히게 영향력 있는 과학자 중 한 사람으로, 중력 법칙과 운동 법칙을 정립한 것으로 유명하다. 뉴턴은 그리스도의 온전한 신성은 부인하였으므로 정통 기독교인은 아니었지만 하나님을 진심으로 믿었으며, 물리학보다 신학에 관한 글을 더 많이 썼다. 패러데이(1791-1867)는 전자기에 관한 연구 업적으로 유명하며, 과학적으로 정말 중요한 공헌을 했기에 지금까지 살았던 위대한 실험 과학자 중 한 사람으로 꼽힌다. '패러데이 상수'는 패러데이의 이름을 따서 지었으며, '패러데이 효과', '패러데이 상자', '패러데이 파동'도 마찬가지다. 패러데이는 열정적인 기독교인이었고, 과학과 신앙의 관계에 관심이 깊었다.[17] 맥스웰(1831-1879)은 전기와 자기와 빛을 합치는 제2의 물리학 대통합을 이루었다고 인정받는다. 맥스웰은 복음주의 장로교인이었고, 스코틀랜드교회(Church of Scotland)의 장로가 되었다. 이 세 사람에게 과학과 신앙은 떼려야 뗄 수 없는 관계였고, 하나님의 창조를 연구하는 것은 하나님을 예배하는 행위였다.[18] 그러나 이것은 나머지가 무

---

17 패러데이는 흥분해서 이렇게 썼다. "내가 의심할 수 없는 사실은 자연 과학 안에서 찾은 영광스러운 발견과 피조물 안에 있는 하나님의 지혜와 능력이 우리 시대를 기다리고 있으며, 또 우리가 그것을 보길 소망할 수 있을 뿐 아니라 현재의 무지와 미래의 지식에 승리를 거두는 것을 돕는 영광까지도 누릴 수 있다는 것이다." Bence Jones, *The Life and Letters of Faraday*, vol. 2 (London: Longmans, Green and Co., 1870), 385쪽.

18 이를 테면, 제임스 클러크 맥스웰은 이러한 기도문을 썼다. "전능하신 하나님, 하나님은 사람을 하나님의 형상으로 창조하시고, 사람을 살아 있는 영으로 만드셔서 하나님을 구하게 하셨으며, 하나

신론인 과학 역사에서 극소수인 기록일 뿐이지 않은가? 절대 그렇지 않다.

켈빈 경(1824-1907)은 온도의 단위인 켈빈으로 그 이름을 기리는 인물로, 과학적으로 탁월하면서 진지한 신앙인의 또 다른 예다. 켈빈은 지구의 나이를 처음으로 수천 년이 아니라 수백만 년으로 계산한 과학자 중 하나다. 켈빈은 자기가 대표로 있던 기독교 증거 협회(Christian Evidence Society)에서 연설하면서 이렇게 단언한다.

> 제 오랜 느낌으로 비과학적 세계에는 전반적인 인상이 있는데, 창조주에 대한 확고한 믿음을 받아들이지 않더라도 과학적 세계에서는 자연의 모든 사실을 과학이 설명할 방법을 발견했다고 믿는다는 겁니다. 저는 그런 인상이 근거가 전혀 없다는 것을 의심해 본 적이 없습니다.[19]

오늘날처럼 19세기에도 과학과 신앙에 대한 질문과 관련해서 논쟁이 치열했다. 그러나 그 '과학 세계'의 중심에는 진지한 기독교인들이 있어서, 창조주 하나님을 믿는 신앙을 찬성하는 주장을 했다.

무신론자들이 기독교를 조금씩 무너뜨리는 데 쓰는 도구가 과학

님의 피조물을 다스리시고, 저희를 가르쳐 하나님의 손으로 하신 일을 연구하게 하셔서 저희가 용도에 따라 땅을 정복하게 하시며, 하나님을 섬길 이유를 더 뚜렷하게 하십니다. 또 저희가 하나님의 복된 말씀을 받아, 하나님이 저희에게 구원의 지식을 주시고 죄를 용서해 주시려 보내신 분을 믿을 수 있게 하십니다. 이 모든 것을 우리의 주님이신 동일하신 예수 그리스도의 이름으로 간구합니다." Lewis Campbell and William Garnett, *The Life of James Clerk Maxwell: With Selections from His Correspondence and Occasional Writings* (London: MacMillan, 1884), 237쪽에서 인용.

19 Lord Kelvin, *Twelfth Report of the Committee of the Christian Evidence Society* (London: G. Norman and Son, 1883), 46쪽에서 인용.

이라는 가정은 빅뱅 때문에 더 거세게 터졌다. 이름이 조르주 르메트르인 벨기에의 로마 가톨릭 사제는 엄청나게 뜨겁고 엄청나게 조밀한 점인 '우주 알'(cosmic egg) 하나에서 우주가 시작되었다는 미친 소리 같은 발상을 가장 먼저 제시한 사람이다. 모든 과학적 패러다임 전환이 그러하듯이 이 이론도 저항에 부딪쳤다. 이 경우에는 반발이 어느 정도는 무신론 때문이었다. 스티븐 호킹이 말하듯이, "당시에는 시간에 시작이 있다는 발상을 많은 사람이 좋아하지 않았는데, 아마도 신적 개입이 있다는 기미가 보였기 때문일 것이다. …… 따라서 빅뱅이 있었다고 결론을 내리지 않으려는 시도가 많았다."[20]

이 이론을 반대한 과학자 중 하나가 무신론자 물리학자인 프레드 호일로, 어느 라디오 인터뷰에서 **빅뱅**이라는 용어를 새로 만들어 냈다. 그 인터뷰에서 호일은 그 이론을 케이크에서 파티걸이 튀어나오는 것에 비유했다.[21] 당시 많은 과학자와 마찬가지로 호일은 '정상 우주' 이론을 더 좋아했으며, 그 우주론에 따르면 우주는 늘 존재했다. 이 우주 모형으로는 우주 외부에 있는 무언가 때문에 우주가 존재하게 되었다는 발상을 더 쉽게 외면할 수 있다. 그러나 빅뱅은 무신론을 나타내는 또 하나의 지표가 되기는커녕 흥미롭게도 하나님이 무(無)에서 우주를 창조하셨다는 기독교의 핵심 신앙과 일치한다.[22]

20　Stephen Hawking, *A Brief History of Time* (New York: Bantam, 1998), 49쪽. 「쉽고 짧게 쓴 '시간의 역사'」(까치 역간, 2006).

21　Walter Sullivan, "Fred Hoyle Dies at 86; Opposed 'Big Bang' but Named it," *New York Times*, August 22, 2001, https://www.nytimes.com/2001/08/22/world/fred-hoyle-dies-at-86-opposed-big-bang-but-named-it.html.

22　미국 항공 우주국(NASA) 소속 과학자인 로버트 재스트로는 우주에 시작이 있다는 발견이 당시 무신론자 과학자들을 얼마나 불안하게 했는지를 다음과 같이 정확히 포착한다. "이성의 능력을

아마 과학과 신앙의 영역에서 가장 논란거리인 문제는 기독교에 관해서라면 역사가 복잡하다. 다윈은 일생 동안 신앙이 변했는데, 겉으로 보기에는 이신론에서 불가지론으로 이동한 듯하다. 그러나 다윈의 가장 가까운 공동 연구자이자 '최고 지지자'였고, 하버드대학교 교수이자 식물학자였던 아사 그레이는 열정적인 기독교인이었다. 그레이는 자신의 연구가 300통 넘는 서신 왕래를 통해 다윈이 조언해 준 덕분이라고 했다. 1881년에 그레이에게 편지를 보내면서 다윈은 이렇게 적었다. "나는 자네의 동의를 세상에서 다른 누구의 동의보다 더 가치 있게 여긴다네."[23] 다윈과 달리 그레이는 자연에 "오류의 여지가 없고 뿌리칠 수 없는 설계의 증거"가 가득하다고 보았고, "하나님이 바로 최종적이고 환원 불가능한 요인이며, 따라서 모든 진화 과정 변화의 근원"이라고 주장하며 다윈이 기독교로 돌아오도록 설득하려 했다.[24]

신무신론자의 이야기는 유전학 역사 때문에 더 사기가 꺾인다. 그레고어 멘델(1822-1884)은 로마 가톨릭 수도사였으며, 성 토마스 성당의 정원에서 완두콩의 유전을 연구했다. 다윈은 멘델을 "유전학 자체를 창시한 천재"로 인정했지만, 멘델의 신앙은 조심스레 이렇게 깎아내린다. "멘델은 당연히 종교적 인물로 아우구스티누스 수도회 수도사였지만,

---

믿는 신앙으로 살아가던 과학자에게, 그 이야기는 악몽처럼 끝난다. 그 과학자는 무지(無知)라는 가파른 산을 올라 막 정상을 정복하려던 참이었는데, 마지막 바위 위로 몸을 힘껏 끌어올린 순간, 이미 수세기 동안 그곳에 있던 신학자 무리가 눈에 들어온 것이다." Robert Jastrow, *God and the Astronomers* (New York: Norton, 1978), 107쪽.

23 찰스 다윈이 1881년 1월 29일에 아사 그레이에게 보낸 편지. Darwin Correspondence Project, University of Cambridge, 2018년 10월 17일에 접속함, https://www.darwinproject.ac.uk/letter/DCP-LETT-13031.xml.

24 George Webb, *The Evolution Controversy in America* (Lexington: University Press of Kentucky, 2002), 19쪽에서 아사 그레이의 말을 인용.

당시는 19세기였기에 젊은 멘델로서는 과학 연구를 계속하려면 수도사가 되는 편이 가장 쉬운 길이었다. 수도사가 되는 것이 멘델에게는 연구 보조금이나 마찬가지였다."[25] 누군가가 과학의 이야기는 신앙과 정반대라고 주장할 수 있으려면 이처럼 편견이 담긴 이야기가 반드시 필요하지만, 대부분은 옳다고 주장하기가 그야말로 불가능하다.

16세기에서 20세기에 이르는 과학사에 기독교인으로서 뛰어난 과학자의 사례가 많다면, 과학자들이 21세기의 서늘한 불빛 속에서 무신론의 감각을 자각한 것인가?

오늘날 기독교인 과학자들

우리 집에서 조금만 걸어가면 미국의 과학적 노력을 상징하는 신성한 신전 MIT가 있다. 여러 건물을 관통하는 '무한 회랑'에서 아무 학생이나 하나 붙잡고 MIT에 기독교인 과학자가 한 명이라도 있다고 생각하느냐고 물어보면, 아마 없는 것 같다고 대답할 것이다. 그러나 MIT에 있는 기독교인 교수를 호명해 보면 감동적이다. 앞에서 이미 핵 과학 교수 이안 허친슨, 항공 우주학 교수 대니얼 헤이스팅스, 전자 공학 교수 콩징을 언급했는데, 이 셋은 모두 기독교인 가정에서 자라지 않았다. 그렇지만 이 세 명이 전부가 아니다. 인공 지능 전문가 로잘린드 피카드는 감성 컴퓨팅 분야를 고안해 낸 인물로, 십 대 시절에 기독교인이 되었다. 화학 교수 트로이 반 부르히스는 버클리 대학원생 시절에 예수께 나왔다. 생물 공학 및 기계 공학 교수 린다 그리피스는 이미 과

---

25 Richard Dawkins, *The God Delusion* (repr., Boston: Mariner, 2008), 125쪽. 「만들어진 신」 (김영사 역간, 2007).

학자로 자리 잡았을 때 기독교인이 되었다. 그 외에 기독교인으로 기계 해양 공학 교수 딕 유, 화학 공학 교수 크리스 러브, 생명 공학과 화학 공학과 생물학 교수 더그 라우펜버거, 역사 교수 앤 맥캔츠, 신경 과학자이자 전(前) MIT 총장(MIT 최초의 여성 총장) 수잔 혹필드가 있다. 목록은 계속 이어지며, MIT를 훨씬 넘어서 전 세계의 탁월한 기독교인 과학자들에게까지 연장된다. 과학이 기독교가 틀렸다고 증명했다면, 아무도 그 과학자들에게 알릴 생각을 못했나 보다!

과학 교수들이 불신자가 될 가능성이 보통 사람들보다 더 높지는 않다는 말이 아니다. 그럴 가능성은 더 높아서, 일류 대학교 교수 중 34퍼센트가 자신은 하나님을 믿지 않는다고 말하지만, 보통 사람들 중에서는 2퍼센트가 그렇게 말한다. 또 그들 중에 30퍼센트는 자기는 하나님이 있는지 모르며 알아낼 방법이 없다고 말한다.[26] 그러나 연관성에서 인과 관계를 도출해 내는 데 주의해야 한다. 인터뷰를 할 때, 주요 연구 중심 대학교에서 과학 때문에 신앙을 **잃었다고** 이야기하는 과학 교수는 비교적 적었고,[27] 과학 교수의 인구 통계를 보면 백인 남자 미국인, 아시아계 미국인, 유대계 미국인에 편중되어 있으며(이들은 인구 통계상 하나님을 믿는 신앙을 옹호할 가능성이 가장 낮다), 인구 통계상 가장 종교적인 아프리카계 미국인과 라틴계 미국인에서는 벗어나 있다.[28] 아마도 다

---

26 Ecklund, *Science vs. Religion*, 17쪽.
27 Ecklund, *Science vs. Religion*, 17쪽을 보라. "내가 인터뷰한 과학자들 대부분의 경우, 그들이 과학 자체에 종사하기 때문에 하나님에게서 멀어진 것은 아니다."
28 2016년에 미국 인구의 73퍼센트가 백인인 데 비해, "연구 활동이 매우 활발한 연구 중심 대학교들"에서는 정교수의 82퍼센트가 백인이었다. Ben Myers, "Where Are the Minority Professors?," *The Chronicle of Higher Education*, February 14, 2016, https://www.chronicle.com/interactives/where-are-the-minority-professors. 반면에 미국 인구에서 아프리카계 미국·

양성이 점점 커지고 있으므로 젊은 과학자 집단이 꾸준히 종교적이 되고 있으며, 이는 미국의 경향과 반대다.[29] 실제로 과학이 기독교와 정반대라고 표현하는 서술은, 과소 집단(아프리카계 미국인들, 라틴계 미국인들, 여자들)을 과학에서 계속 배제시키는 것과 관련되어 있을 수 있다. 다시 말하지만, 신무신론자는 과학이 기독교가 틀렸음을 증명한다고 말하지만, 그 이야기는 처음보다는 설득력이 떨어지는 것으로 드러난다.

오늘날 미국에서 손꼽히게 영향력 있는 과학자 중 한 명의 증언에서 우리는 과학이 기독교가 틀렸음을 증명한다는 주장의 약점을 절실히 깨달을 수 있다. 그 사람은 이미 전문적인 과학자일 때 신앙을 갖게 되었다. 프랜시스 콜린스는 인간 게놈 프로젝트를 이끌었고, 현재 미국 국립 보건원 원장이다. 콜린스는 세속 가정에서 자랐다. 그에게 종교는 비난거리라기보다 아무 의미가 없었다. 예일에서 대학원생으로 있을 때, 콜린스는 불가지론에서 무신론으로 이동했고, 하나님을 믿는 신앙은 이성적으로 수긍할 수 없다고 생각했다. 그러나 수련의를 하는 동안 콜린스의 무신론이 바뀌는데, 당시 환자들이 고통에 부닥쳤을 때 신앙에서 부러울 정도로 도움을 받는 것처럼 보였기 때문이다. 콜린스

인은 13퍼센트인데, 과학과 공학 관련 상위 100개 학과에 대한 미국 내 연구를 보면, 과소 집단 (underrepresented minority, URM)은 테뉴어(종신 교수)가 되었거나 테뉴어 트랙(테뉴어 심사를 받을 자격을 위한 채용 기간)에 있는 교원의 5퍼센트 미만을 차지한다. Donna J. Nelson, "A National Analysis of Minorities in Science and Engineering Faculties at Research Universities" (n. p., 2007), 1, http://drdonnajnelson.oucreate.com/diversity/Faculty_Tables_FY07/07Report. pdf. 게다가 유대인은 미국 전체 인구 중 2퍼센트인 데 비해, 일류 대학교의 과학 교수에서 차지하는 비중은 16퍼센트이며, 유대인 과학자 중 75퍼센트 가까이가 무신론자로 확인된다. Ecklund, *Science vs. Religion*, 36쪽을 보라.

29   인터뷰한 과학자 집단이 젊을수록 하나님의 존재를 믿고 예배에 참석할 가능성이 높았다. Ecklund, *Science vs. Religion*, 32쪽.

는 특히 아무 처치도 소용이 없을 만큼 심한 통증에 시달리던 어느 할머니와 나눈 대화 때문에 흔들렸다. 그 할머니는 예수를 믿는 신앙을 나누고서는 콜린스에게 "의사 선생님, 선생님은 무엇을 믿으세요?" 하고 물었다. 콜린스는 이렇게 회상한다. "나는 더듬거리며 '저는 정말 잘 모르겠습니다' 하고 말하면서 낯이 뜨거워졌다."[30] 마음이 불편한 중에 콜린스는 자신이 하나님에게 유리한 증거를 정말 한 번도 생각해 본 적이 없다는 사실을 깨달았다. 이 환자의 짧은 질문 덕분에 콜린스는 탐구하고 조사하는 여행을 시작했고, 그 여행은 예수를 자신의 구주로 받아들이는 것으로 마무리되었다. 이제 콜린스는 "성경의 하나님이 게놈의 하나님이기도 하시다"는 것을 믿는다.[31]

그것이 무슨 의미가 있는가?

이와는 아주 딴판인 의사와 환자 간 대화에서, 그레고리 하우스(인기 있는 텔레비전 프로그램인 〈하우스〉[House, M. D.]에 나오는, 작품명과 동명인 주인공)는 거짓말로 자기에게 치료받을 기회를 얻은 어느 행위 예술가를 호되게 질책한다. 하우스는 그 환자가 생명 예술 작품을 창작하고자 한다는 것을 알아차리고 이렇게 도발한다. "내 생각에 환자분은 그저 자신이 죽을 운명인 것을, 유효 기간이 정해진 세포와 폐기물과 같을 뿐이라는 것을 깨달은 거죠. 연기를 해보고 싶은 거예요. 사람들에게 주목받고 싶은 거죠. 어쩌면 이번에는 다른 답을 얻기를 기도했을지도 모르겠군

---

30 Francis Collins, *The Language of God: A Scientist Presents Evidence for Belief* (New York: Free Press, 2006), 20쪽. 「신의 언어」(김영사 역간, 2009).
31 Collins, *The Language of God*, 211쪽. 「신의 언어」.

요. 그 작품에 이름을 지어 드리죠. '아무 의미도 없다'라고."[32]

하우스의 허무주의적 요약인 "우리는 그저 유효 기간이 언제인지 모르는 세포와 폐기물과 같으며, 아무 의미도 없다"는 말은, 인간을 과학적으로 완벽하게 묘사하면 우리 삶의 의미가 난장판이 된다는 생각에서 영감을 얻은 것이다. 절정에 다다른 허무주의는 인간을 구성 요소로 환산하는 것에 대한 한 가지 반응이며, 어떤 이들은 그러한 환산을 과학의 성취로 여긴다. 그러나 하우스의 환자는 상이하면서도 더 일반적인 견해를 피력한다. 즉 과학 때문에 분명 포괄적으로 느끼는 의미는 사라졌지만, 바로 그렇게 사라졌기 때문에 우리는 각자 자신의 의미를 자유로이 만들어 낼 수 있으며, 인생이 각각 일종의 행위 예술 작품이 된다는 것이다. 어느 견해에서든 전제는 같다. 우리가 무언가를 과학적으로 완벽하게 묘사한다면, 나머지 묘사는 밀려난다는 것이다. 그렇지만 그 전제가 틀렸다면 어떻게 되겠는가?

8년 전에 나는 첫 아이를 출산했다. 그 임신은 기적이 아니었다. 임신 기간은 평범했다. 어느 과학자가 그 임신 기간을 주의 깊게 기록했다면, 그 원고에는 공백이 하나도 없을 것이다. 그러나 의심의 여지 없이 내 마음속에는 이 아기를 하나님이 만드셨으며, 유효 기한이 있는 세포와 쓰레기 같은 것 이상이라는 생각이 들어 있었다. 아이가 그러한 것이 아니어서가 아니라 그러한 것**만은** 아니어서였다. 실제로 닥터 하우스보다는 성경이 훨씬 기분 나쁘게 하는 말로 우리를 묘사한다. 하나님은 첫 사람에게 "너는 흙이니 흙으로 돌아갈 것이니라"고 선

---

32 "Moving on," *House, M. D.*, season 7, episode 23.

언하신다(창 3:19). 기독교 관점에서 보면, 내 딸은 세포와 같은 것**이다**. 그러나 **그냥** 세포가 아니다. 내 딸은 흙과 같다. 그러나 **그냥** 흙이 아니다. 사실 성경의 주장에 따르면, 흙으로 형성된 우리 자신에게는 어머 어마하면서 양도할 수 없는 가치가 있으며, 이는 우리가 원자와 분자나, 세포와 같은 것이나 흙이 **아니어서**가 아니라, 하나님이 빚으시고 하나님과 유일무이한 관계를 누리도록 부름받은 흙이기 때문이다. 따라서 기독교인들에게 가장 중요한 질문은 "과학은 우리를 무엇이라고 말하는가?"가 아니라, "하나님은 우리를 누구라고 말씀하시는가?"이다.

 과학 지식이 중요하지 않다는 것은 아니다. 과학적 방법 덕분에 비행기를 조종할 수 있고, 물을 정화할 수 있으며, 병을 치료할 수 있다. 최소한 세계에서 경제적으로 혜택을 누리는 지역에서는 일상생활을 과학이 좌우한다. 내가 과학을 상당히 소중하게 여기기는 하지만, 과학 지식이 가장 중요한 범주라고는 믿지 않는다. 우리와 세계와 관련해서 과학으로 계량할 수 있는 사실들은 증명하기가 더 쉬울 것이다. 물체의 낙하 속도는 어느 공식이 결정하는가? 내가 서 있는 창문턱은 높이가 얼마인가? 그렇지만 만일 내가 창문턱에서 뛰어내린다면, 어느 뉴스도 창문턱에서 지면까지 정확한 거리나 내 몸이 정확히 어떤 충격을 받았는지를 보도하는 데서 끝나지 않을 것이다. 사람들은 주로 **방식**이 아니라 **이유**를 묻는다. **방식**을 알아내는 것이 중요할 수도 있지만, 누군가가 어떻게 죽었는지를 안다고 해서 이야기를 **빠짐없이** 다룬 것은 아니다. 피아노 소나타에서 오른손과 왼손의 음표처럼, 측정할 수 있는 내용을 담은 원고와 의미를 담은 원고는 서로 좋은 자리를 차지하려고 다투지 않는다. 둘 다 있어야 우리는 전체 그림을 볼 수 있다.

진상 조사보다 의미 탐구를 우선으로 하면 성경의 창조 이야기를 이해하기 쉬워진다. 앞에서 언급했듯이 기독교인들은 창세기에 나오는 창조 이야기의 장르가 무엇이며, 과학과 어떠한 관계가 있는지를 놓고 다양한 관점을 견지한다. 그러나 한 가지 분명한 것은 창세기가 **본래** 과학과는 관계가 없다는 것이다. 본래 과학과 관계가 있다면, 우리는 그 이야기에 공식과 표현형(phenotype)이 가득하리라 예상할 것이다. 가로등보다 태양이 뛰어나듯이, 우주를 만드신 하나님은 틀림없이 과학 지식이 우리보다 훨씬 뛰어나실 것이다! 그러나 창조 이야기에 과학적 세부 내용이 없는 것은 실수가 아니다. 오히려 더 중요한 메시지를 일부러 최우선시한 것이다. 기독교인으로서 내가 믿기로, 창세기에 있는 창조 기사의 세부 내용은 일일이 하나님의 영감을 받았고, 처음 몇 장은 우리의 가장 심오한 질문, 즉 "우리는 누구인가?", "인생의 의미는 무엇인가?", "우리는 어떻게 해야 하나님과 관계를 맺고, 서로 관계를 맺는가?"에 근본적으로 대답해 주는 성경의 축제에서 첫째 코스다.

하나님은 우주에 대한 세세하고 과학적인 묘사로 성경을 시작하실 수도 있었다. 밤에 아이들을 침대 속으로 밀어 넣고서 "너희는 포유류이고, 내 디엔에이(DNA)와 너희의 다른 조상의 디엔에이가 합쳐져서 너희의 유전적 정체성이 생겨났지" 하고 이야기해 줄 수 있는 것과 마찬가지다. 이러한 표현은 모두 참이다. 나는 아이들이 앞으로 몇 년 동안 배우기를 바라는 유용한 정보를 전달해 준다. 아마 아이들 중 하나가 나중에 과학자가 되어서 우리 21세기 서구인들이 헤엄치는 과학 정보의 수영장을 넓힐지도 모르겠다. 그러나 지금 당장은, 아이들이 내가 자기들 엄마이고 자기들을 사랑한다는 것을 아는 것이 더 중요하다. 사실, 내가 아이들에게 인간관계의 정보를 곁들이지 않은 채 과학적 정보를 제공한다면, 아이들은 진리를 잃을 것이며 아이들의 필요를 전혀 채워 주지 못할 것이다.

과학과 사람의 가치

오늘날 서구에서는 특권층이 선호하는 세속 인본주의의 형태에 유리하도록 대체로 과학을, 구체적으로는 진화를 들먹여 기독교 신앙의 위신을 실추시킨다. 그러나 과학의 진리라는 뼈에서 관계의 진리라는 살을 발라내면, 유신론의 기반만 약해지는 것이 아니다. 인간의 본질적 가치라는 개념을 지키려고 하는 어느 신념 체계에든 영향을 끼친다. 이것은 리처드 도킨스에게도 분명한 일이어서, 도킨스는 자신이 과학에 관해서라면 열렬한 다윈주의자이며, "정치에 관해서라면, 또 우리가 인간사를 어떻게 다루어야 하는지에 관해서라면 열렬한 다윈주의 반대론자"라고 기술한다.[33] 도킨슨은 단언하기를, "진화를 통해 우리 두뇌의 크기는 두뇌의 기원을 이해하고, 도덕적 의미를 한탄하며, 그 의미에 맞서 싸울 수 있을 정도로 커졌다"고 한다. 그러나 유물론적 세계관에서는 초자연적 줄거리를 일체 배척하므로, 진화의 도덕적 의미를 한탄할 수 있다거나 도덕상 의미라는 것이 있다고 생각할 수 있는 **근거**가 전혀 없다. 진화론을 이용하여 유신론을 공격하면 그러한 예기치 못한 반동에 세속 인본주의자들이 할 말을 잃게 된다.

신무신론자 지도자들이 진보적 세속 인본주의라는 특정 형태를

---

33 Richard Dawkins, *A Devil's Chaplain: Reflections on Hope, Lies, Science, and Love* (Boston: Mariner, 2004), 10-11쪽.

좋아하지만, 진화 자체는 그 인본주의를 입증하지 못한다는 사실을 사상사에서 분명하게 볼 수 있다. 진화론은 다양한 시대에 온갖 다양한 신앙을 정당화하는 데 쓰였다. 5장에서 보았듯이 히틀러는 파시즘 목표를 뒷받침하려고 진화론을 들먹였다. 마르크스와 스탈린도 진화가 공산주의의 과학적 정당성을 입증해 준다고 주장하지만, 자본주의 지도자들은 진화가 자본주의의 정당성을 입증해 준다고 보았다. 마찬가지로 다윈의 시대에 무신론자 다수가 진화를 무신론의 증거로 여긴 반면, 많은 기독교 지도자의 의견은 달랐다.[34] 칼뱅주의 지도자 중에는 진화를 "자연에 대한 칼뱅주의적 해석"이라고 부르며 환호하는 이들도 있었다.[35] 그와 같이 진화론 지지자들의 극단적인 이념 차이를 보면, 다른 많은 경우처럼 이 경우에도 순수한 과학을 각각 다른 이념의 렌즈를 통해 볼 수 있다는 생각이 든다. 그렇지만 이것이 전부는 아니다.

우리가 과학으로 기술될 수 있는 여러 특징일 뿐이라면, 또 우리에 대한 유일한 설명이 진화론뿐이라면, 인간 평등이나 약자 보호, 여성에 대한 동등한 대우, 그 밖에 우리가 소중히 여기는 윤리적 신념을 주장할 근거가 하나도 없다. 수천 가지 중에 하나를 예로 들자면, 영장류 암컷은 수컷한테 일상적으로 성폭행을 당한다. 인간에게 그러한 행동이 잘못이라는 말은, 즉 그러한 행동이 진화에 유리하기는 해도 강력

---

[34] 역사가인 제임스 무어의 말에 따르면, "거의 예외 없이, 영국과 미국의 주요 기독교 지도자들은 다윈주의와 진화론을 아주 선뜻 받아들였다." James Moore, *The Post-Darwinian Controversies: A Study of the Protestant Struggle to Come to Terms with Darwin in Great Britain and America, 1870-1900* (Cambridge: Cambridge University Press, 1981), 92쪽.

[35] George White, "Some Analogies between Calvinism and Darwinism," *Bibliotheca Sacra* 37 (January, 1880): 76쪽.

한 반대와 엄격한 처벌을 받아야 한다는 말은, 인간이 다른 피조물과 근본적인 차원에서 구별된다는 뜻이다. 기독교인은 물론 세속 인본주의자에게도 이러한 구별을 가능하게 하는 인간성에 대한 설명이 필요하다.

기독교인들은 우리가 하나님의 형상으로 지음받았다는 성경의 주장을 인간의 유일무이함의 근거로 삼는다. 하나님은 만물을 존재하라고 하셨듯이, 인간에게는 땅에서 하나님의 대표자로서 창조주 하나님과, 또 서로와 특별한 관계 속에서 섬기라고 부르시고 도덕적 책임을 맡기셨다. 세속 인본주의자들도 선량함, 공정함, 정의 등에 관한 자기네 신념을 주장하려면 인간을 다른 영장류와 구별되는 도덕적 존재라고 주장해야 한다. 문제는 근거가 무엇이냐는 것이다. 그리고 궁극적으로 그 대답은 과학적일 리가 없다. 과학으로는 우리에게 어떤 일이 존재하는 방식을 설명할 수 있다. 이를 테면, 과학으로는 남자에게 성폭행을 저지르는 충동이 있을 수 있는 이유가 자신의 유전자를 퍼뜨리는 효과적 수단이기 때문이라고 설명할 수 있다. 그러나 과학으로는 남자가 그와 같은 충동에 넘어가면 왜 잘못인지를 설명하지 못한다. 분명 우리는 사회적으로 계산해서 어떤 행동이 집단에 더 유익하다고 판가름 나는지 볼 수 있고, 성폭행이 집단 전체의 행복을 갉아먹는 결과를 초래한다고 판단할 수 있다. 그러나 강간을 **잘못**이라고 부르려면 인간의 정체성에 대한 내러티브가 필요하며, 그것은 과학이나 사회학이 말해 줄 수 있는 범위를 넘어선다.

성경 내러티브의 장점 하나는 인간의 유일무이함을 특별한 정신적 또는 육체적 특성과 연관 짓지 않는다는 것이다. 4장에서 보았듯이,

인간의 특성이나 능력을 인간 가치의 기반으로 삼으면 인간의 평등이 위태로워진다. 그런데 진화는 그러한 결과에 여러 번 연루되었다. 이를테면, 20세기 전반으로 거슬러 올라가면, 진화가 인종 차별과 우생학을 모두 정당화하는 데 쓰인 것을 볼 수 있다. 실제로 인류학자인 매트 카트밀이 평했듯이 "다윈의 시대부터 2차 세계 대전 발발 전까지, 인간 진화를 연구하던 과학자들 대부분의 신념에 따르면 …… 현재 살아 있는 일부 인류는 다른 인종보다 유인원에 더 가깝다."[36] 분명 그러한 신념은 과학적으로 근거가 없는 것으로 드러났고, 저 악명 높은 터스키기 매독 연구 때문에 의학이 신빙성을 잃었듯이 악한 일을 위해 진화론이 쓰인 방식 때문에 과학이 신빙성을 잃었다. 두 일 모두 인종적 편견 때문에 일어났다. 그렇지만 종교의 이름으로 자행된 악행 때문에 무신론자들이 기독교를 배척할 때, 우리는 그러한 악행이 과학의 이름으로도 자행되었음을 인정해야 한다. 또 악을 악**이라고** 진단할 수 있게 해주는 것은 바로 그 종교적 세계관뿐이다.

과학에 대한 무신론과 기독교의 접근법 차이를 숙고하고서, 스탠퍼드대 신경 과학자 빌 뉴섬은 이러한 질문을 제기한다.

> 우리가 살고 있는 우주에서는 윤리적 행동에 관한 우리의 최고 가치관과 직관이 우주에 관한 중요한 현실과, 또 처음부터 우주가 건설된 이유를 계속 접하고 있는가? 아니면 우리의 최고 가치관과 직관은 우주의 의미가 무엇인지와는 사실 아무 관계가 없는 일종의 농담 혹은 우연한 일

---

[36] Matt Cartmill, *A View to a Death in the Morning: Hunting and Nature Through History* (repr., Cambridge, MA: Harvard University Press, 1996), 199쪽.

인가?[37]

과학은 현대 사회에서 나름의 (아주 중요한) 자리가 있다. 기독교 학자들이 최초로 고안해 낸 과학적 방법으로 얻은 지식 덕분에 우리는 온갖 유익을 누릴 수 있다. 그러나 과학의 진리를 나머지 모든 진리보다 위에 놓고 과학의 대본이 나머지 이야기들을 배제한다고 믿는다면, 우리에게는 도덕의 기반도, (도킨스의 공식으로는) 자신의 유전자를 거스를 근거도 전혀 없다. 우리는 유효 기간이 정해진 세포와 폐기물과 같을 뿐이며, 아무 의미도 없다.

인간은 우연한 존재인가, 설계된 존재인가?

인간의 유일무이함에 대해 진화론이 감지한 도전에 덧붙여, 무신론자들이 기독교를 불신하게 하고자 주장하는 또 다른 발상은 진화의 테이프를 되감아 재생해 보면 결과가 완전히 다르게 나온다는 것이다.[38] 죽음과 고통과 우연한 환경이 진화 이야기에 넣어 구워졌다는 사실과 함께, 이러한 발상은 무신론자들이 어떠한 중요한 의미에서도 하나님이 인간을 '설계', 즉 작정하지 않았다고 주장하는 데 쓰였다.

리처드 도킨스는 되돌이 후두 신경의 예를 사용하는데, 되돌이 후두 신경은 인체 안에서 순환하는 경로를 취하여 뇌에서 심장을 거쳐 후두로 돌아온다. 기린의 되돌이 후두 신경은 놀라울 정도로 길어서, 기

---

37 "믿음은 당신의 삶에 어떻게 영향을 끼치는가?"라는 질문에 대한 빌 뉴섬의 대답은 *Test of Faith* (YouTube video interview), April 29, 2010, https://www.youtube.com/watch?v=PMIBfH0qS6Y를 보라.

38 이 주장은 하버드대학교 교수이자 고생물학자인 스티븐 굴드 덕분에 널리 알려졌다.

린 목을 공개적으로 해부하면서 도킨스는 이렇게 말한다. "설계자가 없다면, 이러한 결함은 역사의 사건에서 누구나 예상할 수 있는 바로 그러한 종류의 결함이다."[39] 도킨스의 관점으로는 인간이 외부에서 설계된 것으로 보이지만 기계의 뚜껑을 열어젖히고 뒤지기 시작하면, 우리 내부는 다른 이야기를 들려준다는 사실을 알게 된다. 이미 언급했듯이, 기독교인들은 하나님이 인간을 어떻게 만들기 시작하셨는지에 관해 믿는 바가 다르다. 그러나 모든 기독교인은 궁극적으로 하나님이 인간을 설계하시고 의도하시고 작정하시고 목적을 정하셔서 만드셨다고 반드시 믿는다. 그래서 이러한 결함들이 기독교 이야기의 신빙성을 떨어뜨린다는 주장이 이어진다. 그러나 이 주장에는 두 가지 중요한 문제가 있다.

첫째, 역사에 대해서도 같은 주장을 할 수 있다. 과거의 많은 사건은 사소한 사고와 우연과 운이 좌우한 것으로 보인다. 그러나 성경이 들려주는 이야기에서는 (겉으로는 임의적이고 가혹하고 엉망으로 보이는) 역사를 하나님이 기획하셨고, 고통은 하나님의 구원 계획에 넣어 구워졌으며, 그 구원은 십자가에 달린 한 남자의 고통과 죽음이 좌우한다.[40] 사실상 기독교인의 관점에서는, 운이나 역사적으로 우연한 일 같은 것은 존재하지 않으며, 하나님이 우리 삶의 모든 상황을 다스리신다.

둘째, 테이프를 재생해 보면 달라진다는 주장은 최고의 과학에 해

---

[39] "Richard Dawkins Demonstrates Laryngeal Nerve of the Giraffe," YouTube (video), June 13, 2010, https://www.youtube.com/watch?v=cO1a1Ek-HD0.
[40] 11장에서 보겠지만, 기독교인들은 놀라울 정도로 선하신 하나님을 믿지, 항상 A에서 B까지 최단거리에 곧은 경로를 취하시는 하나님을 믿는 것이 아니다. 오히려 그 반대다.

당하지 않을 수도 있다. 사이먼 콘웨이 모리스는 케임브리지대학교 진화 고생물학 학과장이자, 버지스 혈암(Burgess Shale) 화석에 대한 획기적인 연구로 널리 알려진 인물이다. 이 화석들은 캄브리아기 대폭발이라고 알려진 사건의 증거로, 대략 5억 4,000만 년 전에 생물의 다양화가 시작되어서 대폭발이 일어난 2,000만-2,500만 년 동안 가속화되어 주요 동물 종이 생겨났다. 콘웨이 모리스는 기독교인이고, 진화가 무신론을 입증한다는 주장에 매우 비판적이다. 더욱이 생명의 테이프를 되감아 재생한다면 다른 결과가 나오리라는 주장을 반박하며 (서로 다른 동물들이 개별적으로 동일한 특성으로 진화한) 수렴(convergence)의 예를 많이 든다. 콘웨이 모리스의 주장에 따르면, 인간은 임의로 우연히 생긴 것이 아니다. 인간과 같은 존재는 진화 과정에서 예측 가능한 결과여서, 소설 작성보다는 수수께끼 해결과 더 비슷하다.[41]

다시 말하지만, 기독교인들은 창세기에 나오는 창조 이야기를 다양하게 해석한다. 나는 신학적 난제를 어물쩍 넘어가려는 것이 아니다. 그러나 수렴이라는 최첨단 과학 분야는 신무신론자들이 과학을 창조에 대항하게 하던 핵심 방법에 질문을 던진다. 이 과학 분야가 앞으로 어떻게 전개되는지를 보면 정말 흥미진진할 것이다. 또 눈여겨볼 사실은 과학자들이 어떻게 생물이 단순한 형태에서 복잡한 형태로 발달했는지는 설명해도, 그 생명의 테이프가 처음에 어떻게 시작되었느냐는 질문에 관해서라면 다들 어둠속을 헤매고 있다는 것이다.[42] 그러

---

41 Simon Conway Morris, *Life's Solution: Inevitable Humans in a Lonely Universe* (Cambridge: Cambridge University Press, 2004)를 보라.
42 과학자들이 이 일이 어떻게 일어났는지를 알아낸다면, 다른 행성에서 생명체를 찾을 가능성

나 생명의 테이프를 되감아 재생하면 다른 결과가 나올 수도 있다는 말이 사실이라 해도, 그 테이프가 처음에는 어떻게 돌아가기 시작했는지 과학적으로 안다고 해도, 그것은 기독교의 관점과 거의 관련이 없을 것이다. 나를 잉태되게 한 정자의 경주를 다시 시작한다면, 아마 그 결과는 분명 내가 아닐 것이다. 그러나 지금 여기에는 내가 있으며, 나는 하나님이 그렇게 하도록 의도하셨다고 믿는다.

그렇지만 그 믿음 자체는 내 생물학적 과거가 만들어 낸 것에 불과하지 않을까?

타고난 신자?

심리학자인 저스틴 배럿은 자신의 책, 「왜 누군가는 하나님을 믿으려 하는가?」(Why Would Anyone Believe in God?)에서 주장하기를, 종교적 신념은 우리에게 있는 마음의 당연한 결과라고 한다.[43] 배럿은 종교 진화 심리학 분야의 창시자로 널리 인정받는다. 배럿의 주장에 따르면, 보편적으로 인간에게는 종교적 신념을 품는 성향이 있고, 이는 존재한다고 생각하는 힘으로 기울어지는 경향에서 나온다. 간단한 예를 하나 들자면, 우리 조상들이 범일 수도 있는 형체를 볼 경우, 그것을 범 모양 바위일 뿐이라고 추정하기보다는 자기를 해치려고 하는 범으로 생각할

에 흥미로운 영향을 끼칠 것이다. 이것에 대해 더 알고 싶다면, Jack Szostak, "How Did Life Begin? Untangling the Origins of Organisms Will Require Experiments at the Tiniest Scales and Observations at the Vastest," *Scientific America*, June 1, 2018, https://www.scientificamerican.com/article/how-did-life-begin1/.

43 Justin L. Barrett, *Why Would Anyone Believe in God?*, Cognitive Science of Religion Series (Lanham, MD: AltaMira, 2004).

때 더 살아남을 가능성이 컸다. 범을 예상했는데 바위라면 별일 없고 괜찮다. 바위를 예상했는데 범이라면, 게임 끝이다! 그 생각을 더 큰 캔버스에 그려서 추론을 이어 가면, 폭풍과 가뭄 뒤에 있는 신들이 보이기 시작할 것이다.

무신론자들은 한시름 놓으며 이 주장을 환영한다. 사람들 대부분이 종교를 버리지 않겠다고 고집을 부리는 이유를 설명하는 데 도움이 되기 때문이다. 그러나 배럿의 생각은 다르다. 배럿은 옥스퍼드의 인지 진화 인류학 연구소 선임 연구원이었고, 지금은 풀러 신학교 심리학 교수다. 그는 인간이 하나님을 믿는 성향이 배럿 자신의 기독교 신앙과 아주 일치한다고 본다. 배럿은 이렇게 묻는다. "우리가 인격적 관계를 맺기로 되어 있는 하나님이 존재한다면, 그와 같은 관계를 맺는 것이 우연히 우리에게 유익할 가능성이 얼마나 되는가?"[44] 실제로 하나님의 존재에 대한 인간의 선천적 관심을 하나님이 존재하지 않는다는 증거로 여기는 것은 조금 둔해 보인다! 인간 행동에 생물학적 동기가 있다는 이유로, 그 행동으로 드러나는 더 깊은 현실을 믿지 않는다면, 남편과 아이들에 대한 내 사랑도 마찬가지로 묵살될 것이며, 아무 의미도 없다.

미세 조정과 다중 우주

인간에게서 눈을 들어 전체 우주를 바라보면, 현대 과학이 운을 뗀 또 다른 흥미로운 질문 한 뭉치가 보인다. 우주에 시작이 있다는 증거가 20세

---

[44] Justin Barrett, "Do our Mental Tools Cause Belief in God?," The Veritas Forum (video), December 17, 2011, https://www.youtube.com/watch?v=hR3B9hIP0sE].

기 무신론자들을 동요시켰듯, 우리 우주가 생명을 위해 미세하게 조정된다는 증거는 오늘날 무신론자들에게 도전적인 질문을 몇 가지 제기한다. 우주론자들은 물리적 우주의 기본이 되는 핵심 숫자를 따로 떼어 냈다. 예를 들어, N(1,000,000,000,000,000,000,000,000,000,000,000,000)은 원자들을 결속시키는 전자기력을 원자 사이 중력으로 나눈 값이다. 반대로 Q(0.00001)와 같이 극도로 작은 값도 있는데, 두 근본 에너지의 비율을 나타낸다.[45] 케임브리지대학교 교수이자 세계 정상급 천문학자인 마틴 리스는 자신의 책 『여섯 개의 수』(Just Six Numbers: The Deep Forces That Shape the Universe, 사이언스북스 역간)에서 설명하기를, 이 숫자들이 아주 조금이라도 다르다면, 별과 지구와 생명이 결코 존재하지 않을 것이라고 한다.

리스는 분명한 이 미세 조정을 세 가지로 설명할 수 있다고 제시한다. 첫째는 순전히 우연이라는 것이다. 이러한 설명은 믿을 수 없을 정도로 가능성이 낮아서 리스는 타당하다고 보지 않는다. 둘째 가능성은 생명이 생길 우주를 예정한 하나님이 존재한다는 것이다. 리스는 이것이 합리적인 견해이고 자기 동료 중에 지지하는 이들도 있음을 인정한다.[46] 그러나 리스 자신은, 각기 다른 법칙에 좌우되고 다른 숫자로 규정되는 평행 우주가 놀라울 정도로 많으며 우리의 우주는 그중 하나라고 믿는 것을 더 좋아한다. 우리 우주는 생명이 살아가는 우주가 된

---

45 Martin Rees, *Just Six Numbers: The Deep Forces That Shape the Universe* (London: Phoenix, 2000), 166쪽. 『여섯 개의 수: 마틴 리스가 들려주는 현대 우주론의 세계』(사이언스북스 역간, 2006).

46 특별히 리스는 탁월한 이론 물리학자인 존 폴킹혼을 언급한다. 같은 자료에 대한 폴킹혼의 논의는, John Polkinghorne and Nicholas Beale, *Questions of Truth: Fifty-One Responses to Questions about God, Science, and Belief* (Louisville: Westminster John Knox Press, 2009), 44-45쪽을 보라.

것이다. 이 이론을 실험으로 확인할 수 없는 이유는 우리가 이 우주에 갇혀 있어서다. 그러나 창조주 하나님의 존재를 믿는 것과 사실상 무한개인 평행 우주의 존재를 믿는 것 중에 하나를 선택하라고 한다면, 리스는 후자를 택한다.

이른바 다중 우주 자체에는 신학적으로 문제가 없다. 시편 8편에서 시인은 하늘을 바라보며, 사람은 하나님의 피조물이라는 광대한 영역에서는 정말 보잘것없어 보이는데, 하나님이 왜 사람들에게 관심을 두시는지 의아해 한다. 무한하신 하나님은 별 수십억 개를 만드셨으니, 우주 수십억 개도 쉽게 만드실 수 있었다. 그러나 현재로서는 생명을 위한 우주의 분명한 미세 조정을 대체할 최선의 설명이 무한개의 평행 우주의 존재라는 것을 알아차린다면, 창조주 하나님에 대한 생각이 아주 허튼 소리로는 들리지 않는다.

자연 법칙으로 충분한가?

2010년 고(故) 스티븐 호킹은 자신의 책 「위대한 설계」(The Grand Design, 까치 역간)에서 이렇게 단언했다.

> 중력과 같은 법칙이 있기 때문에 우주는 무(無)에서 생겨날 수 있고, 생겨날 것이다. …… 자발적 창조 때문에 무(無)가 아니라 유(有)가 있으며, 우주가 존재하며, 우리가 존재한다. 청색 점화용 종이에 불을 붙여서 우주가 돌아가게 하려고 하나님을 들먹일 필요는 없다.[47]

---

[47] Stephen Hawking and Leonard Mlodinow, *The Grand Design* (New York: Bantam, 2010), 180쪽. 「위대한 설계」(까치 역간, 2010).

도킨스 같은 논객들은 이 진술을 박수로 환영했다. 그러나 그 책은 상당한 비판을 받았으며, 다른 세속 과학자들도 이 책이 과장된 주장을 하고 있고 기존 과학을 지극히 추측에 근거한 이론으로 표현한다고 보고 비판했다.[48] 더욱이 불가지론 물리학자인 폴 데이비스가 지적했듯이, 첫째로 하나님을 점화용 종이에 불을 붙이는 존재로 보는 관점은 기독교 신학을 (적어도 아우구스티누스를) 잘못 표현했고, 둘째로 호킹이 기술한 시나리오는 존재를 완전하게 설명하지 못하는데, 이 현실관에는 "수많은 짐이 딸려 오기" 때문이다. 다중 우주에 널리 퍼져 개별 우주 단위로 특정 부칙이 생기게 하는 '광범위한 초월 법칙'(meta-laws)도 그 짐에 포함된다. 데이비스의 논평에 따르면 "초월 법칙 자체는 여전히 설명되지 않고 있으며, 영원하고 불변하는 초월적 실체로, 우연히 존재하게 된, 틀림없는 기정사실로 그저 받아들여진다. 이 점에서 보면 초월 법칙은 설명되지 않는 초월적 하나님과 지위가 비슷하다."[49]

다른 쟁점처럼 이 쟁점에 대해서도 기독교인과 무신론자는 같은 오류, 즉 과학이 유신론을 증명하든지 반증하리라는 생각에 빠지기 쉽다. 더 생산적인 접근은 자기 주변 세상을 바라보고서, 하나님의 존재 가능성과 맞아 떨어지는 것으로 보이는지 자신에게 물어보는 것이다. 프랜시스 콜린스가 과학을 통해 하나님의 창조에 감탄하는 지점에서,

---

[48] 예를 들어, 무신론자이자 물리학자인 로저 펜로즈의 지적에 따르면 M 이론(호킹이 「위대한 설계」에서 제시한 끈 이론 전개)은 "관찰로 뒷받침되는 아무런 내용도 향하지 못한다." Roger Penrose, review of *The Grand Design*, by Stephen Hawking, *Financial Times*, September 4, 2010, https://www.ft.com/content/bdf3ae28-b6e9-11df-b3dd-00144feabdc0.

[49] Paul Davis, "Stephen Hawking's Big Bang Gaps," *The Guardian*, September 4, 2010, https://www.theguardian.com/commentisfree/belief/2010/sep/04/stephen-hawking-big-bang-gap.

리처드 도킨스는 과학을 살충제처럼 신앙을 죽이는 것으로 여긴다. 스티븐 호킹이 과학 때문에 하나님이 불필요해졌다고 믿는 지점에서, (케임브리지 이론 우주학 센터의 대표이자 호킹의 친한 동료였던) 폴 쉘러드는 같은 과학이 자신의 기독교 신앙과 아주 일치한다고 본다. 노벨 물리학상 수상자인 윌리엄 필립스는 과학과 자신의 신앙 간 일치를 서술하면서 이렇게 적는다.

> 나는 질서 있고 아름다운 우주를 본다. 그 우주에서는 거의 모든 물리 현상을 몇 가지 간단한 수학식을 통해 이해할 수 있다. 나는 조금이라도 달리 건설되었다면, 박테리아와 사람은커녕 별과 행성도 절대 탄생하지 못했을 우주를 본다. 왜 우주가 달랐어야 했는지에 대해서는 과학적으로 타당한 이유가 전혀 없다. 많은 훌륭한 과학자들은 이러한 관찰을 통해 결론 내리기를, 틀림없이 지적인 하나님이 그처럼 아름답고 단순하며 생명을 주는 속성이 있는 우주를 창조하기로 선택하셨다고 한다. 그렇지만 똑같이 훌륭한 다른 많은 과학자들은 무신론자다. 두 결론 모두 신앙의 자리에 있다.[50]

"수학의 지나친 효용성"

우리는 과학에 매우 익숙해서 우주의 법칙을 우리가 이해할 수 있다는 바로 그 사실에 경탄할 생각을 못한다. 포유동물의 뇌에서 발화한 뉴

---

[50] William D. Phillips, "Does Science Make Belief in God Obsolete?," *Fair Observer*, November 10, 2013, https://www.fairobserver.com/culture/does-science-make-belief-god-obsolete/.

런이 왜 우주를 형성하는 법칙과 관련이 있어야 하는가? 수학은 (안락의 자에서 가장 순수한 형태로 할 수 있는데) 왜 발견할 수 있는 동시에 우리에게 아름다운 방식으로 세상이 돌아가는 방식과 관련이 있어야 하는가?

노벨 물리학상 수상자인 유진 위그너는 "자연 과학에서 수학의 지나친 효용성"라는 제목의 논문에서 이러한 질문을 제기한 것으로 유명하다. 위그너의 논평에 따르면, "자연 과학에서 수학의 어마어마한 유용성은 무언가 신비에 가까우며, 거기에 대해서 합리적인 설명이 전혀 없다." 위그너는 이렇게 감사하며 논문을 마무리한다. "물리학 법칙을 공식화하는 데 수학 언어가 적절하다는 기적은 우리가 이해하지도 못하고 누릴 자격도 없는 놀라운 선물이다."[51] 위그너는 이 논문을 1960년에 썼지만, 이러한 경이는 지금도 여전하다. 이 말에서 첫 근대 과학자들의 첫째 가설이 생각난다. 즉 합리적인 하나님이 우주를 만드시고 하나님의 지성을 그대로 모방한 지성을 인간에게 주셨다면, 그분의 형상을 닮은 피조물은 그분의 법칙을 깨달을 수 있으리라는 것이다.

---

51 Eugene Wigner, "The Unreasonable Effectiveness of Mathematics in the Natural Sciences," *Communications in Pure and Applied Mathematics* 13, no. 1 (February 1960), dartmouth. edu (reading materials), https://math.dartmouth.edu/~matc/MathDrama/reading/Wigner.html.

Question 8 기독교는 여성을 비하하지 않는가?

Doesn't Christianity Denigrate Women?

● 『해리 포터와 혼혈 왕자』(Harry Potter and the Half-Blood Prince)에서 중요한 순간에 덤블도어 교수가 마음을 아리게 하는 요청을 한다. "세베루스…… 제발." 이 지점까지 우리는 세베루스 스네이프가 이중 첩자로 덤블도어 편인지, 살인자이자 악당인 볼드모트 편인지 모른다. 이제 스네이프의 충성이 시험당한다. 덤블도어는 적들에게 둘러싸인 채 도움을 요청하지만, 세베루스에게 죽는다. 이 장면은 엄청나게 충격적이다. 우리는 스네이프를 좋아하지 않았지만, 스네이프가 덤블도어 쪽 사람이라는, 희망할 수 없는 것을 희망했다. 이제 스네이프가 스승에 대한 배신을 완료한다.

우리는 해리포터 마지막 책에 가서야 우리가 얼마나 틀렸는지 깨닫는다. 해리가 스네이프의 죽어 가는 정신에서 기억을 뽑아내어 마법의 펜시브(펜시브에서는 다른 사람의 과거 속으로 뛰어들 수 있다)에 붓자, 스네이프가 해리의 엄마인 릴리를 사랑했으며, 그 사랑이 스네이프의 인생 지침이었음이 드러난다. 릴리가 볼드모트에게 살해당할 때 스네이프가 겪은 고통과, 그때부터 스네이프가 덤블도어에게 얼마나 충성했는지가 보인다. 덤블도어가 스네이프에게 자기는 취소할 수 없는 저주 때문에 서서히 죽어 가고 있다고 말해 주고, 스네이프는 때가 되면 덤블도어를 죽이겠노라고 마지못해 맹세한다. 돌연 덤블도어의 애원과 스네이프의 행동이 새로운 각도에서 보인다. 이야기의 처음과 끝을 알면 "세베루스…… 제발"의 의미가 뒤집어진다.

남녀에 대한 기독교의 이야기를 이해하려면 우리는 전체 성경이라는 "펜시브"를 바라보아야 한다. 각자의 전제에 비추어서만 본문을 읽는다면, 거의 이해되지 않을 것이다. 그러나 구원사의 파노라마 속으로 뛰어들면, 남성과 여성에 대한 성경의 시각이 새로운 의미를 띤다. 스네이프의 경우처럼, 남녀에 대한 성경의 관점을 이해하는 열쇠는 끈질긴 사랑 이야기다.

태초 전에

성(性)과 성별에 대해 생각하면 우리는 자기도 모르게 문화와 생물학과 인간 역사의 배경부터 떠올린다. 그러나 기독교의 관점에서 보면, 우리는 더 과거로 거슬러 올라가야 한다. 하나님은 생물학의 제약을 받지 않으신다. 하나님은 ('성'이라는 단어의 모든 의미에서) 성을 창조하지 않으시고 인간을 독사처럼 자기 기분이 내킬 때 무성 생식이 가능하게 만드실 수도 있었다! 그러나 하나님은 생생한 은유로 남자와 여자를 창조하셨다.

아마 유비(analogy) 하나가 도움이 될 것이다. 성경의 표현을 보면, 부모 됨은 하나님이 그분 자녀들과 맺는 관계를 예증하기 위해 고안되었다. 아버지 됨이라는 은유가 가장 잘 알려져 있는데, 특히 예수께서 우리에게 하나님을 "우리 아버지"라고 부르라고 가르치시기 때문이다

(마 6:9). 그러나 구약은 하나님을 어머니 같은 표현으로 거듭 묘사한다. 주께서는 이렇게 말씀하신다.

> 어머니가 어찌 제 젖먹이를 잊겠으며,
> 　제 태에서 낳은 아들을 어찌 긍휼히 여기지 않겠느냐!
> 비록 어머니가 자식을 잊는다 하여도,
> 　나는 절대로 너를 잊지 않겠다(사 49:15, 새번역).[1]

글을 쓰는 지금, 나는 임신 4개월이다. 밤중에 내 고단한 몸을 침대에서 끌어내어 아기한테 수유할 때면, 오랫동안 나를 위해 고생하신 하나님의 사랑이 내 마음속에 희미하게 울리는 것을 느낄 것이며, 내 아기에게서 내가 하나님에게 완전히 의존하고 있음을 어렴풋이 깨달을 것이다. 성경을 살펴보면 알아채겠지만, 남자와 여자는 생생하게 살아 숨 쉬는 또 하나의 은유를 위한 소재가 된다.

창조에서 성

성경이 시작될 때 하나님은 사람을 '그분의 형상을 따라', '그분의 모양대로' 창조하신다. 이 표현은 하나님 앞에서 우리의 신분을 밝히는 세 가지 관계를 떠올리게 해준다. 우리는 부모를 닮은 자녀, 왕의 대리인,

---

1　구약에는 그 외에도 하나님을 어머니로 묘사한 부분이 특별히 다섯 군데 있다. 예를 들면 다음과 같다.
　너희는 너희를 낳은 바위를 버리고,
　　너희를 낳은 하나님을 잊었다(신 32:18, 새번역).
　어머니가 그 자식을 위로하듯이,
　　내가 너희를 위로할 것이니(사 66:13, 새번역).

신을 나타내는 신전 조각상이다. 이 "형상"(image)이라는 표현은 남자와 여자에게 동시에 적용되며, 하나님은 사람들에게 땅에 충만하고 땅을 다스릴 임무를 맡기셨다(창 1:26-29). 이러한 역할 수행은 남자와 여자가 서로 성적으로 관계를 맺는 데 달려 있다. 그래서 우리는 하나님이 그분 백성에게 세 가지로 둘러싸인 역할을 주셨다고 말할 수 있다. 다스리고, 관계 맺고, 창조하라.

하나님은 왜 생식에 남자와 여자가 모두 필요하도록 우리를 만드셨을까? 아마 관계의 하나님은 그분 자체가 사랑**이시기에**(요일 4:8), 혼자 있는 사람으로는 하나님의 형상을 제대로 표현해 낼 수 없어서일 것이다. 간섭성 빛줄기 여러 개의 간섭 패턴에서 나온 3차원 영상으로 찍히는 홀로그램처럼, 하나님의 형상은 우리의 합리성뿐 아니라 관계에서도 나온다.

창세기 2장은 그 이야기를 재차 들려주며 이 점을 강조한다. 하나님은 흙으로 사람을 만드시고, 그에게 생명을 불어넣으시고, 동산에 두어 일하게 하신다. 그리고 나서 단언하시기를 "사람이 혼자 사는 것이 좋지 아니하니 내가 그를 위하여 돕는 배필을 지으리라"(창 2:18) 하신다. 창세기 1장에서 하나님은 반복하여 그분의 창조가 '좋다'고 하셨고, 사람 창조는 '아주 좋다'고 하셨다. 그래서 혼자 있는 사람이 '좋지 않다'는 이러한 단언은 귀에 거슬린다. 사람은 혼자서는 하나님의 형상일 수 없으며, 사람에게는 돕는 배필이 필요하다. 여기가 우리에게 세베루스 스네이프와 같은 첫 순간이다. "돕는 배필"은 부수적인 역할처럼 들린다. 그러나 히브리 성경에서 "돕는 배필"이라는 단어는 하나님에게 쓰이는 경우가 압도적으로 많으니, 열등한 신분이라는 뜻일 리가

없다.²

우리는 하나님이 여자를 남자의 옆구리에서 만드셨다는 이상한 표현을 통해서 남자와 여자의 관련성을 더 배우게 된다. 여자는 남자의 뼈 중의 뼈, 살 중의 살이며, 남자와 여자는 서로 다르지만 근본적으로는 연결되어 있다(창 2:21-23). 그 다음 절은 요점을 강조한다. "이러므로 남자가 부모를 떠나 그의 아내와 합하여 둘이 한 몸을 이룰지로다"(창 2:24). 성은 남자와 여자가 다산하여 자손을 늘릴 때 둘을 친밀한 관계로 묶어 준다. 완전한 친밀 속에 존재하시는 하나님은 그분 존재의 핵심에 있는 차이를 뛰어넘는 사랑으로, 형상 담지자들을 본질은 같으나 서로 다르게 창조하시고, 그들에게 합하여 한 몸을 이루라고 하신다.

깨어진 사랑

창세기 3장에서, 상황이 끔찍하게 악화된다. 남자와 여자는 하나님의 규칙을 창조에 적용하지 않고 하나님이 유일하게 주신 법, 즉 선악을 알게 하는 나무의 열매를 먹지 말라는 법을 어겼다. 이 이야기의 구성은 의미심장하다. 남자는 여자가 창조되기 전에 그 나무 열매를 먹지 말라는 명령을 받았고, 하나님은 남자에게 그 열매를 먹는 날에 죽으리라고 경고하셨다. 수수께끼의 말하는 뱀이 여자에게 다가가서 하나님의 말씀을 물을 때, 우리는 '남자는 어디에 있지?' 하고 궁금해진다. 그 답은 6절 끝부분에 나오는데, 남자는 바로 그곳에 여자와 함께 있다. 그러나 남자는 뱀의 거짓말에 반박하기는커녕 자신도 그 열매를 먹는

---

2 예를 들면, 출 18:4; 신 33:26, 29; 시 20:2; 33:20; 54:4; 118:7; 호 13:9.

다. 이 불순종으로 사람과 하나님의 관계가 깨지고, 사람들 사이 관계도 깨진다. 죄 없음과 친밀이 부끄러움과 수치와 비난으로 바뀌었다. 생명이 죽음으로 대체되었다.

남자와 여자의 반역에 대응하여 하나님은 남자와 여자가 창세기 1장에서 함께 받은 역할에 영향을 끼칠 정도로 그들을 저주하신다. 남자에게 임한 저주 때문에 피조물을 다스리기가 힘들어졌다. 여자에게 임한 저주 때문에 번성하기가 힘들어졌다. 여기에서 우리에게 다시 세베루스 스네이프와 같은 순간이 떠오른다. 여자는 출산의 고통으로 저주를 받지만, 그때부터 "네 욕구가 남편과 어긋나겠지만(contrary to your husband), 남편은 너를 다스릴 것이다"(창 3:16, ESV, 옮긴이 번역)³라는 말도 듣는다. "욕구"(desire)로 번역한 단어는 구약에 거의 나오지 않는데, 창세기에서 바로 다음 장에, 하나님이 아담과 하와의 첫째 아들인 가인에게 말씀하실 때 나온다. "죄가 문에 웅크리고 있다. 죄의 욕구가 너를 거스리겠지만(against you), 너는 죄를 다스려야 한다"(창 4:7, ESV, 옮긴이 번역). 여기에서 "욕구"는 소유하고 다스리려는 의지를 전한다. 부끄러워하지 않고 하나 되었던 남자와 여자 사이의 사랑 이야기는 옛날이야기가 되었다. 이제는 갈등과 권력 투쟁이 있다. 이것은 반역의 결과이지, 하나님의 원래 계획이 아니다. 그러면 이것이 어떻게 여성에 대한 비하로 이어지지 않는가?

어떤 의미에서 보면 그렇게 이어진다. 구약 곳곳에서 죄의 결과로 남성에게 여성이, 또 여성에게 남성이 처참하게 취급당하는 모습이 보

---

3   여기에서 히브리어의 정확한 의미는 이론(異論)이 있으며, ESV 난외주에는 "for"(향하여)가 있다. ESV 예전 판에는 본문에 "for"(향하여)가 있었고, 난외주에 "against"(반하여)가 있었다.

인다. 살인과 강간과 착취가 보인다. 그러나 이것은 진단이지 처방이 아니다. 성경이 그러한 내용을 전하지만 지지하지는 않는다. 신무신론자의 성경 매시업(mash-ups. 여러 자료를 섞어서 합친 것_ 옮긴이)은 우리로 하여금 그렇게 믿게 하려 하지만 성경은 그렇지 않다. 성경은 인간이 서로를 어떻게 대하는지를, 특히 우리가 힘을 어떻게 휘두르는지를 사실적으로 그려 보인다. 그러면 나머지 이야기는 창세기가 결혼에서 남자와 여자에 관해 말하는 내용을 어떻게 이해하는가? 이번에는 이해하려면 계속 읽어 가야 한다.

그분 백성을 향한 하나님의 사랑 노래

하나님이 그분 백성과 맺으신 언약을 결혼으로 묘사할 때, 남자와 여자의 관계가 지닌 새로운 의미를 알게 된다. 이사야의 선포에 따르면 "이는 너를 지으신 이가 네 남편이시라 그의 이름은 만군의 여호와"이시다(사 54:5).[4] 자녀 양육 은유는 하나님을 아버지에 비유할 때도 있고, 어머니에 비유할 때도 있다. 그러나 결혼 은유에서는 역할이 절대 뒤바뀌지 않아서, 하나님은 항상 남편이시지 결코 아내가 아니시다. 성의 의미를 은유에 덧붙이는 것이 엉성해 보일 수도 있다. 그러나 기독교의 관점에서 보면 은유는 신학에서 중요하며, 은유가 있어야 우리는 볼 수 없고 초월적이시며 가늠할 수 없는 하나님을 묘사하기를 바랄 수 있다.

계속 읽어 가다 보면, 이것이 행복한 결혼이 아니라는 것을 깨닫는다. 하나님의 백성이 우상을 섬겨 하나님을 놔두고 불륜을 저질렀

---

[4] 예를 들어, 사 54:5; 렘 31:32; 겔 16:8; 호 2:7; 욜 1:8도 보라.

다.⁵ 여자가 천성적으로 남자보다 불륜을 잘 저지른다는 뜻이 아니다. 구약 성경은 남자의 음란한 모습을 잔인할 정도로 생생하게 그린다.⁶ 그러나 성경의 은유 안에서 하나님은 변함없이 신실하시다. 그분은 자기 백성의 사랑과 헌신을 바라시며, 백성이 다른 신에게 마음을 줄 때 싫어하신다. 하나님의 사랑은 질투하는 사랑인데, 이는 다정한 남편이 부정을 저지르는 아내에게 당연히 보이는 반응이다. 그러나 그 사랑은 용서하는 사랑이기도 하다. 하나님은 그분 백성을 거부할 권리가 얼마든지 있지만 백성이 돌아오기를 바라시며, 언약 갱신은 남편과 아내가 화해하는 장면처럼 그려진다.⁷ 그러나 이 결혼 생활은 한 번도 제대로 유지되지 않는 것으로 보인다. 다른 많은 점에서처럼 이 점에서, 히브리 성경은 답을 전혀 하지 않으면서 질문을 던진다. 거룩하시고 신실하시며 사랑이 충만하신 하나님이, 사랑이 없고 신실하지 않으며 죄가 가득한 백성과 어떻게 함께 사실 수 있는가?

신랑이 온다

예수께서는 구약의 모든 소망의 살아 있는 성취이시다. 제자들이 금식하지 않는 이유에 대해 질문하자, 예수께서는 "혼인 집 손님들이 신랑과 함께 있을 때에 너희가 그 손님으로 금식하게 할 수 있느냐"고 답하신다(눅 5:34). 세례 요한은 이런 은유를 든다. "신부를 취하는 자는 신랑

---

5 예를 들어, 사 50장; 렘 3장; 호 2장을 보라.
6 이를 테면, 다윗 왕이 간음을 저지르고 이어서 밧세바의 남편을 살해한 일, 솔로몬 왕이 아내를 많이 취해서 하나님에게서 벗어난 일, 삼손이 들릴라에 대한 욕정 때문에 몰락한 일 등이 있다.
7 사 54:6-8; 62:4, 5; 렘 31:31-33; 겔 16:62; 호 2:14, 16-19; 3:1을 보라.

이나 서서 신랑의 음성을 듣는 친구가 크게 기뻐하나니 나는 이러한 기쁨으로 충만하였노라"(요 3:29).

구약에서 하나님이 방황하는 자기 백성에게 남편이 되어 주시던 곳에, (보이지 않는 하나님의 궁극적 형상이신) 예수께서 신랑으로서 역사 속으로 걸어 들어오신다. 일종의 송전선처럼, 이 은유는 예수께 바탕을 두고 예수의 죽으심과 부활 후에 기록된 신약 서신서에서 다시 시작된다. 그러나 서신서까지 가기 전에, 복음서에서 예수께서 여자들과 맺으신 관계에 먼저 감탄해야겠다.

복음서에 나오는 여자들

복음서에서, 특히 누가복음에서 여자들에 대한 묘사는 말문이 막힐 정도로 반(反)문화적이다. 누가는 줄곧 남자를 여자와 짝을 맞추며, 둘을 비교할 때면 거의 여자 편이다. 예수께서 탄생하시기 전에, 가브리엘 천사가 두 사람을 찾아가 그들에게 부모가 되리라고 알려 준다. 한 사람은 스가랴로, 세례 요한의 아버지가 된다. 다른 사람은 예수의 어머니인 마리아다. 둘 다 가브리엘에게 어떻게 그런 일이 가능하느냐고 묻는다. 그러나 스가랴는 믿지 못한 것 때문에 몇 달 동안 말을 못하는 벌을 받은 반면, 마리아는 칭찬만 받는다. 누가복음에서 여자의 두드러진 역할은 마리아와 사촌 엘리사벳이 태에 있는 예수에 대해 예언할 때, 또 선지자(시므온)와 여선지자(안나)가 아기 예수에 대해 예언할 때 이어진다.

성인 예수는 여자들을 설교에 계속 엮어 넣으신다. 첫 설교를 하면서는 구약에서 하나님의 사랑이 유대인의 범위를 넘어선 두 가지 예를 들어서 듣는 이들을 격분케 하셨는데, 그 예에서 한 명은 여자, 다른 한 명은 남자다(눅 4:25-27). 누가복음 15장에는 잃은 동전이라는 여성 지향 비유가 잃은 양과 잃은 아들(즉 탕자)이라는 남성 지향 비유 사이에 자리 잡고 있다. 누가복음 18장에서는 끈질긴 과부라는 여성 지향 기도 비유가 바리새인과 세리라는 남성 지향 기도 비유와 짝을 이룬다. 예수께서는 십자가형을 받으러 가실 때조차도, 슬퍼하는 여자들에게 말을 건네시려고 걸음을 멈추신다(눅 23:27-31). 남성 본위 문화에서 예수께서 설교하시는 내내 여자에게 관심을 기울이신 것은 놀라운 일이다.

이 남자-여자 맥락은 누가의 치유 이야기까지 이어진다. 처음에 예수께서는 더러운 귀신 들린 남자를 고치신다(눅 4:33-35). 그러고 나서는 시몬의 장모를 고치신다(눅 4:38, 39). 누가복음 7장에서는 백부장의 하인을 고치시고 나서, 슬퍼하는 어머니를 불쌍히 여기사 과부의 아들을 다시 살리신다. 8장에서 예수께서는 귀신 들린 남자, 혈루증을 앓던 여자, 회당장의 딸을 차례대로 고치신다. 누가복음에서 예수께서 가장 마지막으로 고쳐 주신 사람은 귀신이 들려 장애인이 된 여자다. 여자는 하나님을 찬양한다. 남자인 회당장이 반대하자, 예수께서는 그 회당장을 위선자라고 부르시고서 그 여자의 신분이 "아브라함의 딸"임을 상기시키신다(눅 13:16, 17).

예수께서 여자들을 도덕적 모범으로 높이신 것은 훨씬 인상적이다. 누가복음 7장을 보면 예수께서 바리새인 시몬의 집에서 식사하고 계시는데, 그때 "죄를 지은 한 여자"(아마도 창녀)가 잔치를 중단시킨다. 여자는 눈물로 예수의 발을 적시더니 머리털로 그 발을 닦고서 예수께 향유를 붓는다. 시몬은 깜짝 놀란다. 분명 이 예수가 예언자라면, 이 여자가 예수를 만질 자격이 전혀 없다는 것을 알 텐데! 그러나 예수께서는 정반대로 완전히 뒤집으셔서 시몬을 부끄럽게 하는 모범으로 여자를 추켜세우신다. 문화의 측면에서 볼 때, 시몬은 모든 면에서 유리하다. 시몬은 남자이고 그 여자는 여자다. 시몬은 종교적으로 존경을 받지만, 여자는 경멸을 받는다. 시몬은 만찬 자리에서 주인 노릇을 하지만, 여자는 울면서 엎드린 골칫거리다. 그러나 예수의 말씀에 따르면, 여자는 모든 면에서 시몬보다 뛰어나다(눅 7:36-50). 예수께서는 누가복음 21장에서도 지위가 낮은 한 여성을 도덕적 모범으로 높이시는데, 거기에서는 가난한 과부가 작은 동전 두 닢을 연보한 것을 칭찬하신다. 예수께서 보시기에 이 헌금은 부자가 헌금함에 넣은 훨씬 많은 연보보다 값어치가 있다(눅 21:1-4).

예수께서 이스라엘 열두 지파를 나타내는 열두 제자를 남자로 선택하셨기 때문에 여자를 귀하게 여기신 것이 위태로워 보일 수도 있다. 그러나 누가는 예수를 따르던 여자들도 강조한다. "열두 제자가 함께하였고 또한 악귀를 쫓아내심과 병 고침을 받은 어떤 여자들 곧 일곱 귀신이 나간 자 막달라인이라 하는 마리아와 또 헤롯의 청지기 구사의 아내 요안나와 수산나와 다른 여러 여자가 함께하여 자기들의 소유로 그들을 섬기더라"(눅 8:1-3). 예수의 남자 제자들처럼 이 여자들도 길고 험난한 여정을 함께했다(눅 23:49, 56을 보라). 이들은 예수의 사역 처음과 마지막 자리에 있었다. 그러나 이 여자들을 제자라고 부르는 것이 정당한가?

예수께서는 누가복음 10장에서 이 질문에 대답해 주시는데, 거기에서 우리는 여자이면서 예수의 친구인 두 사람, 마리아와 마르다를 처음 만난다. 마르다는 전통적인 여자의 역할을 하며 손님들을 대접하고 있지만, 자매인 마리아는 전통적인 남자의 역할을 맡아서 다른 제자들과 함께 예수의 발 아래 앉아 있다. 마르다는 예수께 이 상황을 바로잡아 달라고, 마리아가 일어나서 자기를 도와 손님을 대접하게 하라고 요청한다. 그러나 예수께서는 마리아 편을 들어 "마리아는 이 좋은 편을 택하였으니 빼앗기지 아니하리라" 하신다(눅 10:42).

누가의 마지막 비교는 예수의 부활을 둘러싼다. 누가복음 24장에서 여자 제자 몇 명이 예수의 시신에 기름을 바르려고 무덤에 간다. 그곳에서 그들은 부활 소식을 알리는 천사를 만난다. 여자들은 이 일을 제자들에게 알리지만 제자들은 믿지 않는다. 베드로는 사실을 확인하러 무덤으로 달려간다. 그러나 그때까지도 확신하지 못한다. 남자 제자 두 명이 엠마오로 가는 길에서 예수를 만났을 때, 여자들의 이야기를 전하지만 그 이야기를 받아들인 것으로 보이지는 않는다. 예수께서 그들을 "미련하고 선지자들이 말한 모든 것을 마음에 더디 믿는 자들이여!"라고 꾸짖으신다(눅 24:25).

누가복음만 여자들을 높이는 복음서가 아니다. 요한복음에 나오는 감동적인 이야기를 보면, 예수께서 성적(性的) 평판이 좋지 않은 사마리아 여자와 인종, 종교, 성별, 도덕적 경계를 넘어 이야기를 나누셔서 제자들이 충격을 받지만, 이 사마리아 여자는 자기 민족에게 복음 전도자가 된다(요 4:1-30). 후에 예수께서는 간음 중에 잡힌 여자가 돌에 맞지 않도록 구해 주시면서 여자를 고소하는 남자들로 하여금 자신들이 그 여자보다 도덕적으로 우월하지는 않다는 사실을 인정할 수밖에 없게 하신다(요 8:7). 그런 다음, 요한복음 11장에서는 마르다와 마리아의 오라비인 나사로가 죽은 후에 예수께서 두 자매와 다정하게 대화를 나누시는 모습이 보인다. 예수께서는 기록된 말씀 중에 손꼽히게 유명한 말씀으로 마르다를 위로하시고 나서, 나사로를 기적적으로 다시 살리시기 전에 마르다와 마리아와 함께 우신다.[8] 마태복음 9장에서 부정 출혈이 멈추지 않아 고생하던 여자가 병을 고치려고 예수를 만지자 예수께서는 그 여자의 믿음을 칭찬하신다. 마태복음 19장에서는 예수께서 여자들이 부당하게 이혼당하지 않도록 하셨는데, 보통 그렇게 이혼당한 여자들은 극심한 가난 속에 내버려졌다.

예수께서는 틀림없이 여자들을 귀하게 여기신다. 여자들을 깎아내리고 착취하는 일이 흔한 문화에서 그 사실은 하나님 앞에서 여자들의 지위가 동등하며, 예수께서 여자들과 인격적인 관계를 맺으시고자 한다는 사실을 강조한다. 그러나 예수의 일생과 사역은 사막과 같은 성경의 여성 혐오에서 일종의 오아시스 같은 평등이 아닌가?

결혼 은유에 대한 공격

바울이 에베소에 있는 교회에 보낸 편지에서 처음으로 결혼 은유가 사람의 결혼과 다시 융합할 때, 우리는 스네이프가 해리의 첫 퀴디치 시합에서 낮은 목소리로 마법 주문을 중얼거릴 때처럼 충격을 받는다. 스네이프의 주문이 저주라고 생각하지만, 사실은 보호 주문이다. 바울은 "그리스도를 경외함으로 피차 복종하라"고 적었다.

---

[8] 이 이야기는 11장 "사랑이신 하나님이 어떻게 그토록 큰 고통을 허용하실 수 있는가?"에서 다루겠다.

아내들이여 자기 남편에게 복종하기를 주께 하듯 하라 이는 남편이 아내의 머리 됨이 그리스도께서 교회의 머리 됨과 같음이니 그가 바로 몸의 구주시니라 그러므로 교회가 그리스도에게 하듯 아내들도 범사에 자기 남편에게 복종할지니라(엡 5:22-24).

케임브리지대학교 학부생 시절에 처음으로 나는 이 말씀과 씨름했다. 나는 학문 주도적이고 평등을 지향하는 여자 고등학교 출신이었다. 이제는 남자가 다수인 대학교에 공부하고 있었다. 그래서 불쾌했다. "아내들이여, 자기 남편에게 복종하기를 주께 하듯 하라?" 웃기고 있네. 내가 보기에 이 성경 구절에는 세 가지 문제가 있었다. 첫째는 아내들이 복종해야 한다는 것이었다. 나는 여자들이 남자들처럼 유능하다고 알고 있었다. 결혼 생활에서 조화를 이루지 못하는 의사 결정을 해결하는 지혜가 있다면, 분명 그 관련 분야에서 누가 더 유능한지에 의존하는 것이다. 내게 둘째 문제는 아내들이 자기 남편에게 **주께 하듯** 복종해야 한다는 것이었다. 자신을 희생하신 온 세상의 왕, 예수 그리스도께 복종하는 것과, 오류를 범하기 쉬운 죄인인 사람에게 그러한 복종을 하는 것은 완전히 별개다. 셋째 문제는 남편이 아내의 "머리"라는 것이었다. 이 말은 일종의 계급을 뜻해서, 남자와 여자가 하나님의 형상을 지니고 있어서 지위가 동등하다는 뜻에 어긋난다.

전적으로 이 말씀은 복음서의 반문화적 메시지와 반대로 끌고 가는 듯이 보인다. 성경은 내게 권력의 도치에 대한 급진적 내러티브를 제공했다. 그 내러티브에서 창조주 하나님은 자신의 생명을 내려놓으셨고, 가난한 사람들이 부자들보다 뛰어나며, 버림받은 사람들이 가족이 되었다. 복음은 차이를 뛰어넘는 사랑의 강렬한 불이어서, 인종 차별과 사회 경제적 착취를 완전히 태워 버렸다. 그런데 여기에 여성에 대한 지배를 부추기는 이 끔찍한 구절이 있었다. 예수께서는 여자들을 남자들과 동등한 지위로까지 높이셨다. 겉으로 보기에 바울은 여자들을 내리눌렀다.

처음에 나는 그 충격을 잘 설명해 보려고 했다. 이를 테면, '복종하다'로 옮긴 단어가 헬라어 성경에서는 그 앞 구절 "그리스도를 경외함으로 피차 복종하라"(엡 5:21)에만 나오므로, 그 단락 나머지 부분에서도 틀림없이 상호 복종을 의미한다고 나는 주장했다. 그러나 아내들에게 복종하라는 명령은 신약에 세 번 나오지만(골 3:18; 벧전 3:1도 보라), 남편들은 사랑하라는 명령을 네 번(엡 5:25, 28, 33; 골 3:19), 아내를 귀히 여기라는 명령을 한 번(벧전 3:7) 받는다.

사실은, 내가 남편에 대한 명령에 렌즈를 맞추자 에베소서의 구절이 뚜렷해지기 시작했다. "남편들아 아내 사랑하기를 그리스도께서 교회를 사랑하시고 그 교회를 위하여 자신을 주심같이 하라"(엡 5:25). 그리스도께서 교회를 어떻게 사랑하셨는가? 십자가에서 죽으시는 것으로, 벌거벗기고 피 흘리는 데 자신을 내주셔서 교회를 위해 고통당하시는 것으로, 교회의 필요를 자기 필요보다 우선시하시는 것으로, 교회를 위해 전부 희생하시는 것으로 사랑하셨다. 나는 **이것**이 아내들을 향한 명령이었다면 어떤 기분이 들지 자문해 보았다. "아내들이여, 남편 사랑하기를 죽을 정도로, 남편의 필요를 자기 필요보다 우선시할 정도로, 남편을 위해 자기를 희생할 정도로 하라"는 명령이라면? 에베소서 5장 22절은 배우자를 학대할 권한을 부여한다고 비난받을 때도 있다. 비극이지만, 그 구절이 그런 식으로 오용되어 왔다. 그러나 남편들에 대한 명령을 보면 그렇게 해석할 수 없다. 학대하는 사람이라면 얼마나 더 쉽게 그 구절을 비틀어서 자기 아내에게 남편을 위해 고통당하고, 남편을 위해 자기를 버리고, 남편을 위해 죽으라고 명령할 수 있겠는가?

이 가르침에 맞는 렌즈가 바로 복음서의 렌즈라는 사실을 깨닫자, 이해되기 시작했다. 예수의 메시지가 진리라면, 아무도 권리를 들고서 식탁에 오지 못한다. 들어오는 유일한 방법은 납작 엎드리는 것이다. 남자든 여자든, 자기 결정권을 움켜잡고 있다면 틀림없이 예수를 거부하는 셈이다. 예수께서는 우리에게 그분에 대한 완전한 복종을 명령하시기 때문이다. 기독교인들이 그리스도에 대한 반응으로 분명 희생을 명령받기는 하지만, 무엇보다 먼저는 우리를 위한 그분의 희생을 받아들이라고 명령받는다.

이 렌즈를 제자리에 놓자, 하나님이 성과 결혼을 일종의 망원경으로 창조하셔서 그분이 우리와의 친밀을 정말 몹시 바라신다는 것을 우리에게 잠깐 보여 주고자 하셨음이 보였다. **이러한** 멋진 결혼 생활에서 우리의 역할은 변하지 않는다. 예수께서는 우리를 위해 자신을 주시고, (남자든 여자든) 기독교인들은 그분의 본을 따른다. 궁극적으로, 「로미오와 줄리엣」이 그 주인공 역을 연기하는 배우에 관한 것이 아니듯이 내 결혼 생활은 나와 남편에 관한 것이 아니다.

결혼 생활이 (가장 좋은 상대일 때) 훨씬 큰 현실을 가리킨다는 것을 깨닫자, 관련된 모든 압박이 누그러졌다. 첫째, 독신인 사람들의 압박이 풀렸다. 우리는 성적인 만족과 낭만의 충족을 최상의 상품으로 과시하는 세상에 살고 있다. 성교의 즐거움을 놓친다면 인생의 즐거움을 놓치는 것이라고들 말한다. 그러나 기독교의 틀 안에서 결혼을 놓치고 그리스도를 얻는 것은, 어린아이일 때 인형놀이를 하는 즐거움을 놓쳤지만 어른이 되어서 진짜 아기를 갖는 것과 같다. 그러한 최상의 관계를 온전히 누리고 있다면, 그 관계를 축소해 놓은 모형을 잃어버렸다고 슬퍼할 사람은 아무도 없을 것이다. 이 사실 덕분에 기혼인 사람들에게서도 압박이 사라진다. 물론 우리에게는 드라마에서 각자 역할을 연기해야 한다는 과제가 있다. 그러나 자신이 맞는 사람과 결혼했는지, 또 결혼 생활이 왜 우리를 지속적인 열반 상태에 빠뜨리지 않는지 근심하지 않아도 된다. 어떤 의미에서 보면 인간의 결혼 생활은 실망을 안겨 주게 되어 있다. 결혼 때문에 우리는 갈망이 더 심해지고, 그 갈망은 우리에게 최고의 결혼 생활이라는 모형의 궁극적 실재를 시사해 준다. 에베소서 5장은 내게 혐오감을 주기도 했지만 이제는 내 죄를 깨닫게 해주고, 예수께 가라고 해준다. 그분은 내 필요를 채워 주는 남편이시며, 진정 내 복종을 받기에 마땅하신 유일한 분이다.

결혼에 관해 바울의 말을 잘못 알아듣다

기독교인들은 하나님의 명령을 해명하려는 마음으로 때로는 결혼에 관한 이러한 묘사의 근거를 성별 심리학(gendered psychology)에 두려 한다. 어떤 이들의 말에 따르면 여자는 선천적으로 추종자인 반면, 남자는 선천적으로 지도자다. 그러나 남자가 받은 기본 명령은 사랑하라는 것이지, 주도하라는 것이 아니며, 나는 남자가 선천적으로 더 능숙하게 사랑한다는 주장은 들어본 적이 없다. 남자는 존경이 필요한 반면 여자는 사랑이 필요하다고, 또는 우리는 각자 선천적인 결함에 해당하는 명령을 받았기에 여자는 사랑에 더 익숙하고 남자는 존경에 더 익숙하다고 주장하기도 한다. 그러나 인간의 역사를 들여다보고서 남자들은 선천적으로 여자들을 존경한다고 말한다면, 눈가리개를 한 채로 모래에 머리를 찔러 넣는 셈이다!

남성과 여성의 심리학에 관한 이러한 주장들은 기껏해야 일반화일 뿐이다. 최악의 경우에 이러한 주장은 불필요한 반감을 불러일으키고 예외에 무너져 버린다. 아내들이 선천적으로 더 복종적이어서 이러한 명령을 받았는데 남편보다는 내가 더 타고난 지도자라면, 우리가 역할을 바꿀 수 있다는 말인가? 에베소서 5장은 결혼에서 남편과 아내의 역할의 근거를 성별 심리학이 아니라 그리스도 중심적 신학에 둔다.

나는 결혼한 지 10년이 되었으며, 선천적으로 복종적이지 않다. 나는 선천적으로 지도자 성향이다. 나는 박사 학위와 신학교 학위가 있으며, 가족 중에서는 숙달된 토론자다. 하나님에게 감사하게도, 나는 이러한 사실을 칭찬하는 남자와 결혼했다. 그런데도 이 드라마에서 내 역할을 잊지 않는 것, 그래서 **주께 하듯** 남편에게 복종할 기회를 알아차리는 것이 날마다 내게는 일종의 도전이다. 내가 선천적으로 어느 정도 복종적이거나 남편이 어느 정도 선천적으로 다정하기 때문이 아니라, 예수께서 나를 위해 십자가로 가셨기 때문이다.

'전통적' 성 역할에 대한 규정은 없다

에베소서 5장이 우리 같은 21세기 사람들의 귀에서 진동음처럼 계속 울리는 까닭은, 수세기 동안 '전통적' 성 역할은 흔히 아내들이 남편의 필요에 맞추어 일그러지는 것을 의미한 반면에 남편들은 자신의 우위를 주장하기 때문이다. 우리에게는 「메리 포핀스」(Mary Poppins)에서 뱅크스 씨 부부의 관계를 보여 주며 슬며시 조롱한 고정관념이 떠오른다.

그러나 바울은 남편의 필요가 먼저라거나, 여자는 남자보다 지도자 자질이 부족하다거나, 가정을 벗어나 일해서는 안 된다고 말하지 않는다. 바울의 사역상 주요 동역자 중 한 명은 바로 가정을 벗어나 일하던 여자였으며,[9] 구약 잠언에서 묘사하는 이상적인 아내도 그러했다. 바울은 아내가 남편보다 돈을 덜 벌어야 한다거나, 가족은 아내의 경력보다는 남편의 경력에 특혜를 주어야 한다고 명시하지 않는다. 남자가 비영리 단체나 교회의 목사로 일하거나 박사 과정 공부를 하면서 아내의 회사 급여에 비해 손톱만큼만 돈을 벌 수도 있다. 다른 곳에서 바울은 남자가 자기 가족을 확실하게 부양할 책임을 거부할 수 없음을 분명히 밝힌다. 그러나 이 말은 남편이 주로 생계를 책임져야 한다는 뜻이 아니다. 성경의 표현으로 보면, 일의 가치는 얼마를 버느냐가 아니라 어떻게 일하느냐로 가늠한다. 실제로 예수께서도 전형적인 지도자셨지만 돈을 벌지 않으셨고, 여제자 몇 명에게 재정적으로 의지하셨다(눅 8:2, 3).

면밀히 들여다보면, 에베소서 5장은 '전통적' 성 역할, 즉 흔히 남자에게 특권을 주고 여자에게 선심 쓰는 체하는 통상 개념에 대한 통렬한 비판이다. 결혼이라는 드라마에서는 아내의 필요가 우선이며, 자기를 앞세우려는 남편의 충동은 복음이라는 도끼에 인정사정없이 잘려 쓰러진다. 빅토리아 시대의 가치관으로의 회귀는 없다. 오히려 결혼은

---

9 "자색 옷감 장사"(행 16:14)였던 루디아를 보라.

그리스도의 성품에 더 주목하라는 명령이다. 남편에 대한 명령을 압제하고 지배할 권한을 주는 것으로 이해한다면, 예수께서 섬김을 받으려 오시지 않고 섬기러 오셨으며, 군대를 지휘하려고 오시지 않고 자기 생명을 대속물로 주기 위해 오셨음을 잊은 것이다. 남편들이 자기 아내를 "그리스도께서 교회를 사랑하시고 그 교회를 위하여 자신을 주심같이" 사랑하라고 명령받을 때, "주다"(give up)로 옮긴 단어는 복음서에서 예수께서 십자가에 못 박히도록 넘겨졌을 때 쓰인 단어와 같다.[10]

보라, 이 사람이로다!

예수를 최고의 사람으로 이해한다면, 남자와 여자에 대한 성경의 명령을 이해하게 될 것이다. 예수께서는 폭풍에 명령하시고, 천사 군대를 소환하시고, 죽음을 이길 정도로 강하시다. 그러나 그분은 팔로 어린아이를 안으셨고, 말씀으로 여자들을 높이셨으며, 손으로 아픈 사람들을 만져 고쳐 주셨다. 예수께서는 회초리를 휘둘러 장사꾼들을 성전에서 몰아내셨다. 그러나 사회에서 천대받는 이들과 약한 자들은 환대하셨다.

군인들이 예수를 조롱하고 때리고 괴롭힌 후에, 왕이라는 주장을 웃음거리로 삼고자 가시 왕관과 자주색 왕복을 입혀 사람들 앞에 내보였다. 로마 총독 빌라도가 "보라, 이 사람이로다"라고 큰 소리로 전했다(요 19:5). 이 말에는 역설이 잔뜩 담겨 있다. 예수께서는 자기 백성을 향한 사랑 때문에 매 맞고 낮아지셨지만, 완전한 사람이시다. 아무든지

---

10 마 27:26; 막 15:15; 요 19:16을 보라.

결혼에 관한 성경의 가르침을 여성에 대한 남성 우월주의나 학대나 폄하를 정당화하는 데 이용한다면 그 사람은 예수를 전혀 본 적이 없는 것이다.

결혼의 마무리

결혼 은유의 성취는 성경의 마지막 책에서 볼 수 있다. 사도 요한은 수많은 무리가 외치는 것 같은 소리를 듣는다.

> 어린양의 혼인날이 이르렀다.
> 그의 신부는 단장을 끝냈다(계 19:7, 새번역).

여기에서 거대한 은유 두 개가 충돌한다. 남편이신 예수는 희생당한 어린양으로, 남편과 사랑의 제물을 더 강하게 연결한다. 천사가 "어린양의 혼인 잔치에 청함을 받은 자들은 복이 있도다" 하고 선포한다(계 19:9). 요한계시록 뒷부분에서는 예루살렘을 그리스도의 신부로 묘사한다. "또 내가 새 하늘과 새 땅을 보니 처음 하늘과 처음 땅이 없어졌고 바다도 다시 있지 않더라 또 내가 보매 거룩한 성 새 예루살렘이 하나님께로부터 하늘에서 내려오니 그 준비한 것이 신부가 남편을 위하여 단장한 것 같더라"(계 21:1, 2. 또 21:9, 10도 보라). 하나님의 백성이 오랜 시간 실패하고 신실하지 못했지만, 마침내 희생하신 남편이자 왕이신 예수와 결혼한다.

성경 마지막 장을 보면 결혼 은유의 마지막 출구가 본능에 관한 또 다른 은유와 결합되어 나온다. "성령과 신부가 '오십시오!' 하고 말씀하십니다. 이 말을 듣는 사람도 또한 '오십시오!' 하고 외치십시오. 목이 마른 사람도 오십시오. 생명의 물을 원하는 사람은 거저 받으십시오"(계 22:17, 새번역).

예수께서 어느 여자에게 가장 먼저 생수를 주셨지만, 그 여자는 인종과 종교와 성별과 성적 이력 때문에 존경받는 랍비에게 경멸조차 받을 가치도 없었다. 그러나 그 랍비가 여자에게 마실 것을 청하셨다. 그리고 나서 주장하시기를, 누구든지 자기가 주는 물을 마신다면 결코 다시는 목마르지 않으리라고, 그런데 그 물은 그 물을 마신 사람 안에서 영생하도록 솟아나는 샘물이 되리라고 하셨다(요 4:13, 14).

교회 안에 있는 여성들

이 우물에서 솟아나는 샘물, 유대교에서 흘러나온 이 낯설고 새로운 1세기 믿음에 특히 여자들의 마음이 끌렸다는 것이 드러났다. 사회학자 로드니 스타크는 다양한 문서 자료와 고고학 자료를 근거로 초대 교회에서는 여성이 다수였음을 보여 주었다.[11] 여아에 대한 선별적 영아 살해와 분만 시 높은 산모 사망률 때문에 1-2세기 그리스로마 세계가 균형이 안 맞을 정도로 남자로 구성되어 있었다는 점을 감안하면, 이 사실은 특히 놀랍다.[12] 실제로 외부에서는 여성들에게 매력적이라는 이유로 초기 기독교를 조롱했다. 2세기 그리스 철학자인 켈수스는 기독

---

11 Rodney Stark, *The Rise of Christianity: How the Obscure, Marginal Jesus Movement Became the Dominant Religious Force in the Western World in a Few Centuries* (Princeton, NJ: Princeton University Press,1996), 「기독교의 발흥」(좋은씨앗 역간, 2016).

12 Michael J. Kruger, *Christianity at the Crossroads: How the Second Century Shaped the Future of the Church* (Downers Grove, IL: IVP Academic, 2018), 36쪽.

교인들이 "멍청하고 비열하고 어리석은 자들만, 즉 노예와 여자와 어린아이만 설득시키기를 바라며, 또 설득시킬 수 있다"고 은근히 비판한 반면, 3세기 기독교 변증가인 미누키우스 펠릭스가 기록해 둔 비판을 보면 기독교를 "쓰레기 같은 대중과, 여자라면 당연히 해야 하는 것을 할 줄 모르는 귀가 얇은 여자들"의 마음을 끈다는 말이 있다.[13]

여성의 지위는 교회에서 높아졌다. 1세기에 기독교 메시지를 전파할 때 여자들이 중요한 역할을 했다는 증거가 많으며, 바울이 로마서 끝부분에서 동역자 명단에 여자 아홉 명을 포함시킨 것도 한 가지 증거다.[14] 로마인 가정에서는 흔히 딸을 사춘기가 되기 전에 결혼시켜 버렸지만, 기독교인 여자들은 더 나중에 결혼할 수 있었다. 또 "이혼, 근친상간, 부정(不貞), 일부다처제, 여아 영아 살해와 관련하여 전통적으로 남자가 누리던 특권을 기독교가 정죄한 덕을 보았다."[15] 결혼에 대한 바울의 교훈이 우리 현대인들이 듣기에 충격적이라면, 그 교훈을 처음 들은 이들은 우리와는 정반대 이유로, 그 교훈이 여자들을 급진적으로 높였기 때문에 충격을 받았을 것이다. 실제로 기독교에서 남자들이 아내에게 정조를 지키고 희생적으로 다가가기를 기대하는 것이 많은 이방인에게는 아주 터무니없어 보였을 것이다.

세계 교회를 생각하면 기독교에 대한 백인 중심적 인식을 고수할

13　Kruger, *Christianity at the Crossroads*, 34-35쪽.

14　뵈뵈, 브리스가, 마리아, 유니아, 드루배나와 드루보사, 루포의 어머니, 네레오의 자매(롬 16:1-15).

15　스타크는 헌신적으로 보이는 남편 힐라리안이 자기 아내 알리스에게 주전 1세기에 쓴 편지를 인용하여, 이방 세계에서는 여아 유아 유기가 흔했음을 보여 준다. "당신이 우리 아들을 잘 돌봐 주기를 부탁하고 부탁하오. 그리고 돈을 지급받는 대로 당신에게 보내겠소. 출산을 했는데 아들이면 잘 데리고 있고 딸이면 버리시오. 당신은 나한테 '나를 잊지 말아요' 하고 전갈을 보냈지. 내가 어떻게 당신을 잊겠소. 제발 걱정하지 마시오." Stark, *The Rise of Christianity*, 97-98쪽. 「기독교의 발흥」.

수 없듯이, 남성 위주 시각을 계속 주장할 수 없다. 오늘날까지 기독교인은 남자보다 여자가 많다. 전 세계를 보아도, 여성이 다양한 지표에 걸쳐 두루 더 종교적이지만, 소속으로나 실제로나 그 차이는 기독교에서 더 확연하다. 예를 들어, 기독교인 여성은 기독교인 남성보다 매주 교회에 출석할 가능성이 7퍼센트 더 높다.[16] 예일대학교 교수 스티븐 카터가 지적하듯이, "전 세계적으로, 기독교인일 가능성이 높은 사람은 유색 인종 여성이다."[17]

기독교와 여성의 권리

그렇지만 그림을 지나치게 장밋빛으로 칠하지 말자. 다른 모든 윤리 분야처럼 교회는 여성에 대해 약속한 것을 제대로 이행하지 못했다. 교회 문화는 깎아내리고 선심 쓰는 체하는 태도에 매우 자주 물들었으며, 성경을 선택적으로 읽었기 때문에 남자들이 여성 혐오적 시각을 퍼뜨릴 수 있었다. 그러나 기독교인들은 여성의 권리를 위한 싸움에서도 주도적 역할을 해왔다. 웬디 올섭이 상기시키듯이, 1920년대의 페미니즘 제1차 물결로 미국 여성은 투표권과 토지 상속권을 획득했으며, 이는 상당 부분 기독교 운동 덕분이었다.[18] 이러한 운동의 씨앗은 소저너 트루스 같은 기독교 지도자들이 여성의 권리를 주장할 때처럼 노예 폐

---

16 "The Gender Gap in Religion around the World," Pew Research Center, March 22, 2016, http://www.pewforum.org/2016/03/22/the-gender-gap-in-religion-around-the-world/.

17 Stephen L. Carter, "The Ugly Coded Critique of Chick-fil-A's Christianity," *Bloomberg*, April 21, 2018, https://www.bloomberg.com/opinion/articles/2018-04-21/criticism-of-christians-and-chick-fil-a-has-troubling-roots.

18 Wendy Alsup, *Is the Bible Good for Women?: Seeking Clarity and Confidence through a Jesus-Centered Understanding of Scripture* (Colorado Springs: Multnomah, 2017)를 보라.

지 운동에서도 나타났다.[19] 그 씨앗은 기독교의 전 세계적 전파에서도 보인다. 예를 들어 중국 여성들은 유교 전통이 규정한 한계 밖으로 걸어 나와 가정의 테두리를 넘어 복음 전도자와 제자가 되어서, 중국 교회의 성장에 중요한 역할을 해왔다.[20]

진정한 기독교는 많은 전통 문화의 특징인 여성 소외를 확 뒤집어 버리고, 여성에게 하나님 앞에서 동등한 지위를 부여하며, 더불어 예수의 복음을 증거하고 다른 이들을 예수의 이름으로 사랑하는 완전히 새로운 역할도 함께 준다. 그럼에도 사실 성경의 틀은 여성이 (또는 그 문제에 관해서라면 남성이) 어떠한 종류의 자유를 누려야 하느냐를 놓고 현대 페미니즘의 몇몇 핵심 원칙에서 의견이 갈라진다.

내가 "누려야 한다"고 말한 이유는, 현대 서구의 정황으로는 행복에 대해 여성들이 자체 보고한 도발적 자료를 놓고서 씨름해야 하기 때문이다. 스티븐 핑커는 "여성이 남성에 비해 자율성이 늘수록, 행복도 저하된다는 사실이 그렇게 놀랍지는 않다"는 것을 알게 되었다.[21] 그러나 **이것이** 놀랍지 않은가? 현대에 주문 외듯이 되풀이되는 가르침에 따르면 자유와 행복은 함께 가기에, 우리에게 기회를 더 많이 주기만 하면, 우리는 가장 좋아질 것이다! 그러나 광범위한 심리학 자료를

---

19 예를 들어, 소저너 트루스는 1851년 5월 29일에 오하이오주 애크론에서 열린 여성 집회에서 "나는 여자가 아닌가요?"라는 제목으로 정말 감동적인 즉석연설을 했는데, 그 연설에서 트루스는 마리아, 마르다와 예수의 관계를 여성의 가치에 대한 증거로 언급한다.

20 Alexander Chow, "The Remarkable Story of China's 'Bible Women,'" *Christianity Today*, March 16, 2018, https://www.christianitytoday.com/history/2018/march/christian-china-bible-women.html.

21 Steven Pinker, *Enlightenment Now: The Case for Reason, Science, Humanism, and Progress* (New York: Penguin, 2018), 285쪽.

보면 이야기가 다르다. 자유가 어느 정도 있으면 틀림없이 더 행복해지지만, 선택할 수 있는 것이 지나치게 많으면 풍선에서 바람이 빠지는 것처럼 보인다.

나는 이 자료를 하버드대학교 교수인 댄 길버트를 통해 접했는데, 길버트의 연구는 1장에서 다루었다.[22] 길버트가 서술한 어느 연구에서는 엄선한 아름다운 그림들 가운데 복사본 하나를 피험자들이 고를 수 있었다. 마음을 바꿔도 된다는 말을 들은 사람들은 확실하게 선택한 사람들보다 결국은 자신이 고른 복사본에 덜 만족하였다. 이 연구와 비슷한 많은 연구에서 보이듯이, 무제한의 선택보다는 명확한 책임에서 행복이 나온다. 책임을 느슨하게 해주면 (이를 테면 피험자들에게 다음 주에 언제든 돌아와서 복사본을 바꿀 수 있다고 말해 주면) 만족이 줄어들며, 어떤 수준을 넘어서까지 선택을 확대해도 마찬가지다.

사소한 범위에서 보면, 누군가에게 다양한 초콜릿 중에서 (초콜릿이 6개가 아니라 30개라고 하자) 고르라고 제안하면, 고를 가능성이 낮거나 자기가 고른 것에 만족할 가능성이 낮다.[23] 그러나 이러한 심리적 본능 덕분에 성교 상대를 광범위하게 바꾸거나 어느 정도만 책임을 지는 동거보다는 결혼이 유익이 더 크다는 것이 잘 드러난다. 오늘날 사람들 대체로 동거를 미래의 이혼에 대비하는 현명한 예방책으로 여긴다. 그러나 자료를 보면 이야기가 다르다. 결혼 전에 동거하는 사람들은 그

---

22 Dan Gilbert, "The Surprising Science of Happiness," TED2004 (video), February 2004, https://www.ted.com/talks/dan_gilbert_asks_why_are_we_happy와, Daniel Gilbert, *Stumbling on Happiness* (New york: Vintage, 2007), 202쪽을 보라.

23 Jonathan Haidt, *The Happiness Hypothesis: Finding Modern Truth in Ancient Wisdom* (New York: Basic Books, 2006), 101.

렇게 하지 않는 사람들보다 이혼할 가능성이 높고,[24] 동거를 보는 경향에는 남녀 간에 차이가 있어서, 대체로 남자들은 그 관계에 의미심장할 정도로 책임을 표현하지 않는다.[25] 게다가 결혼은 남자와 여자 모두에게 정신과 육체의 건강상 이점과 다양하게 연관된 반면에, 적어도 여성들에게는 성교 상대가 많아질수록 심리적으로 부정적인 영향이 있을 수 있다.[26]

핑커는 여성의 행복이 감소한 이유는 오늘날 서구 여성에게 복합적으로 상충하는 부담이 있기 때문이라고 생각했다. 아마 이 말에도 진실이 들어 있을 것이다. 그러나 여성이 자유와 전문직에 종사할 기

---

[24] "혼전 동거가 미국에서 이혼에 대한 위험 요소와 결혼 생활의 고충 증가와 관련이 있다고 밝혀졌다." Scott M. Stanley, Galena Kline Rhoades, Howard J. Markman, "Sliding versus Deciding: Inertia and the Cohabitation Effect," *Family Relations* 55 (October 2006): 499쪽. 잠재적 원인에 대한 분석은 https://onlinelibrary.wiley.com/doi/epdf/10.1111/j.1741-3729.2006.00418.x?referrer_access_token=wu1Z1URtk23jrD7fqRNn5ota6bR2k8jH0KrdpFOxC66SF1aJDraJRypyD_sck7_fW2s-LYZlHy-79jDt6UFiXOG2q1LxkIIPm3DLwQ6GVisgj5zvpPAQwJeduNrr4dcDM7BDn4uAW_txQF34J11V-A%3D%3D를 보라.

[25] Meg Jay, "The Downside of Cohabiting before Marriage," *New York Times*, April 14, 2012, https://www.nytimes.com/2012/04/15/opinion/sunday/the-downside-of-cohabiting-before-marriage.html?pagewanted=all&_r=0. Michael Pollard and Kathleen Mullon Harris, "Cohabitation and Marriage Intensity: Consolidation, Intimacy, and Commitment," Rand Labor & Population, June 2013, https://www.rand.org/content/dam/rand/pubs/working_papers/WR1000/WR1001/RAND_WR1001.pdf도 보라.

[26] 예를 들어, Tyree Oredein and Cristine Delnevo, "The Relationship between Multiple Sexual Partners and Mental Health in Adolescent Females," Community Medicine & Health Education, December 23, 2013, https://www.omicsonline.org/the-relationship-between-multiple-sexual-partners-and-mental-health-in-adolescent-females-2161-0711.1000256.pdf를 보면 "모든 인종/민족 집단에 걸쳐서, 성행위 상대의 수에 따라 슬픔과 자살 생각, 자살 계획, 자살 시도가 더 횡행한다"는 사실을 발견했다고 한다. 또 Sandhya Ramrakha et al., "The Relationship between Multiple Sex Partners and Anxiety, Depression, and Substance Dependence Disorders: A Cohort Study," NCBI, February 12, 2013, https://www.ncbi.nlm.nih.gov/pmc/articles/PMC3752789/에서는 "특히 여성들에게, 성행위 상대의 수와 추후 물질 사용 장애 간의 강한 연관성"을 발견했다.

회에서 얻은 것을 많은 이가 성 혁명 때문에 잃는 것이 가능한가? 성 혁명은 많은 남자가 원하는 것(책임 없는 성교)을 여성 해방이라는 덮개 아래 숨겼다. 2년 전, 불가지론자이자 세계 최정상급 대학교 교수인 친구가 내게 말해 주기를, 여학생들이 현대 여성에게 기대되는 온갖 (때로는 거의 합의하지 않은) 성교를 하고 있는데도 왜 기대하던 행복을 느끼지 못하는지 자기에게 물어보는 경우가 많다고 했다.

성교 상대를 여럿 두겠다고 결정한 여자들의 정신 건강이나 행복을 뭉뚱그려서 말하고 싶은 마음은 하나도 없다. 아주 똑똑한 비기독교인 친구 중에 몇 명은 그러한 길을 선택했고, 아주 사랑스러운 기독교인 친구 중에 몇 명은 그러한 생활 방식을 모면했다. 그러나 순전히 생물학적 관점에서 보아도 가정하기가 아주 쉬운 사실은, 여자는 계속 다른 여자들에게 넘어가 그 사이에서 아이를 낳을 남자보다는 자신과 아이들을 보호해 줄 남자의 약속에 마음이 기울어진다는 것이다.[27] 또 불가지론자인 친구 하나는 뉴욕에서 〈섹스 앤 더 시티〉(Sex and the City) 같은 생활 방식으로 10년간 살아왔는데, 자신은 종교보다는 경험상 이 이유로 책임 없는 성교에 관해 나와 같은 결론에 도달했노라고 말해 주었다. 그러한 생활 방식을 유지하려면 감정적으로 갑옷을 확고하게 차려입어야 했다고 말하면서 누구도 더 일찍 자기에게 말해 주지 않았다는 사실을 한탄했다. "왜 이런 자료를 여자 고등학생들에게 제공하지 않는 거지?"

---

27 성행위와 행복을 다룬 어느 이론적 연구에서 어느 정도 냉담하게 말하듯이, "전년도에 행복을 극대화하는 성교 상대의 수는 한 명으로 추정된다." David G. Blanchflower and Andrew J. Oswald, *Money, Sex and Happiness: An Empirical Study* (Cambridge, MA: National Bureau of Economic Research, 2004), 2쪽, https://www.nber.org/papers/w10499.pdf.

분명히 말하지만, 나는 여성들이 사실은 성교에 관심이 없다고 말하고 있는 것이 아니다. 정반대다. 그러나 대체로 기혼인 사람들은 미혼인 동년배들보다 성교를 더 자주, 더 즐겁게 한다.[28] 특히 여자들은 성교 진행 과정이 남자들보다 복잡한 경우가 많으므로, 변함없는 약속이 진정한 성적 흥분으로 이어지는 비결이 될 수 있다. 신약에서는 남편들과 아내들에게 일정한 간격으로 성교를 하면서 남편의 성욕 못지않게 아내의 성욕도 우선시하라고 가르치며(고전 7:3-5), 성경의 책 한 권 전체는 다양한 성적 표현으로 부부의 사랑을 탐색하면서 남성뿐 아니라 여성의 성욕도 말로 표현한다.[29] 성은 가치 있고 귀중하며 즐겨야 하는 것이다. 그러나 성은 궁극적 선은 아니며, 특별한 언약의 표지이고, 하나님의 형상을 지닌 이들이 많아지게 하는 수단이며, 더 큰 실재를 어렴풋이 보여 주는 빛이다.

"생명을 위한다고? 거짓말!"

성적 이상(理想)에 대한 재정의는 또 다른 윤리 영역과 연결된다. 그 영역에서는 많은 기독교 여성이 오늘날의 페미니즘에서 소외감을 느끼며, 내 세속 친구들은 기독교에서 소외감을 느낀다. 낙태는 이 책에서 어느 정도 깊이로든 다루기에 매우 큰 쟁점이고, 상이한 견해를 두루

---

28 몇몇 연구를 요약한 기사는 Linda Bloom and Charlie Bloom, "Want More and Better Sex? Get Married and Stay Married," *Huffpost*, July 13, 2017, https://www.huffingtonpost.com/entry/want-more-and-better-sex-get-married-and-stay-married_us_5967b618e4b022bb9372aff2. 또 미혼에 비해 기혼이 누리는 성교의 수준에 대해서는 Blanchflower and Oswald, *Money, Sex and Happiness*도 보라.

29 구약의 아가서를 보라.

유의미하게 논하기에도 아주 어려운 문제 중 하나다. 그렇더라도 낙태를 다루지 않으면 여성의 권리를 완전하게 탐구하지 못할 터이므로, 낙태에 관해 간단히 언급하겠다.

이십 대 초반에 나는 런던에서 낙태 반대(pro-life. 문자 그대로 옮기면 '생명을 위하는'이다_ 옮긴이) 침묵시위에 참여했다. 반대편 시위자들은 침묵하지 않았다. 그들은 반복해서 구호를 외쳤다. "생명을 위한다고? 거짓말! 여자들이 죽든 말든 상관없다는 말!" 내 견해와는 거리가 먼 비난이었기 때문에 침묵을 견뎌내기 힘들었다. 그러나 그에 맞먹는 비방으로 맞받아치고 싶지는 않았다. 낙태 찬성(pro-choice)을 외치는 이들이 여성단체에, 또 원치 않는 임신으로 충격을 받은 연약한 여성 수백만 명에게 매우 마음을 쓰고 있다는 것을 나는 알고 있었다. 나도 마음이 쓰인다.

나는 과거를 미화하는 것이 아니다. 아득히 먼 옛날부터 여자들은 원치 않는 아기를 다양한 방법으로 처리해 왔다. 실제로 소아과 의사인 폴 오핏이 알아내고서 놀랐듯이, 기독교가 등장하고 나서야 영아 살해가 도덕적으로 문제가 되었다.[30] 미혼모들은 배척당했다. 불법 낙태 때문에 많은 임산부가 죽었다. 태어나지 않은 생명은 옹호하지만 태어난 약자들은 무시하는 사람들의 위선이 내게 민감하게 느껴지고, 내가 생각하기에 낙태에 대한 '책임'은 절망적인 상황에서 낙태를 선택하는 여자들이 아니라 우리 모두에게, 즉 성교를 책임과 별개로 취급하여 계획되지 않은 임신이라는 생태계를 만들고서는 그러한 상황에 처한 여자들을 도와주지 않은 사회의 구성원인 우리에게 있다.

---

30 Paul Offit, *Bad Faith: When Religious Belief Undermines Modern Medicine* (New York: Basic Books, 2015), 127쪽. 이 책 4장 '악한 믿음'(92-93쪽)에서 논한 내용도 보라.

여성에게는 자기 몸을 마음대로 할 권리가 있다는 구호가 강력하기는 하지만, 어느 한 사람이 자신의 신체를 어떻게 하겠다고 결정할 권리는 그 행위가 다른 사람의 신체에 영향을 끼치는 경우에 제한을 받는다는 데 누구나 동의해야 한다. 그러므로 대답이 아무리 거북하더라도, 우리가 던져야 하는 질문은 태아를 인간으로 여기는지 아닌지와, 인간으로 여긴다면 언제부터 인간이냐는 것이다.

4장에서도 저작을 다뤘지만, 무신론 철학자 피터 싱어는 출생이 인간/비인간을 가르는 유의미한 구분점이라는 개념에 의문을 품는다. 그러나 싱어는 출생 전 언제부터 인간인지를 살펴보기보다는, 사람의 영아는 인간이 아니며, 영아 살해는 낙태 정도로만 우리를 성가시게 해야 한다는 결론에 도달한다. 이것은 싱어 특유의 견해가 아니다. 2012년에 의료 윤리학자인 알베르토 주빌리니와 프란체스카 미네르바가 〈의료 윤리 저널〉(Journal of Medical Ethics)에 실은 논문에서 주장한 내용에 따르면, "낙태가 허용되는 모든 경우에는 신생아에게 장애가 없는 경우를 포함하여 출생 후 중절(신생아 살해)도 허용해야 한다."[31] 이 책을 읽는 사람들 중에 거의 아무도 이에 동의하지 않을 것이다. 우리의 도덕 체계에는 어리고 약한 이들에 대한 기독교의 가치 평가가 아주 깊게 새겨져 있어서, 아기 살해가 끔찍하게 느껴진다. 그러나 그 논리에는 흠이 없다. 즉 사람이 하나님의 형상으로 창조되었다는 이유로 인간이라는 특별한 범주에 들어가지 않는다면, 아마 우리는 인간의 가치를 능

---

[31] Alberto Giubilini and Francesca Minerva, "After-Birth Abortion: Why Should the Baby Live?," *Journal of Medical Ethics* (2012): 1, https://jme.bmj.com/content/medethics/early/2012/03/01/medethics-2011-100411.full.pdf.

력에 따라 평가할 것이다.

    이 글을 쓰고 있는 지금, 나는 셋째 아이를 임신 중이다. 나는 안정된 결혼 생활과 성취감을 주는 직업이라는 복을 누리고 있다. 그러나 나는 임신 때마다 우리 사회가 인간을 어떻게 여기느냐 하는 위태로운 본질이 떠오른다. 임신 몇 개월이 지나면, 우리 아기에게는 눈, 코, 입, 귀와 장기가 자리를 잡는다. 나와 우리 가족이 느낄 수 있을 정도로 자유로이 움직인다. 아기의 몸은 내 몸 안에 있고 내 몸에 의지하고 있지만, 내 몸의 일부는 아니다. 그러나 아기는 매사추세츠주에서는 법적으로 아무 권리도 없다. 겉보기에 법은 생존 가능 연령이라는 상식적인 원칙 아래서 발달해 왔는데, 과학의 발전으로 더 어린 아기들이 자궁 밖에서도 생존할 수 있게 되면서 그 법에 끊임없이 질문이 제기되고 있다. 그러나 법적 연령 한도를 낮춘다는 말이 새로운 연령 한도는 넘어서지만 예전에는 낙태되었던 아기들을 사람으로 간주했어야 한 것은 아닌지를 어깨너머로 힐끗 뒤돌아보고서 생각해 본다는 뜻은 아닐 것이다. 게다가 과학 발전이 사람의 가치를 가늠하는 올바른 잣대인가?

    내가 생각하기에는, 이 책에서 살펴보는 다른 많은 질문처럼 이 주제에 대해서도 머리가 좋고 선의가 있는 사람이라도 근본적으로 출발점이 서로 다르기 때문에 서로 다른 결론에 도달할 수 있다. 친구들 중에는 낙태에 관해서 나와 의견이 다른 비기독교인이 많다. 그 친구들은 낙태 반대 운동을 여성에 대한 억압으로 여기지만, 동일한 친구들 대부분은 여아 선별 낙태에 관해서라면 여성의 선택권을 제한하기를 원한다. 여아 선별 낙태 때문에 성별 차이가 인도에서는 2,500만 명, 중국에서는 3,500만 명이 되었으며, 이는 1세기에 기독교가 등장하여 방해하기 전까지 여아 영아 살해 때문에 발생한 성별 차이와 비슷하다.[32] 많은 사람이 다운증후군 아기의 선별 낙태도 주저할 것이다. 우리 모두 결국은 인정하듯이 어느 단계든 우리가 사람의 생명에 대해 말하는 내용은 폭넓게 영향을 끼치며, 윤리에 관한 역사 대부분은 인간을 가치 있게 여겨야 하는지 여부가 아니라 일단 누구를 인간으로 여겨야 하는지에 따라 결정되었다.

원치 않는 임신이 복잡하게, 때로는 가슴 아프게 이의를 제기하더라도, 내가 정말로 믿기로는 기독교 신앙에는 낙태 반대가 수반되며, 여성을 혐오하는 까닭에 낙태를 반대하는 이들이 분명 있기는 해도, 낙태 반대가 반여성적이라는 주장은 오래갈 수가 없다.

그러나 기독교 세계관의 다른 모든 요소처럼, 태어나지 않은 아기들이 온전한 사람이고 따라서 한없이 소중하다는 인식은 훨씬 큰 이야기 속에 들어간다. 그 이야기에서는 가장 연약한 이들이 가장 중요하며, 그 이야기에서는 원치 않는 사람은 하나도 없고, 그 이야기에서는 우리 모두 성적으로 죄인이지만 심판권은 예수께만 있으며, 그 이야기에서는 다른 이들을 위한 희생이 기쁨으로 향하는 유일한 길이며, 그 이야기는 (청혼을 기쁘게 받아들이는 사람들에게) 매우 아름답고 친밀한 결혼으로 끝나서, 그 결혼은 사람의 가장 훌륭한 결혼도 셰익스피어의 소네트에 비교되는 하트 이모티콘으로 보일 정도다. 덤블도어의 "세베루스…… 제발"처럼, 여자에 대한 성경 말씀은 자신의 생명을 내려놓

---

32 Elaine Storkey, "Violence against Women Begins in the Womb," *Christianity Today*, May 2, 2018, https://www.christianitytoday.com/women/2018/may/violence-against-women-begins-in-womb-abortion.html.

은 남자의 말이다. 최고의 남자가 자신에게 생명을 맡긴 여자 수십억 명을 위해 자기 생명을 내려놓았다. 기독교는 여성을 비하하는가? 정반대다. 기독교는 우리를 높여서 바로 하나님과 교제를 누리는 자리로 들어가게 한다.

Question 9 〰〰〰〰〰 기독교는 동성애를 혐오하지 않는가?

Isn't Christianity Homophobic?

● 레이첼과 나는 발포 믹스처럼 비슷하면서도 정반대여서 훌륭한 관계로 이어졌다. 나는 외향적이지만 레이첼은 내향적이다. 나는 낙관론자이지만 레이첼은 비관론자다. 나는 충동적 성향이지만 레이첼은 위험 회피적 성향이다. 나는 런던 출신이고 레이첼은 캘리포니아 출신이다. 나는 학구열이 대단하며 교회에 출석하는 가정에서 자랐다. 레이첼은 자력으로 학자가 되었으며 종교 없이 양육되었다. 우리는 둘 다 근사한 대학교에서 인문학 과목을 공부했다. 둘 다 책과 시를 좋아하고, 새로운 생각을 토론하길 좋아한다. 둘 다 열정적인 기독교인으로 신학교 학위가 있고, 원어 성경과 씨름하여서 그 내용을 우리의 복잡한 삶에 적용하고자 한다. 우리는 서로를 웃게 하고, 서로 더 잘하라고 격려하며, 주로 여자들에게 마음이 끌린다.

우리가 동성에게 끌린 사연은 믿음의 사연만큼이나 서로 다르다. 내 경우에는 어린 시절부터 다가갈 수 없는 언니들에게 반한다는 사실을 알게 되었지만 나이가 들면 벗어나기를 바라며 기도하던 여자의 사연으로, 그 바람은 결국 대학원에서 사라졌다. 나를 원하는 반응을 해줄 수 없는 사람들에게 마음이 박혀 버렸으므로, 침묵과 고요한 상실의 사연이다. 한 번도 다른 여자에게 성적인 면으로 닿을 수 없었으나, 때로는 내가 할 수 있다고 알던 것보다 훨씬 깊은 친밀을 갈망하던 사연이다. 또한 동성에게 더 마음이 끌리던 우리 세대 많은 기독교인처럼, 정당한 필요와 뒤얽힌 욕망이라는 부담을 떠안고 있는 사연이며, 내 감정을 드러내면 우정을 망치리라는 아주 크고 깊은 두려움이다.

레이첼의 사연은 정반대다. 기독교의 틀 없이 성장하여 열다섯 살에 자신이 아름다운 언니에게 마음이 끌린다는 사실을 깨달은 여자의 사연이다. 그 언니를 쫓아다니고 유혹해서 친밀하고 계속되는 관계를 공개적으로 맺은 사연이다. 아마 이성애자일 다른 많은 여자와 잠자리를 하고, 정복 심리가 생기기까지 한 사연이며, 멍청하며 쉽게 침대로 유혹할 수 있다는 이유로 기독교인들을 경멸한 사연이다. 그러나 그것은 레이첼의 예일 행(行)에 의미를 부여하는 사연으로, 예일에서 레이첼은 고등학교 시절의 여자 친구 없이 홀로 지내게 되었고, 실존적 불안에 빠졌고, 냉담자인 가톨릭교도 친구에게 「순전한 기독교」(Mere Christianity)라는 책을 슬쩍하고는 예수의 복음에 압도되었다. 레이첼이 자신의 생활 방식을 성경과 양립시키려다 실패한 사연이며, 여자들과의 성교보다 예수께 헌신하려다 실패한 사연이며, 그러다가 점차 순종이 커져서 유혹에 맞설 수 있게 된 사연이다. 예수의 사랑에 의존한 사연이고, 그분이 여자들과 성적인 관계를 거부(no)하신 것은 그분과의 더 깊은 관계를 더 선하게 긍정(yes)하신다는 뜻임을 믿었다는 사연이다.[1]

---

[1] 레이첼이 직접 이야기한 사연은 다음 기사에서 읽을 수 있다. Rachel Gilson, "I Never Became Straight. Perhaps That Was Never God's Goal," *Christianity Today*, September 20, 2017,

레이첼과 나는 지금 남자와 결혼했으며, 각자 자기 남편을 사랑하고 존경하고 의지한다. 우리의 결혼 생활은 바르고 충실하며, 죄인인 두 사람이 평생 서로에게 자신을 속박했을 때 생기게 마련인, 일상의 모든 단맛과 쓴맛으로 담금질되고 있다. 레이첼과 나는 각자 남편을 하나님이 우리에게 주신 아주 큰 복 중 하나로 여긴다. 우리는 세상을 다 준다고 해도 남편과 바꾸지 않을 것이고, 그리스도를 닮은 남편의 사랑 덕분에 수천 가지 면에서 다듬어지고 바뀌었다. 그러나 레이첼과 내가 남자와 결혼하기로 결정한 이유는 우리로서는 그리스도에 대한 헌신이 감정적이고 성적인 선호를 초월하기 때문이다. (대부분의 기혼인 사람들이 때때로 그러하듯이) 우리가 결혼 생활 밖에서 누군가에게 끌릴 때면 언제나 여자에게 끌린다. 레이첼에게 그 시험대는 익숙한 길로 돌아가 방황하지 않는 것이었고, 내게는 그때까지 열리지 않은 문에 기대지 않는 것이었다. 결혼 생활 10년이 지나자, 우리 둘 다 이러한 유혹이 사라지리라고 기대하지 않게 되었다. 우리의 믿음에 따르면, 하나님은 우리의 타고난 성향을 바꾸실 수 있지만 하나님이 우리에게 그렇게 하겠다고 약속하지 않으시는 이유는 명문가 출신 이성애자가 기독교인의 인생 목표가 아니기 때문이다. 예수가 기독교인의 인생 목표다.

그렇지만 이번 장은 아마 가장 논란의 여지가 많을 것이다. 여기에서 주장할 견해는 21세기 서구 사회에서는 인기가 심하게 없으며, 일부 교회의 경우에도 점점 인기가 없어지고 있다. 그러나 내가 동성애를 혐오하는 편협한 사람이어서 어떻게 두 여자나 두 남자가 완전히 푹

---

https://www.christianitytoday.com/ct/2017/october/i-never-became-straight-perhaps-that-was-never-gods-goal.html.

빠져 서로를 원할 수 있는지 이해하지 못하기 때문에, 또는 동성 커플이 충실한 배우자이자 책임감 있는 시민, 다정한 부모가 될 수 있다고 믿지 못하기 때문에 이 내용을 쓰고 있는 것은 아니다. 내게는 이 모든 사항에 해당하는 친구들이 있다.

어떤 이는 내가 어릴 때부터 동성끼리의 친밀을 적대하도록 문화화되었고, 내 신념이 신앙 때문에 한쪽으로 기울어진다고 말할 수 있다. 그러나 레이첼의 사연에 귀를 기울이자 이러한 사실이 내 신념의 신빙성을 떨어뜨리지 않는다는 느낌이 더 분명해졌다. 내가 이번 장을 쓰는 이유는 예수를 따르면 동성 결혼이 불가능해진다고 믿고 싶어서가 아니다. 그것이 내게는 불편한 진실이다. 내가 이 글을 쓰는 이유는, 내 좁은 마음으로 헤아릴 수 있는 것보다 훨씬 큰 진리를, 내 약한 마음으로 낼 수 있는 것보다 큰 열망을, 사람의 가장 훌륭한 결혼에서 얻을 수 있는 것보다 훨씬 친밀한 관계를 믿기 때문이다.

한 몸이 되는 두 가지 방법

1장 첫 단락을 읽고서 바로 이 부분으로 건너뛰었다면, 다시 앞으로 가기를 바란다. 이번 장은 바로 앞 장에 대한 기초 지식이 없으면 이해하기 어려울 것이다. 앞부분에서 주장한 내용에 따르면, 하나님이 그분 자녀를 어떻게 사랑하는지 보여 주시려고 부모가 되는 것을 창조하셨듯이, 그리스도와 하나 된다는 것이 무슨 말인지 잠깐 보여 주시려고 성과 결혼을 창조하셨다.[2] 우리가 보았듯이, 성경은 결혼을 한 몸이 되

2　성경의 은유를 다룬 6장까지 읽을 수 있다면, 훨씬 좋을 것이다!

는 경험으로 표현한다. 즉 한 남자와 한 여자는 정신적으로 한 몸인 현실로 연합하는데, 이는 성교의 육체적 성격으로 설명되고, 각 자녀 안에서 부모 두 사람의 디엔에이(DNA)가 결합함으로 분명해진다. 그러나 성경에는 한 몸이 되는 또 다른 차원이 있다. 그리고 그 차원을 숙고하는 데 시간을 들이지 않는다면, 성을 둘러싼 기독교인의 경계 논리를 결코 이해하지 못할 것이다.

때때로 사람들은 성경이 동성끼리의 관계를 정죄한다고 말한다. 그렇지 않다. 성경은 기독교인들이 거의 도달할 수 없는 정도의 친밀한 동성 간 관계를 **명령한다.** 예수께서는 완전히 친밀한 복음을 전하셨다. 가장 우선으로 그분과 친밀한 것이며, 그분을 통해서 다른 이들과도 친밀한 것이다. 바울은 예수께서 마지막 식사 자리에서 제자들에게 하신 말씀을 기반으로 주장하기를, 기독교인들은 서로 떼려야 뗄 수 없이 묶여 있다고, "우리가 떼는 떡은 그리스도의 몸에 참여함이 아니냐 떡이 하나요 많은 우리가 한 몸이니 이는 우리가 다 한 떡에 참여함이라"고 했다(고전 10:16, 17).

기독교의 틀 안에서 한 몸으로 연합함은 남편과 아내에게만 해당되지 않고 모든 사람에게 해당된다.[3] 폐가 심장 없이 일할 수 없듯이 기독교인들은 혼자 일하게 되어 있지 않다. 바울의 설명에 따르면 "몸은 하나인데 많은 지체가 있고 몸의 지체가 많으나 한 몸임과 같이 그리스도 그러하[다]"(고전 12:12). 바울은 결론 내리기를 "만일 한 지체가 고통을 받으면 모든 지체가 함께 고통을 받고 한 지체가 영광을 얻으면 모

---

[3] 바울은 로마서 12장 4, 5절과 에베소서 4장 15, 16절에서 동일한 표현을 사용한다.

든 지체가 함께 즐거워하느니라"고 한다(고전 12:26).

따라서 성경적 틀에서 우정은 낭만적 사랑을 얻지 못한 사람들에게 수여하는 위로상이 아니다. 결혼처럼, 또 부모가 되는 것처럼 우정은 하나님이 우리를 향한 사랑의 한 측면을 나타내시는 또 하나의 방법이다. 기독교인들은 "한 몸"이고(롬 12:5), 형제요 자매로(마 12:50), "사랑 안에서 연합하여"(골 2:2) 함께 군사가 되었다(빌 2:25). 바울은 친구 오네시모를 일컬어 자신의 "마음"(몬 12절, 새번역)이라고 하고, 데살로니가에 있는 신자들을 향한 애정을 "유모가 자기 자녀를 기름"에 비한다(살전 2:7). 아기에게 젖먹이기는 성적 행동과는 아주 다르지만, 그 일 역시 두 사람이 상호간의 취약성과 신뢰 안에서 진정으로 연합하는 것이다. 신약의 기독교인들을 보면 자기 재산을 나누고, 공동생활을 하며, 서로 짐을 대신 져 주고, 서로 깊이 사랑하고 몸으로 사랑을 표현했다. 신약에는 "거룩하게 입맞춤으로 서로 문안하라"는 명령이 다섯 차례 등장한다.[4]

이 장 뒷부분에서 보겠지만, 성경은 성적인 친밀이 오로지 이성 결혼에만 있어야 함을 분명히 한다. 그러나 (동성끼리의 우정에서 가장 잘 경험할 수 있는) 복음의 동반자와 같이 한 몸이 되는 현실이 별 볼일 없는 것은 아니다. 그러한 현실은 바로 예수를 근거로 삼아 주장할 수 있다. 예수께서는 결혼을 하지 않으셨고 우정에 온 마음을 쏟으셨으며 이렇게 단언하셨다. "사람이 친구를 위하여 자기 목숨을 버리면 이보다 더 큰 사랑이 없나니"(요 15:13).

성경의 표현을 보면 우정이 결혼보다 못하지는 않지만 역할이 다

---

[4] 롬 16:16; 고전 16:20; 고후 13:12; 살전 5:26; 벧전 5:14.

르다. 결혼에서 한 몸의 친밀은 자기 백성을 향한 그리스도의 질투하는 사랑을 표현한다. 그러한 친밀은 중요한 의미에서 배타적이다. 반대로 기독교인의 우정은 포괄하게 되어 있다. 바울의 모유 수유 비유는 이것을 시사한다.

나는 둘째 딸을 임신했을 때, 그 아이를 첫째 아이만큼 사랑할 수 있을지 걱정했다. 그러나 둘째가 태어나자 하나님은 내 마음을 넓혀 주셨다. 나는 하나님이 내 마음을 넓히셔서 셋째 아이도 꼭 그만큼 사랑하게 하시리라 믿는다. 아이들을 향한 내 사랑은 강력하고 친밀하지만 배타적이지는 않다. 마찬가지로, 하나님이 동성 간 우정에 부어 주신 깊고 여리며 즐거운 사랑에는 결혼에서와 같은 배타적이고 한 사람으로 끝나는 경계가 없다. 내 경험상, 한 친구와 친해질수록 다른 여러 관계 속으로 밀고 들어가 하나님이 내게 요구하시는 사람이 되어야지, 마음속으로 불안하게 빠져 들어가서는 안 되었다. 결혼과 우정은 서로 다른 경계의 영향을 받으므로, 그 경계를 이해하면 결혼과 우정의 목적을 각기 이해하는 데 도움이 될 것이다.

경계의 유익

우리 인간들은 경계를 잘 긋는다. 분명 우리에게는 자유가 필요하다. 그러나 삶의 서로 다른 부분용으로 적당한 공간을 만들어 내려면 경계가 필요하다. 이러한 여러 경계는 공간적일 수 있어서, 이 장소는 야구용이고 저 장소는 풋볼용이다. 두 경기를 동시에 할 수 있지만, 같은 경기장에서는 하지 못한다. 경계는 시간적일 수 있어서, 이 시간은 수면용, 이 시간은 작업용, 이 시간은 경기용이다. 근무 중간에 잠을 자거나 한밤중에 경기를 하는 것은 여간해서 우리에게 좋지 않다. 경계는 관계 적일 수 있어서, 낯선 사람이 내 몸을 만지면 안 되지만, 그 낯선 사람이 의사라면 진찰하는 방식으로는 내 몸을 만질 수 있다. 성경의 성 윤리를 자세히 들어보면, 그 뚜렷한 경계에서 성교에 안전한 장소뿐 아니라 다른 종류의 친밀한 관계를 맺기에 흠이 없는 경기장이 생겨난다.

기독교의 틀 안에서는 이성 결혼을 성적 친밀감을 누릴 수 있는 유일한 자리로 구별해 놓았다. 이 경계는 다른 누군가와 성교할 가능성을 차단한다. 이 경계가 매우 제한적이고 어느 면에서는 우리의 성향을 거스르는 이유는, 기혼인 사람들 중에 자기 배우자가 아닌 누군가와 성적으로 친밀해지고 싶은 욕구가 없는 사람은 거의 없기 때문이다. 따라서 기독교인은 누구나 때로는 자신의 욕구를 희생하라는 명령을 받는다. 그러나 결혼에서는 자유와 안전이 한없이 생겨나서, 비난당하거나 버림받을지도 모른다는 두려움 없이 애정 어린 성교가 가능하다. 우정의 경계는 다른 부분 안에 있어서, 그 경계는 성교를 금지하지만, 다수의 사람들과 친밀을 누릴 공간을 만들어 내어 결혼과는 다른 방법으로 우리 마음과 정신과 몸을 어루만진다.

우리는 서로 다른 종류의 사랑과 경계가 가족 구조에서 가장 분명하게 작용하는 것을 볼 수 있다. 친밀한 가족 관계는 깊은 사랑과 신체적 친밀로 나타난다. 각각 여덟 살과 여섯 살인 내 딸들은 보통 스킨십을 하려고 내게 온다. 딸들을 안고 있으면 기쁘고 모성애의 욕구가 충족된다. 그러나 어릴 때 성적인 학대를 경험한 내 친구들이 고통스럽게 단언할 수 있듯이, 부모 자녀 간 유대 관계에 성적 친밀을 끌어들이면 그 사랑이 파괴된다. 가족 안에서 영향을 끼치는 경계에서는 다른 형태의 친밀을 누릴 여지가 생겨난다. 최선의 경우, 자녀들은 부모와 형제자매와 신체적, 정서적 친밀을 경험하게 된다. 그러나 머지않아 아이들은 친구가 필요하다는 사실을 깨달으며, 친구는 가족 관계를 대체하기 위해서가 아니라 보완하기 위해서 필요하다.

게다가, 신체적 친밀은 우정에서 중요한 역할을 할 수 있다. 보통 신체적 친밀은 의례적인 인사다. 친구에게 "안녕", "잘 가" 하며 다가가는 포옹이 삶에 간간이 들어오면 나는 기쁘다. 그러나 우정에서 신체 접촉이 더 특별한 역할을 할 때가 있다. 지난달에 나는 친한 친구 둘을 오랫동안 안아 준 적이 있다. 한번은 마음의 상처를 위로해 주기 위해서였고, 다른 한번은 용서를 말없이 표현하고 관계를 회복하기 위해서였다. 두 경우 중 어느 하나라도 성적인 포옹으로 삼았다면, 그 가치가 훼손되었을 것이다. 또 그렇게 한다면 핵심에서 벗어난 것이다. 이러한 관계의 경계 내에서 오랜 포옹은 신체적 사랑의 최고 표현이며, 계속 인상에 남는다는 것이 핵심이기 때문이다.

2년 전에 나는 동성에게 끌렸던 과거 이야기를 공개적으로 처음 나누었다. 우리 교회 여성 수련회에서 패널 의장을 맡고 있었는데, 그 순간 내가 나 자신의 이 부분을 언급하면 그 자리에 모인 사람들에게 도움이 되리라는 생각이 들었다. 큰 도약이었다. 바로 전까지도 나는 그 이야기를 가장 친한 친구들에게조차 말하지 않았다. 그 시간이 끝난 뒤, 교회에 새로 왔고 질문거리가 있는 한 여성과 같이 앉아서 그 사람의 관심사에 대답해 주고 있는데, 내 과거를 알고 있던 친한 친구 하나가 합류하더니 내게 어깨동무를 했다. 나는 하던 일에 아주 집중하고 있었기 때문에 나 자신의 감정적 필요를 살피지 못했었다. 그런데

이 단순한 스킨십 행동이 내게는 와락 파도처럼 다가와서 내게 있는지도 몰랐던 필요를 채워 주었다.

성애화된 우리 세계에서는 친구와 아주 의미 있는 포옹을 하거나 다정하게 어깨동무를 하는 것이 아무래도 신체적으로 훨씬 강렬한 성교에 비해 보잘것없어 보인다. 그러나 성적 접촉을 하면 생리 반응이 더 강력할 수 있지만, 정말로 반드시 더 친밀한 것은 아니다. 실제로 많은 사람이 감정적으로 깊이 연결되지 않은 채로 성교에서 육체적 쾌락을 얻으려는 경우가 매우 흔하다. 성적으로 건강한 관계에는 성과 무관한 스킨십과 깊은 우정도 필요한 반면에, 특정 친구들이 배우자와 다른 방법으로 우리를 '차지할' 길은 언제나 있다. 그 친구들만 다가갈 수 있는 다양한 범위의 흥미와 감정 말이다. 성경은 성적이고 낭만적인 사랑이 눈금 가장 위쪽에 있고 우정은 저수위 표시에서 찰랑인다고 보기보다는, 다양한 경계에 좌우되는 여러 형태로 인간의 사랑을 추구하길 권한다. 성경은 동성끼리의 성적 친밀을 거부하면서, 동시에 다른 종류의 친밀은 전폭적으로 찬성한다. 사실 예수를 중심에 두고서 공통 사명을 기반으로 누리는 깊은 친밀은 저속한 형태로 놀아나는 어떠한 성적 친밀보다 훨씬 낫다.

이러한 경계가 동성 간 관계 대 이성 간 관계와 어떻게 관련되는가? 인류의 절반은 서로 성적으로 관계 맺을 가능성이 없다고 설정하는 틀을 작동시키면, 성과 무관한 친밀을 더 자유롭게 추구할 수 있다. 당연히 이것이 동성애 성향인 사람들에게는 더 복잡하다. 내가 때때로 친구 관계에서 느끼는 감정은, 내 마음을 더 살펴보아야 하고 내가 위험한 영역에 있다면 빨리 회개하고 방향을 바꾸어야 한다는 의미다. 그러나 대부분의 여성은 내 성적 끌림에 공감하지 않으며, 또 나와 친한 여성들은 내 신앙에 공감한다는 점을 감안하면, 나는 결혼 생활을 위태롭게 할 위험을 각오하지 않고서도 친구 관계에서 훨씬 마음 편히 친밀을 추구할 수 있다. 다른 기독교인처럼 내게도 안심할 수 있는 친구들이, 즉 내가 완전히 솔직해질 수 있으며, 내 마음의 추가 한쪽으로 지나치게 심하게 흔들렸을 때 나를 불러내어 잘못을 바로잡도록 도와줄 친구가 필요하다. 또 내가 힘들게 싸우고 있는 일을 남편**에게** 말할 수 있을 수준으로, 내 욕정이 다시 남편**에게** 쏠릴 수 있을 정도의 수준으로 내게는 남편과의 친밀이 필요하다. 동성에게 끌리는 기독교인들은 망칠 수도 있다는 두려움 때문에 우정에서 물러서고 싶은 마음이 들지만, 나는 그러한 접근 방식은 아주 틀렸다고 생각한다. 성적 지향성이 어떻든지 우리는 모두 배고프면 정크 푸드를 먹을 가능성이 더 높고, 가장 중요한 관계에서 필요가 채워지지 않으면 부정한 관계를 찾을 가능성이 더 높다. 어느 기독교인이 동성 친구에게 마음이 끌릴 가능성이 있다면, 해결책은 우정에 굶주리게 하는 것이 아니라 건전한 우정을 키우는 것이다.

인생을 계속 살아가며 기독교 신앙에서 많은 이에게 가장 어려운 명령에 담긴 지혜를 차분히 생각하면서, 나는 우리가 만나는 사람들 중 절반과 성교를 맺을 가능성을 차단하면 다른 가능성이 열린다는 것을 믿게 되었다. 인간이 잡식성이어서 다양한 음식을 즐기듯이, 우리는 다양한 관계를 즐긴다. 그리고 성적이고 낭만적인 관계에 강렬한 고기 맛이 있을 수 있지만, 채식주의자는 고기를 먹는 사람이 진저리치는 곳에서도 잘 살아가고 잘 자란다. 현대 사회에서 우리는 성교를 하지 못하면 살 수 없다고 믿게 되었다. 사실, 내 생각에는 친구와 가족의 사랑이 없으면 우리는 십중팔구 말라죽을 것이다.

갈망을 향한, 그러나 고독하지 않은 명령

나는 지난여름에 여자와 데이트할 생각을 하는 친구와 오래 산책했다. 그 친구는 남자에 대해 안 좋은 경험이 있었다. 친구는 기독교의 온갖 미덕을 따르는 것으로 보이는 레즈비언 커플에게 고무되었으며, 자신이 특정 여성들에게 매력을 느낀다는 것을 깨달았다. 나는 예수께서 모든 기독교인에게 하신 명령, 어떠한 손실이 있더라도 자기를 부인하고 자기 십자가를 지고, 그분을 따르라고 하신 명령을 꺼내 들었다. 친구는 동성에게 마음이 끌리는 기독교인들이 고독을 선고받는 것은 부당해 보인다고 말했다. 그 당시 나는 사도행전을 읽고 있었다. 처음 기독교인들은 온갖 고난에 처하고 돌에 맞아 죽기도 했지만, 그들이 맞닥뜨리지 않은 싸움이 하나 있었다. 바로 고독이었다. 우리가 기독교 공동체를 성적 관계와 핵가족으로 축소해 버린다면, 성경의 윤리를 전혀 전하지 못하는 것이다.

독신에 대한 성경의 관점이 이 사항을 강조한다. 예수께서는 결코 결혼하지 않으셨다. 바울은 결혼을 권하기는 하지만 독신을 **더** 가치 있게 여긴다(고전 7:38). 독신인 사람들은 (기독교 용어에서 가족의 기본 단위인) 교회 가족에 중요했고, 다른 신자들과 깊은 사랑과 교제를 경험해야 했다. 교회 문화가 결혼과 육아를 지나치게 강조하다 보니 이 부분을 억제하고 있다면, 기독교인들은 그러한 문화를 바꾸고 지역 교회가 독신인 사람들의 진정한 가족이라는 성경적 현실을 구현하고자 싸워야 한다. 동성에게 끌리지만 독신으로 지내기로 선택한 기독교인들이 교회 안에서 잘 살아갈 수 있다면 더 성경적으로 되고 있다는 뜻이지 덜 성경적으로 되고 있다는 뜻이 아니다.[5]

고통을 축소하려는 생각은 없다. 동성에게 끌리는 내 친구 중 몇 명은 북처럼 고동치는 성적 유혹을 경험한다. 그러나 결혼을 해서 배우자에게 충실하려고 애쓰고 있든, 아니면 독신으로 결혼을 간절히 바라고 있든, 많은 이성애자 기독교인도 그러한 유혹을 겪는 것은 마찬가지다. 궁극적으로 기독교인은 누구나 성적 절제를 요구받는다. 배우자의 죽음 또는 성경에서 이혼이 정당하다고 인정하는 극단적인 시나리오의 경우를 제외하면, 기독교인은 성교 상대를 많아야 딱 한 명으로 생각해야 한다. 예수께 "예"(yes)라고 말하는 것은 성적 자유에 대해 "아니오"(no)라고 말한다는 뜻이다. 그러나 좋은 것을 놓친다는 뜻은 아니다. 기껏해야 결혼은 우리로 더 많은 것을 바라게 만든다. 이것은 훨씬 충만한 관계로 인도하는 관문인 것이다.

이 말이 많은 독신이 느끼는 외로움을 깎아내리지는 않는다. 오히려 의미를 부여한다. 기독교 세계관 안에서, 채워지지 않는 갈망에는 의도가 있다. 주로 동성에게 마음이 끌리지만 남자와 행복하게 결혼한 여자로서, 내가 정말로 점점 더 확신하는 사실은 때때로 내가 느끼는 갈망이 궁극적으로는 다른 여자를 향한 갈망이 아니라 그 사람을 창

---

[5] 로자리아 버터필드의 훌륭한 책 *The Gospel Comes with a House Key: Practicing Radically Ordinary Hospitality in our Post-Christian World* (Wheaton, IL: Crossway, 2018)는 이 사실을 잘 보여 준다. 성경의 이러한 정신이 교회 모임에서 우리의 습관에 어떻게 영향을 끼쳐야 하는지에 관해 훨씬 덜 배타적으로 글을 썼다. Rebecca McLaughlin, "Why I Don't Sit with My Husband at Church," *Christianity Today*, April 19, 2018, https://www.christianitytoday.com/ct/2018/april-web-only/why-i-dont-sit-with-my-husband-at-church.html을 보라.

조하신 분을 향한 갈망이라는 것이다. 모나리자 복제화처럼, 하나님의 형상으로 창조된 인간은 결코 원본만큼 근사할 수 없다. 예수는 당연히 한없이 아름답고, 한없이 강렬하며, 한없이 사랑하실 수 있다.

셰익스피어는 특유의 재기가 번뜩이는 순간, 안토니우스가 애인 클레오파트라를 떠날지 여부를 곰곰이 생각하는 에노바르부스가 이러한 대사를 말하게 한다.

절대, 떠나지 않을 테지.
그 여자는 나이가 들어도 시들지 않고,
익숙해져도 한없이 변화무쌍해서 김이 빠지지 않아.
다른 여자들은 욕구를 채우고 나면 질리는데,
그 여자는 잔뜩 만족시켰을 때 더 허기지게 하지.[6]

이 대사는 아름답지만 궁극적으로는 사실이 아니다. 우리가 무한한 기쁨을 원할 때, 유한한 존재에게서는 만족을 얻지 못하게 마련이다.

믿음의 다른 모든 측면과 마찬가지로, 이것은 일종의 도박이다. 내가 자라면서 원하던, 여자들과의 온갖 친밀과, 그밖에도 많은 것을 레이첼은 경험했다는 사실이 나는 슬프고, 부럽기까지 하다고 레이첼에게 털어 놓았다. 레이첼이 대답해 준 말을 나는 언제나 기억하려고 한다. "내 말을 믿어. 그 모든 경험도 그리스도를 아는 것에 비하면 아무것도 아니야."

---

6   William Shakespeare, *Anthony and Cleopatra*, 2막 2장.

성경은 동성애에 대해 실제로 어떻게 말하는가?

레이첼이 처음으로 기독교를 주의 깊게 살펴보고 있을 때, 루터교 목회자가 될 훈련을 받고 있던 레즈비언 친구와 상의했다. 그 친구는 일부일처 동성혼이 기독교 신앙과 양립할 수 있다고 레이첼을 안심시키고서는 그렇게 주장하는 책을 한 권 건넸다. 레이첼은 그 책을 정신없이 읽었고, 설득력이 있다고 생각했다. 그러나 그 책이 언급하는 성경 구절을 찾아보자, 책의 논거가 손 위에서 바스러졌다.

성경은 동성 성교에 대해서 명백하게 말한다. 첫째, 남자가 남자와 동침하는 것을 유대교 율법은 금지한다(예를 들어 레 18:22; 20:13). 이것은 기독교인 측 주장을 입증하지 못한다. 구약 율법 다수는 특별히 신약에서 구속력이 있지 않다고 선언된다. 그러나 이성혼의 논리와 동성애 금지는 수차례 재차 확언한다.[7]

예수의 기본 틀로 시작해 보자. 때로는 예수를 성 윤리를 개의치 않는, 자유 연애의 제창자로 희화화하기도 한다. 그러나 성 도덕에 대한 예수의 가르침은 시종여일 구약 율법보다 엄격하다.[8] 이를 테면, 바리새인들이 남자에게 "어떤 이유가 있으면" 자기 아내와 이혼할 수 있는지 묻자, 예수께서는 이렇게 대답하셨다.

사람을 지으신 이가 본래 그들을 남자와 여자로 지으시고 말씀하시기를

---

[7] 히브리 성경에 나오는 동성애 금지와, 그 금지가 신약과 어떻게 연결되는지를 상세히 다룬 내용으로는 Robert A. J. Gagnon, *The Bible and Homosexual Practice: Texts and Hermeneutics* (Nashville: Abingdon, 2001)를 보라.

[8] 예를 들자면, "또 간음하지 말라 하였다는 것을 너희가 들었으나 나는 너희에게 이르노니 음욕을 품고 여자를 보는 자마다 마음에 이미 간음하였느니라"(마 5:27, 28).

그러므로 사람이 그 부모를 떠나서 아내에게 합하여 그 둘이 한 몸이 될지니라 하신 것을 읽지 못하였느냐 그런즉 이제 둘이 아니요 한 몸이니 그러므로 하나님이 짝지어 주신 것을 사람이 나누지 못할지니라(마 19:4-6).

예수께서는 재차 확인하시기를, 하나님이 사람을 남자와 여자로 지으셨고, 결혼의 결과 한 몸이 되게 하려고 계획하셨으며, 결혼의 가장 큰 요구 사항은 외도를 제외하고는 아내와 이혼할 수 없다(마 19:9)는 것이라고 하신다. 그 가르침이 엄격해서 듣던 이들이 충격을 받는다(마 19:10). 분명히, 예수께서는 주위에 있는 사람들을 그들이 성적으로 부도덕하다고 알고 있는 이들과 관련지으셔서 분개케 하신다. 그러나 예수께서는 성적인 관계에 대한 선택 사항을 넓히시기는커녕, 구약 율법을 강화하신다.

우리는 오늘날 성적으로 가능한 일들이 1세기에는 존재하지 않았다고 생각하고 싶다. 그러나 신약에서 거듭 언급하는 온갖 성적 부도덕을 보면, 성에 대한 유대-기독교의 규제는 언제나 반문화적이었다는 생각이 든다. 고대 그리스 문화는 남자들 사이(보통은 성인 남자와 십 대 소년 사이) 성교를 허용했으며, 동성애 욕구를 찬양했다. 플라톤은 동성 성교를 찬성하지는 않았지만 한 제자에 대해 이렇게 썼다.

별을 바라보는 아스테르, 내가 하늘이라면,
그대를 수천 개의 눈으로 바라볼 텐데.[9]

---

[9] Louis Crompton, *Homosexuality and Civilization* (Cambridge, MA: Harvard University Press, 2003), 55쪽에서 인용.

다른 제자를 위한 비문에서는 "디온, 그의 사랑이 한때는 이 가슴 속에 있는 심장을 미치게 했었지" 하고 찬사를 보냈다.[10] 더욱이 플라톤의 「향연」(Symposium)에서는 아리스토파네스가 성적 지향성을 찬성하는 건국 신화를 분명하게 표현하는데, 그 신화에서는 인간이 처음에 합성 피조물로 남자-남자, 여자-여자, 남자-여자 상태로 합쳐져 있다. 제우스가 그 둘을 분리하여서 나머지 반쪽을 찾으려는 욕구가 있는 상태, 즉 이성이나 동성과 결합하려는 욕구가 있는 상태에 처하게 했다.[11]

고대 세계의 동성 성교에서 삽입하는 사람과 삽입당하는 사람 사이에는 연령이나 신분 격차 때문에 보통은 비대칭이 있었다. 그러나 이것은 이성혼도 마찬가지여서, 흔히 삼십 대 남자가 십 대 초반 여자와 부부가 되었다. 또 많은 동성 성교가 착취적이고 난잡하기는 했지만, 헌신된 동성애 관계를 보여 주는 문화적 모범이 있었다. 주전 4세기에 테베 신성 부대(Sacred Band of Thebes)로 알려진 그리스 군대가 결성되어 동성애자 150쌍으로 조직되었다. 성적인 유대가 더해지면 군인들이 서로를 위해 싸울 동기가 부여되리라는 논리였다.[12]

로마 문화는 두 남자 시민 간 성교에 눈살을 찌푸렸다는 점에서 더 제한적이었다. 그러나 남자들은 남자 노예나 매춘부와는 얼마든지 동침할 수 있었다. 그러나 (자신이 게이이자 퀴어 신학의 개척자인) 루이스 크럼튼이 「동성애와 문명」(Homosexuality and Civilization)에서 주장하듯이, 고

---

10 Crompton, *Homosexuality and Civilization*, 56쪽에서 인용.
11 Plato's *Symposium*, 189c-193e를 보라.
12 테베 신성 부대에 대해 더 알고 싶으면 Crompton, *Homosexuality and Civilization*, 69-73쪽을 보라.

대 세계에서 동성 성교 대부분의 성격이 착취라고 해서 신약을 다시 해석할 길이 열리지는 않는다. "바울이나 그 시대의 다른 어느 유대교 저자가 동성애 관계를 어느 상황에서는 조금이라도 인정한다는 말은 아무 데도 없다. 상호 헌신이 동성애를 속량해 준다는 발상은, 바울이나 다른 어느 유대인이나 초기 기독교인에게는 완전히 생소했을 것이다."[13]

신약을 살펴보면 동성 성교를 명백하게 금지한다. 관련 본문 대부분을 바울이 작성했는데, 바울이 비판을 즐기는 동성애 혐오자라는 주장 역시 놀라운 정도로 근거가 불충분하다. 제자 디모데에게 보내는 편지에서, 바울은 (이성에 대해서든 동성에 대해서든) 성적인 죄를 성경이 금하고 있다고 재차 단언한다. 그러나 어떠한 도덕적 우위를 주장하려고 하지는 않는다. 거짓 선생들이 율법을 어떻게 왜곡하는지 깊이 생각하면서 바울은 이렇게 적는다.

> 율법은 옳은 사람을 위하여 세운 것이 아니요 오직 불법한 자와 복종하지 아니하는 자와 경건하지 아니한 자와 죄인과 거룩하지 아니한 자와 망령된 자와 아버지를 죽이는 자와 어머니를 죽이는 자와 살인하는 자며 음행하는 자와 남색하는 자와 인신매매를 하는 자와 거짓말하는 자와 거짓 맹세하는 자와 기타 바른 교훈을 거스르는 자를 위함이니(딤전 1:9, 10).

여기에서는 동성애의 부도덕을 포함하여 성적인 부도덕이 살인과 노예사냥(인신매매)이라는 죄 사이에 포함된다. "남색하는 자"라는 구

---

13 Crompton, *Homosexuality and Civilization*, 114쪽.

절은 고린도전서 6장 9절에도 나오는데, 그 구절에서 번역한 두 헬라어 단어는 능동적인 상대와 수동적인 상대를 명시하는 것으로 보인다.[14] 로마 문화에서는 삽입을 당하는 것이 남자에게 부끄러운 일이었던 반면에, 바울은 둘 다 정죄한다. 그러나 바울은 율법에 따르면 **아무도** 거룩하지 **않다**고 거듭 단언하기도 한다. 디모데전서에서 몇 절 다음에 바울은 이렇게 썼다. "그리스도 예수께서 죄인을 구원하시려고 세상에 임하셨다 하였도다 죄인 중에 내가 괴수니라"(딤전 1:15). 바울은 죄가 나열된 사람들보다 자기가 **더 선하다**고 생각하기는커녕 자기가 **더 악하다**고 소개하며, 예수의 "비방자요 박해자요 폭행자"였는데(딤전 1:13), **가장** 자격 **없는** 사람도 속량받을 수 있음을 증명하기 위해서 자기가 구원받았을 뿐이라고 한다. 실제로 디모데전서 1장에서 바울은 두 번이나 자기가 죄인 중에 "우두머리"라고 언급한다!(딤전 1:15, 16. 한글 개역개정 성경에는 15절에만 나온다_ 옮긴이)

바울이 동성 성교를 로마서에서 언급할 때는, 우상 숭배를 묘사하는 데서 나온다. 하나님과 그분 백성의 관계를 묘사하는 결혼에 대한 성경의 더 폭넓은 논리에서는, 또 일부 이교도의 숭배 의식에서 성교가 하는 역할에 대한 더 폭넓은 문화적 맥락에서는 이것을 쉽게 이해할 수 있다. 바울은 하나님 경배를 그만두고 자기 몸을 성적인 관계에 빠뜨린 사람들을 이렇게 묘사한다.

이 때문에 하나님께서 그들을 부끄러운 욕심에 내버려 두셨으니 곧 그

---

[14] '말라코이'(*Malakoi*[여자 같은])와 '아르세노코이타이'(*arsenokoitai*[성관계하는 남자들]).

들의 여자들도 순리대로 쓸 것을 바꾸어 역리로 쓰며 그와 같이 남자들도 순리대로 여자 쓰기를 버리고 서로 향하여 음욕이 불 일듯 하매 남자가 남자와 더불어 부끄러운 일을 행하여 그들의 그릇됨에 상당한 보응을 그들 자신이 받았느니라(롬 1:26, 27).

이 구절은 여자들과 남자들의 동성 성교를 정죄한다. 이 구절은 의문의 여지 없이 불쾌하다. 그러나 사실은 성경이 처음부터 끝까지 불쾌하다는 것이다.

라이스대학교 교수인 짐 투어가 학생일 때, 기독교인 친구가 예수에 대해 말해 주기 시작했다. 짐은 납득하지 못했다. 짐은 자신이 아주 선량한 남자라고 생각했기에, 자신을 하나님에게서 단절시킨 죄에 대한 모든 이야기에 혼란스러워졌다. 그때 친구가 마태복음 5장 27, 28절을 짚어 주었는데, 그 구절에서 예수께서는 누구든지 여자를 음탕하게 바라본다면 마음에 이미 간음을 저지른 것이라고 단언하신다. 짐은 자신의 음란물 중독이 정확하게 그 범주에 들어간다는 것을 깨닫고서는, 유대교 가정에서 자라면서 기다리라고 배운 메시아가 예수이심을 마침내 인정하기에 이르렀다. 음란물이 있든 없든, 이성애자 남자라면, 예수께서 책망하실 때 자신은 "죄가 없다"고 답변할 수 없을 것 같다. 설상가상으로 예수의 말씀에 따르면, 오른쪽 눈 때문에 정욕을 느낀다면 그 눈을 뽑아 버리고서 하나님 나라에 들어가는 것이 계속 죄 가운데 있는 것보다 낫다(마 5:29). 예수께 귀 기울이고 나서, 성적인 죄에 대한 그분의 태도에 충격을 받고 마음이 상하고 낙담하지 않을 사람은 아무도 없을 것이다. 그러나 예수께서 가장 모욕적으로 하신 말씀은 당대에 양심적으로 가장 순결한 사람들을 강타했다.

예수께서는 과도하게 독실한 바리새인들을 향하여 대대적으로 길게 비난을 퍼부으시면서 그들을 일컬어 위선자, 눈먼 인도자, 회칠한 무덤, 살인자의 자손, 독사들이라고 하신다. "뱀들아 독사의 새끼들아 너희가 어떻게 지옥의 판결을 피하겠느냐"(마 23:33). 우리가 깨어진 죄인으로 오지 않는다면 성경을 읽을 수 없고, 마음이 상하지 않을 수 없으며, 심지어 정죄받기까지 한다. 깨어진 죄인으로 온다면, 다정한 포옹을 받을 것이다. 실제로 예수께서는 성적인 죄를 무섭게 정죄하시는 반면, 성적인 죄를 짓고서 회개한 죄인들은 마찬가지로 놀랍게 시종일관 환대하신다. 우리는 이것을 복음서와 초기 기독교 운동에서 본다.

바울이 고린도에 보낸 편지에서 우리는 (성적인 죄와 그 밖의) 온갖 죄를 짓고서 회개한 이들로 구성된 교회를 얼핏 본다. 고린도는 로마 제국의 라스베이거스였으며, 파티의 도시다운 윤리가 있었다. 바울은 "불의한 자가 하나님의 나라를 유업으로 받지 못할 줄을 알지 못하느냐"고 적는다. 그러고 나서 실제 예를 쭉 늘어놓는다.

> 음행하는 자나 우상 숭배하는 자나 간음하는 자나 탐색하는 자나 남색하는 자나 도적이나 탐욕을 부리는 자나 술 취하는 자나 모욕하는 자나 속여 빼앗는 자들은 하나님의 나라를 유업으로 받지 못하리라 너희 중에 이와 같은 자들이 있더니 주 예수 그리스도의 이름과 우리 하나님의 성령 안에서 씻음과 거룩함과 의롭다 하심을 받았느니라(고전 6:9-11).

이 구절에 따르면 아주 처음 기독교인 중에는 동성애 이력과 욕구를 지닌 채 교회에 들어간 이들이 있었다. 이런 상황은 그때만큼이나 오늘날에도 마찬가지다.

교회에는 '그들과 우리'의 여지가 없다

바울이 스스로 도덕적으로 우월하다고 묘사하기를 거부했는데도, 기독교인들은 남녀 동성애자들을 냉담하고 거만하고 비판적 자세로 대하는 것을 허락하면서 성경이 분명히 정한 성교의 경계에 혼란을 느낀다. 신약이 동성애 관계를 분명하게 반대하기는 하지만, '그들과 우리' 식으로 접근할 여지는 남기지 않는다. 예수께서 규정하시기로는, 성인 기독교인 누구에게나 성적인 죄가 있으며, 동성애 욕구와 이력이 있는 기독교인들이 초대 교회가 시작되도록 도와주었다. 나는 성경적인 성 윤리 옹호에 본질적으로 동성애 혐오(homophobic, 「옥스퍼드 영어 사전」의 정의에 따르면 "동성애자들을 적대하는 반감이나 편견을 갖거나 표현하는 것")가 있다고 믿지는 않지만, 오늘날 기독교인 대부분은 자신의 비성경적인 태도를 회개해야 한다.

남편과 내가 미국으로 옮겨 와서 지금 교회에 등록했을 때, 동성에게 끌린다는 사실을 공개한 한 남자 성도를 알게 되었다. 루는 그 교회에서 자랐고, 십 대 시절에 자신이 다른 남자들에게 마음이 끌린다는 사실을 처음으로 깨달았다. 루는 용기 있게 청년부 리더에게 말했다. 리더는 만사를 제쳐두고서 수석 목사에게 그 말을 전했고, 목사는 루에게 부모님을 곧장 깨워서 말씀드려야 한다고 우겼다. 이 지도자들에게 아마 나쁜 의도는 없었을 것이다. 이들에게는 이 젊은 형제를 그리스도 안에서 지지해 줄 경험이나 틀이 전혀 없었다. 그러나 루가 이성애 음란물 중독을 털어놓았어도 교회 지도자들이 똑같이 반응했을지 의문이다. 젊은 남자가 다른 남자들에게 매력을 느낀다는 것을 깨닫고 도움을 구하는 것보다는 음란물 중독이 훨씬 파괴적인 죄 문제이기 때문이다. 고맙게도 루가 지도자들의 실패를 견뎌 주고 그리스도를 믿는 신앙에 계속 의지했기에, 오늘날 루는 독신이고 섬기는 마음을 지닌 남자이자 우리 교회에는 크나큰 선물로서, 그리스도께 충성하여 받을 더 큰 상을 바라며 성적인 만족과 낭만의 충족을 희생하고 있다.

헤아릴 수 없이 많은 기독교인이 자신이 동성에 끌린다고 고백하면 루와 비슷하거나 더 심한 대우를 받는다. 거부당할까 두려워서 아예 입을 닫아 버린 이도 많다. 나 자신의 힘든 싸움을 나누었을 때 어느 기독교인도 심하게 반응하지 않았지만, 나는 기독교인으로 살아오면서 많은 시간 말없이 고통스러웠다. 신자들을 외로움과 부끄러움 속에 고립시키는 문화는 비성경적이다. 나치 시대 독일 신학자이자 저항군 지도자였던 디트리히 본회퍼는 말했듯이 "기독교인은 자기에게 하나님의 말씀을 들려 줄 다른 기독교인이 필요하다. …… 그 사람 마음속에 계신 그리스도께서는 그 형제가 전하는 말씀 안에 계신 그리스도보다 약하시다."[15] 내가 인생을 계속 살아갈수록 더욱 확신하는 것은 어느 기독교인이나 자신의 필요와 연약함을 아는 형제자매들에게 받는 도움에 의존하여, 힘든 싸움을 하고 있다는 사실이다. 폐는 심장이 없으면, 다리는 발이 없으면 움직이지 않는다. 정말로 우리는 단독 비행을 위해 설계되지 않았다.

---

15 Dietrich Bonhoeffer, *Life Together*, trans. John W. Doberstein (New York: HarperCollins, 1954), 23쪽.

패러다임이 무너질 때

그러나 동성애에 관해서라면 또 다른 의미에서 '그들과 우리'의 여지가 없다. 심리학 교수인 리사 다이아몬드는 레즈비언 활동가인데, 성적 지향의 성격을 폭넓게 연구하고서는 놀라운 결론을 도출했다. 첫째, 다이아몬드의 발견에 따르면 양성애는 사람들이 인지하는 것보다 훨씬 폭넓게 퍼져 있다. 다이아몬드가 2002년 전국 가정 현황 조사(National Survey of Family Growth)를 인용하여 언급하기로는, 여자 중에 14퍼센트, 남자 중에 7퍼센트 정도가 동성에게 끌린 적이 있지만, 남자 중에 2퍼센트 이하, 여자 중에 1퍼센트 이하가 동성에게만 마음이 끌린다고 한다.[16] 알고 보니 나는 단연 규모가 가장 큰 성 소수자 집단, 즉 동성에게 마음이 끌리지만 동성에게만 끌리지는 않는 집단에 속했다. 누구든 어른이 되기까지의 내 마음속 다큐멘터리를 시청한다면, 내가 동성에게 마음이 끌린다고 결론 내릴 것이다. 그러나 나는 지금 한 남자와 행복한 결혼 생활을 하고 있다.

다이아몬드의 언급에 따르면, 성 정체성에 대한 선입견 때문에 연구자들은 사람들에게 각자의 성 정체성과 일치하지 않는 욕구나 경험에 대해 질문하지 못한다. 다이아몬드가 알아내기로는 지난해의 인생살이에 대해 질문을 받으면, 스스로 레즈비언이라고 규정한 사람 중에 42퍼센트가 남자와 성교하는 상상을 했다고 하고, 26퍼센트는 남자와 성교하고픈 욕구가 있었다고 하고, 9퍼센트는 이성 성교를 했다. 마찬

---

[16] 다이아몬드 교수는 코넬대학교에서 다음과 같은 제목으로 행한 대단히 흥미로운 강연에서 자신의 자료를 요약해 주었다. "Just How Different Are Female and Male Sexual Orientation?," YouTube (video), October 17, 2013, https://www.youtube.com/watch?v=m2rTHDOuUBw. 2008년에 다시 실시한 조사에서도 결과는 거의 비슷했다.

가지로, 지난해에 게이인 사람 중에 31퍼센트는 여자와 성교하는 상상을 했다고 하고, 20퍼센트는 여자와 성교하고 싶었다고 고백하고, 12퍼센트는 여자와 같이 잤다. 더욱이 스스로 레즈비언이라고 규정한 사람 중에 15퍼센트가 전년도에 한 남자에게 연애 감정을 느꼈다고 말했으며, 스스로 게이라고 규정한 사람 중에 31퍼센트가 한 여자에게 연애 감정을 느꼈다고 말했다. 한편, 스스로 이성애자라고 규정한 여자 중에 50퍼센트와, 남자 중에 25퍼센트가 전년도에 동성에게 마음이 끌린 경험이 있다고 말한 반면에, 여자 중에 35퍼센트와 남자 중에 24퍼센트가 동성 성교를 상상했다고 한다.[17]

상황을 더 복잡하게 하는 것은, 다이아몬드의 논평에 따르면 아주 흔히 우리의 끌림은 시간이 지나면서 이성애에서 동성애로, 동성애에서 이성애로 바뀐다는 것이다. 어른이 되면서 동성에 대한 끌림에서 벗어나리라던 내 어린 시절 소망이 완전히 터무니없지는 않았다. 다이아몬드가 말하듯이, "사춘기의 동성에 대한 끌림이 성인이 되어서까지 지속될지 여부를 확인하는 유일한 방법은 아마도 실제로 **지속되는지** 여부를 관찰하는 것뿐이다."[18] 거꾸로 말하자면, 인생에서 나중에 동성애 관계를 시작하는 사람들이 반드시 그 욕구가 예전부터 늘 있었다고 인정하지는 않는다. 〈섹스 앤 더 시티〉(Sex and the City)의 주인공 신시아 닉슨은 오랜 동반자이자 자기 아이들의 아버지를 떠나고 나서 한 여자와 데이트를 시작하고 곧 결혼했을 때, 이렇게 말했다.

---

17 Diamond, "Just How Different?"

18 Lisa Diamond and Ritch C. Savin-Williams, "The Intimate Relationships of Sexual-Minority Youths," in The Blackwell Handbook of Adolescence, ed. Gerald R. Adams and Michael D. Berzonsky (Oxford: Blackwell, 2008), 396쪽을 보라.

성적 지향 면에서 제가 변했다는 기분이 전혀 들지 않아요. 성적인 면에서 인식하지 못한 부분이 제게 있었다고는 생각하지 않아요. 저는 평생 남자들과 함께했고, 여자와 사랑에 빠진 적이 없었어요. 하지만 여자와 사랑에 빠지자, 그 일이 제게는 그다지 낯설어 보이지 않았죠. 저는 다른 여자와 사랑에 빠진 여자일 뿐이에요.[19]

수년간의 연구 끝에 다이아몬드가 내린 결론에 따르면, 우리가 사람들을 동성애자나 이성애자의 범주에 넣을 때, "실은 본성을 관절까지 자르지 않으면서 어떤 관절에는 아주 골치 아픈 현상을 약간 안겨 주는 셈이다."[20]

다이아몬드는 이 자료가 현대의 성 정체성 개념에 정말로 이의를 제기한다는 점을 인정한다. 다이아몬드는 놀라울 만큼 솔직하게 결론을 내린다. "우리는 성 소수자(LGBT)인 사람들의 시민권을 그들이 성 소수자라는 데 근거하여 옹호해 왔다. 우리는 사회 정책과 용인을 위한 전략의 한 부분으로 범주를 이용해 왔는데, 그것이 정말로 곤란한 이유는 이제는 그 범주가 맞지 않아서다."[21]

---

19 John Hiscock, "Sex and the City's Cynthia Nixon: 'I'm Just a Woman in Love with a Woman,' " *The Telegraph*, May 13, 2008, https://www.telegraph.co.uk/culture/film/starsandstories/3673343/Sex-and-the-Citys-Cynthia-Nixon-Im-just-a-woman-in-love-with-a-woman.html에서 인용.

20 Diamond, "Just How Different?" 또한 L. M. Diamond and C. J. Rosky, "Scrutinizing Immutability: Research on Sexual Orientation and U. S. Legal Advocacy for Sexual Minorities," *Journal of Sex Research* 53 (2016): 363-391쪽도 보라. 이 논문에서 저자들은 "일부 개인이 시간이 지나면서 자연적으로 동성에게 끌리는 변화 발생에 대해 장기적인 인구 기반 연구를 한 결과, 이제는 알게 된 사실을 감안하면, 성적 지향의 불변성을 근거로 하는 주장은 비과학적"이라고 한다.

21 Diamond, "Just How Different?"

분명히 이 말은 많은 사람이 평생 동성에게 한결같이 매력을 느낀다는 사실을 부인하지 않으며, 성적 지향에 유전적 요소가 있을 가능성을 부인하지도 않고(이것은 도덕적인 문제에 직면하면, 주의를 돌리기도 했던 논쟁이다),[22] 또 다이아몬드의 자료는 우리가 각자 성적 끌림을 선택할 수 있다고 말하지도 않는다. 내게는 이성 결혼 생활을 잘 유지할 수 있을 정도로 이성애적 매력을 발산하기를 원하는 친구들도 있고, 제어할 수 없어 보이는 이성애적 성욕에서 벗어나기를 간절히 바라는 친구들도 있다. 그러나 그렇다고 해서 성 선택에서 작인(agency)이 부각되지는 않는다. 레이첼이 말했듯이, "어느 정도는 매력의 대상이 중요한 게 아니야. 나는 화분 식물한테도 매력을 느낄 수 있을걸! 문제는 그 매력으로 내가 무엇을 **하느냐**지."

성과 인종을 구분하기

어느 정도는 우리가 성적인 끌림을 어떻게 다룰지를 선택할 수 있기 때문에, 인종 다양성과 성 생활 방식의 다양성이 수사적으로 얽혀 매우 골치 아프게 된다. 동성애자 권리 운동이 흔히 새로운 시민권 운동으로 알려지고, 동성 결혼을 문제 삼는 사람들은 1960년대 인종 분리주의자와 동일시되어서, 편견에 찌들어 역사상 그릇된 편에 있던 사람들과 같은 취급을 받는다. 소수 인종과 성 소수자는 학대를 경험했다는 면에서 분명 공통점이 있기는 하지만, 이 두 집단을 동일시한다면 적어도 다섯 가지 면에서 문제가 있다.

---

22 도덕적으로 부정적인 많은 행위(예를 들면, 알코올의존증)가 유전적 소인과 연결되어 있을 수 있다.

첫째, 인종적 유산과 달리 성적 활동은 선택을 수반한다. 나는 마이어스 브릭스 성격 유형(MBTI)에서 '활동가'로 불린다. 나는 사람들 앞에서 말하기를 좋아하며, 영국에서 고등학교를 다닐 때는 반에서 "총리가 될 가능성이 가장 높은 사람"으로 뽑혔다. 그러나 지금은 미국에 살고 있고, 이곳에서 태어나지 않았으므로, 나는 절대 대통령에 출마할 수 없다. 내 출생지 역시 인종적 유산처럼 내가 받은 것이다. 그 사항에서는 내게 아무 선택권이 없으며, 바꿀 수 없다. 내가 성격상 대중 연설에 매력을 느끼는 것은 성적 지향과 더 비슷하다. 그것은 선천적 성향과 인생 경험의 혼합이자 선택과 비선택(unchosen)의 조합이고, 이제 나는 그것으로 무엇을 할지 결정한다. 궁극적으로 우리는 각자 성적인 **끌림**은 선택하지 않는 반면에, 성적인 **행위**는 선택한다. 그러므로 성적인 행위에는 인종적 유산에 없는 도덕적 의미가 어느 정도 있다.

둘째, 21세기 과학자들이 인종 간에 생물학적으로 의미 있는 차이를 찾아내려고 오랫동안 애썼지만 실패했다. (앞으로 내가 간단히 다룰) 아무 드문 경우를 제외하면 남자와 여자 사이에는 실제로 생물학적 차이가 있으며, 그 차이는 성교의 맥락에서 아주 유의미하다. 따라서 동성 결혼을 이인종(異人種) 결혼에 비견하는 것은 아주 부적절하다. 자녀를 갖는 문제에 관해 말하자면 이인종 결혼에서는 분명한 이점이 있지만(유전적 다양성이 클수록 유전적 질병을 앓을 위험이 낮아진다), 동성 결혼은 생물학적으로 일종의 막다른 골목이다. 이 차이는 어떠한 윤리의 사례로도 입증하지 못한다. 출산이 결혼의 유일한 목적은 아니지만, 동성 결혼을 다른 인종 간 결혼과 동일시할 수 없는 유의미한 고려 사항과 이유는 된다.

셋째, 오늘날 세계 인구를 표본 조사해 보면 서구 백인이 유색 인종보다 동성 결혼을 지지할 가능성이 훨씬 크다.[23] 동성 결혼을 지지하지 않는 사람을 죄다 덜떨어지고 편견에 싸인 사람이라고 비난하는 것은 관용과 다양성을 찬성하는 공격이 아니다. 의심의 여지 없이, 어떤 이들은 편견에 찌든 나머지 동성 결혼을 반대한다. 그러나 나는 그러한 사람이 아니며, 내 지인 중에 종교적인 이유로 이성 결혼을 고수하는 사람들도 대부분은 그러한 사람이 아니다.

넷째, 성경은 인종 평등과 통합을 찬성하는 쪽으로 강하고 단호한 반면에, 동성 결혼에 반대하는 쪽으로도 똑같이 확고하다. 그러므로 기독교의 관점에서 성경은 완전히 일관되게 인종 평등과 통합과 이인종 결혼을 지지하는 반면에, 동성 결혼은 반대한다. 미국 역사상 많은 백인 기독교인이 이인종 결혼을 반대했지만, 이는 성경에 귀를 전혀 기울이지 못했다는 표시다. 그러한 견해는 오늘날 기독교인에게 자신의 죄 많은 편견을 성경이라는 옷으로 가리려고 하지 말라는 교훈을 주는 이야기가 되어야 한다. 그러나 기독교인들이 과거에 성경이 자기들이 싫어하는 결론에 도달했을 때 성경에 귀 기울이지 못했다고 해서 오늘날에도 똑같이 해도 되는 것은 아니다.

마지막으로, 동성 성교 반대는 대부분의 다른 종교 전통을 비롯하여 세계에서 가장 큰 두 세계관(기독교와 이슬람)에 공통적이다. 세계 인구 동향을 감안하면, 동성 결혼을 반대하는 사람들이 '역사상 그릇된

---

[23] David Masci and Drew DeSilver, "A Global Snapshot of Same-Sex Marriage," Pew Research Center, December 8, 2017, http://www.pewresearch.org/fact-tank/2017/12/08/global-snapshot-sex-marriage/.

편'에 있다는 주장에는 다분히 오류가 있다. 우리는 역사의 포물선이 어떤 방향으로 구부러진다고 가정하기보다는 무엇이 자신의 도덕적 견해를 형성하는지에 전적으로 주의를 기울이고, 각 윤리적 문제를 그 자체의 방식으로 고려해야 한다.

이중 어느 것도 성경적 관점이 옳다거나, 세속 법률에 영향을 끼쳐야 함을 입증하지 않는다. 교회 활동 참여, 기도, 가난한 이들에게 후히 베푸는 것이 기독교인에게는 필요하지만 비기독교인에게 강요해서는 안 되는 것과 마찬가지로, 이성 결혼이라는 경계를 벗어난 성교를 성경이 금지한다고 해서 반드시 이 윤리를 교회 밖에 있는 사람들에게도 강요해야 한다는 말은 아니다. 그러나 우리는 인종적 유산과 성적인 행위를 동일시하는 것을 그만두어야 하고, 단순히 남성과 여성으로 결혼을 제한한다는 이유로 전통적 기독교인들은 하나같이 혐오스러운 맹신자라고도 가정하는 것도 그만두어야 한다.

간성으로 태어난 사람들은 어떠한가?

몇 년 전, 한 친구가 간성(間性)인 아이를 출산했다(그 아기를 제이미라고 부르겠다). 아이는 염색체상으로 남성이지만 외양은 뚜렷하게 여성으로 나타나며, 태어날 때는 여아로 지정되었다. 제이미가 사춘기에 정확히 어떻게 발달할지는 예측하기 쉽지 않다. 제이미가 성인이 되는 과정 내내 남자라는 기분이 더 들지 여자라는 기분이 더 들지, 또 남자들에게 마음이 끌릴지 여자들에게 마음이 끌릴지, 양쪽에 다 끌릴지 역시 분명치 않다. 이러한 상황을 신학적으로 충분히 다룰 지면이 없고, 또 내게는 그렇게 할 만한 자격도 없다. 내가 직관에 따라 말하자면, 생물학적으로 간성인 아이들에게는 상황을 이해할 시간과 자유와 지지를 넉넉하게 주어야 한다. 그러나 저절로 떠오르는 질문을 하나 하겠다. 내 친구 아이처럼 간성인 아름다운 아이들이 존재한다고 해서, 동성 결혼을 배제하는 성경적 경계가 위태로워지는가? 나는 그렇게 생각하지 않는다.

우리 큰딸은 타고난 법률가여서, 모든 법칙에서 예외를 찾아낸다. 그 아이가 다섯 살 때, 아파트 창문 밖으로 뛰어나가면 안 된다고 말해 주었다. 아이는 "집에 불이 나지 않았다면 그렇죠. 불이 나면 뛰어나가야 하고요." 하고 응수했다. 나는 그렇다고 했다. 이러한 예외 때문에 규칙이 무효가 되는가? 절대로 그렇지 않다. 그래도 여전히 아이에게 창문 밖으로 뛰어나가면 안 된다고 말하는 것이 옳다. 마찬가지로 작은딸이 한번은 먼저 살펴보지도 않고서 길을 냅다 뛰어 건널 때, 나는 아이에게 매우 엄하게 소리 지르고 다시는 그런 짓을 하지 않겠다는 다짐을 받아 냈다. 이 규칙은 아이를 위한 것이다. 불순종하면 죽을 수 있다. 그러나 아이가 흉악한 아동 납치범에게 쫓기고 있다면, 먼저 살펴보지 않고서 길을 건너는 것이 올바른 선택일 것이다. 거의 모든 타당한 규칙에는 예외가 있다.

그렇다면 동성에게만 마음이 끌리는 사람들은 성경 규정에 대해 예외인 경우라고 왜 말할 수 없는가? 성경이 동성 성교에 대해서는 분명하게 안 된다(no)고 하기 때문이다. 간성인 아이에게는 그 규정이 다르게 적용되어야 할 텐데, 그 아이는 출발점이 다르기 때문이다. 물론 성전환 영역에서 확인되는 사람들을 고려한다면 문제가 한층 복잡해진다. 자기 성별이 잘못 정해졌다는 느낌에는 분명한 생물학적 근거가 있을 수 있다. 예를 들자면 자신의 생식기에 일치하는 염색체를 지니지 못한 경우가 있다. 지나친 단순화는 금물이다. 그러나 성적인 끌림이 시간 흐름에 따라서 유동적이듯이, 많은 사람이 자기가 남성이나 여성이라는 느낌이 변하는 경험을 한다. 그러므로 (자신의 신념이 어떻든 간에) 우리가 생각하기에 매우 어려서 투표나 음주나 결혼을 할 수 없는 아이들이 자기들 몸과 관련하여 돌이킬 수 없고 인생이 바뀔 결정을 하도록 허락할 때는 조심해야 한다.

이것이 우리 기독교인에게 무슨 의미가 있는가? 한편으로 기독교인들은 행동이 감정에 휘둘리지 않도록 조심해야 한다. 성경의 달갑지 않은 진단에 따르면, 우리는 누구나 선천적으로 죄와 혼란 가운데 있으며, 하나님은 우리 모두 자신을 잊어야 하는 역할로 부르셨다. 처음에는 이 말이 짜증나게 들린다. 현대 서구 사회는 내게 가르치기를, 진짜 자아를 찾는 일을 가장 우선시하라고, 어떠한 대가를 치르더라도 양파 껍질 같은 내 정체성을 벗겨 내고 거기에서 발견한 것에서 떠나 살아가라고 했다. 그러나 기독교의 관점에서 보면, 내가 하나님과 관련하여 누구인지가 내 진짜 자아**이다**. 나는 내 심리 깊숙한 곳이 아니라 하나님의 마음 깊은 곳에서 자아를 발견한다. 그분이 우리를 '자녀', '사랑하는 자', '친구'라고 부르실 때, 바로 우리가 그런 사람이며, (남자와 여자, 아버지와 어머니, 자녀와 친구와 같은) 다른 모든 정체성은 거기에서 흘러나온다.

동시에 기독교인이라면 남자다움과 여자다움을 성별에 대한 비성경적 고정관념에 따라 규정하기를 거부해야 한다. 9장에서 살펴보았듯이, 성경은 남자와 여자를 일정 맥락에서는 구별되는 역할을 하라고 부르신다. 그러나 성에 대한 우리의 고정관념은 성경이 규정한 것이 아니다. 고생물학자가 흙을 샅샅이 뒤지듯이, 우리는 성경이 실제로 말하는 내용을 발굴해 내야 하며, 그러면서 문화적 불순물을 털어 내야 한다.

예수께서 마지막으로 하신 말씀

성경은 생물학적 이유로든 경험상 이유로든 딱 부러지게 남자나 여자가 아닌 사람들 문제에 침묵하지 않는다. 마태복음 19장을 보면 예수께서 결혼이 남녀 간의 깨질 수 없는 유대를 나타낸다고 선언하신 후에 제자들이 "남편과 아내 사이가 그러하다면, 차라리 장가들지 않는 것이 좋겠습니다" 하고 대답한다(마 19:10, 새번역). 그러자 예수께서 대답하신다.

> 사람마다 이 말을 받지 못하고 오직 타고난 자라야 할지니라 어머니의 태로부터 된 고자도 있고 사람이 만든 고자도 있고 천국을 위하여 스스로 된 고자도 있도다 이 말을 받을 만한 자는 받을지어다(마 19:11, 12).

1세기에 일반적으로 고자(내시)들은 남성으로, 어린 시절에 거세당했다. 이들은 노래를 부르는 일부터 신분이 고귀한 여자들을 경호하는 일에 이르기까지 특별한 역할을 수행했다.[24] 그러나 예수께서 언급하시듯이, 단순히 생식 능력이 없이 태어난 사람도 있고, 하늘나라를 위해 스스로 평생 독신(금욕)을 선택하는 사람도 있다. 예수께서 판단하시

---

24 사도행전 8장에 나오는 에티오피아 내시가 그러한 사례 중 하나이며, 이 사람의 회심을 2장에서 살펴보았다.

기로는 간성으로 태어났든, 성 기능을 잃었든, 그 밖의 이유로 독신을 받아들였든, 그 사람의 삶과 섬김은 가늠할 수 없이 가치 있다.

마태복음 뒷부분에서 예수께서는 다시 오셔서 하늘과 땅을 화해시키시면, 그곳에는 결혼 생활이 없으리라고 설명해 주신다(마 22:30). 왜 그런가? 결혼 생활은 임시 상황으로, 우리에게 더 큰 실재를 지목해 주기 위한 것이기 때문이다. 부활할 때, 성적 만족감보다 예수를 선택한 이들 중에 아무도 누락되지 않을 것이다. 그 관계에 비하면 인간의 결혼은 테슬라 옆에 있는 장난감 자동차처럼, 또는 연인의 포옹이 아닌 편지 봉투에 하는 키스처럼 보일 것이다.

Question 10 ～～～～～～～～ 성경은 노예제를
옹호하지 않는가?

Doesn't the Bible Condone Slavery?

● 1881년에 도망 노예 출신으로 노예 해
방론자였던 지식인 프레드릭 더글러스가 마지막 자서전을 출간한다.
그 자서전에서 더글러스는 자신이 외롭고 몹시도 가난한 아이로 자랐
다고 묘사한다. 그런데 열세 살에 어느 백인 목사에게서 노예든 자유
인이든, 빈자든 부자든, 사람은 하나같이 그리스도가 필요한 죄인이라
는 설교를 듣는다. "내게 무엇이 필요한지 아주 분명하게 생각했다고
는 말할 수 없지만, 한 가지는 잘 알게 되었다"고 더글러스는 회상한다.
"내가 비참한 처지에 있으며 나를 다르게 만들 방법이 전혀 없다는 것
이었다."[1] 더글러스는 나이든 어느 흑인 기독교인에게 조언을 구했고,
노인은 더글러스에게 모든 근심을 하나님에게 던지라고 말해 주었다.
더글러스는 이렇게 대답한다.

이것이 내가 하려던 일이다. 몇 주 동안 나는 가난하고 마음이 상해 슬
퍼하는 사람으로 의심과 두려움 속을 돌아다니기는 했지만, 마침내 내

---

1 Frederick Douglass, *The Life and Times of Frederick Douglass* (Radford, VA: Wilder, 2008), 49쪽.

짐이 가벼워진 것을 알았고 마음이 안정되었다. 나는 인류 전체를 사랑했다. 노예제를 전보다 더 혐오하기는 했지만 내 사랑에는 노예 소유자도 포함되었다. 나는 세상을 새로운 눈으로 보았고, 모든 사람을 회심시키는 일이 가장 큰 관심사가 되었다.²

더글러스의 이야기에서 특히 미국의 노예제 역사에 있는 극심한 긴장 상황이 드러난다. 첫째, 그렇게나 많은 백인이 어떻게 자신이 기독교인이라고 인정하면서 노예제를 받아들였는가? 둘째, 어떻게 해서 그렇게나 많은 흑인이, 아마도 기독교 국가인 곳에서 압제와 학대를 당하면서도 예수를 받아들이게 되었는가?

이 장에서는 수세기 내내 노예들이 기독교에 마음이 끌린 이유를 살펴보려고 한다. 대서양 횡단 노예 무역의 참상, 미국 역사에 묻은 노예제라는 죄의 얼룩, 성경이 때때로 노예제를 옹호하는 데 이용된 방식도 살펴볼 것이다. 그러나 또 성경 윤리가 어떻게 인간의 노예 제도의 기반을 근본적으로 흔들어서, 모든 기독교인이 노예이면서도 아주 자유롭게 되는 완전히 새로운 패러다임을 만드는지도 볼 것이다.•

보시는 하나님

구약에서 가장 처음으로 서술하는 노예의 기본 줄거리를 들으면, 최악의 의심이 사실이라고 확인해 준다. 족장 아브라함이 자기 아내의 여

---

2 Douglass, *The Life and Times*, 49쪽.
• 한글 성경은 대부분 'slave'를 '종'으로 옮겼지만, '종'이라는 용어를 사용하면 여기에서 저자가 말하고자 하는 의미와 뉘앙스가 달라지므로 가급적 '노예'라는 용어를 사용하였다._옮긴이

자 노예와 동침했다는 것이다. 이 이야기는 성경이 노예제를 지지하며, 심지어 성 노예제도 지지한다는 강력한 증거로 귓가에 맴돈다. 그러나 구약의 많은 내러티브와 마찬가지로, 그 의미를 파악하려면 이야기 전체를 읽어야 한다. 창세기 3장 이후로 성경은 인간의 죄를 기술하며, 성경의 영웅들조차도 도덕적으로 끔찍한 잘못을 범한다. 따라서 여러 경우를 볼 때, 그렇게 기술한다고 해서 그러한 잘못을 제안하는 것은 아님이 분명하다.

아브라함과 사라는 늙었고 불임이었다. 그러나 하나님은 아브라함에게 별보다 많은 자손을 약속하셨다. 사라는 기적을 바라며 하나님을 믿기보다는, 억지로 아브라함을 자기 노예인 이집트 여자 하갈과 동침시킨다. 고대 근동 문화에서는 노예와 동침하는 일이 도덕적으로 그다지 눈살을 찌푸릴 일이 아니었을 것이다. 실제로 아브라함의 또 한 명의 아내가 된다면 하갈로서는 신분이 상승하는 셈이었다. 그러나 그 내러티브 안에서 아브라함이 하갈과 동침하기로 한 것은 하나님의 뜻을 거스르고 하나님의 약속에 대한 믿음 부족을 드러내는 일이었다.

하갈은 임신하자 새로운 신분을 받아들이고, 아이를 낳지 못하는 여주인을 깔보기 시작했다. 사라가 하갈을 학대하는 것으로 응수하자, 하갈이 달아난다. 그때 이 이야기에서 가장 기이한 부분이 나온다. 여호와의 사자가 이 여자 도망 노예인 하갈에게 나타나서, 하나님이 아브라함에게 하신 것과 흡사한 약속을 한다. 사실, 하갈은 성경에서 하나님의 이름을 최초로 부른 인물이다. 하갈은 "주님은 보시는 하나님입니다"라고 단언한다. "진실로 내가 여기에서 나를 보살피시는 하나님을 뵈었다"(창 16:13, ESV, 옮긴이 번역). 창세기 21장에서 사라는 아들 이

삭이 태어나자 다시 하갈을 몰아붙여 떠나게 한다. 다시 하나님이 하갈에게 나타나신다. 하나님은 하갈과 아들 이스마엘을 돌보아 주시며, 약속을 다시 한 번 말씀해 주신다.

우리는 하갈의 이야기를 다는 모르고, 처음에 하갈이 어떻게 해서 사라의 여종이 되었는지도 모른다. 고대 근동에서는 아브라함의 식솔로 들어가는 것이 아무 보호가 없는 여자로 있는 것보다 나았을 것이다. 그렇지만 우리가 분명히 아는 사실은 아브라함이 하갈과 동침한 것이 하나님의 약속을 거스르는 일이었으며, 하나님은 친히 정말로 놀라운 방법으로 하갈을 보시고, 하갈에게 귀를 기울이시고, 하갈을 인정하셨다는 것이다.

구약에 나오는 노예제

하갈의 이야기는 구약에 줄지어 나오는 노예 내러티브에서 가장 처음 등장한다. 그중에서도 아브라함의 증손자인 요셉은 형들에 의해 노예로 팔린다. 그러나 하나님은 요셉을 인도하여 이집트의 통치자가 되게 하심으로 이 죄악된 행동을 속량해 주신다.[3] 이 이야기는 고대 노예제와 좀 더 근대적인 형태의 노예제 사이의 세 가지 차이를 보여 준다. 첫째, 고대 노예제는 인종 계급 제도에 얽매이지 않았다. 하갈은 히브리 사람의 이집트 사람 노예였고, 요셉은 이집트 사람의 히브리 사람 노예였다. 둘째, 고대 노예제에서는 사람들이 자기 자신을 노예로 파는 일이 흔했으며, 그것은 고용의 한 형태에 해당되었고 빈곤 상태보다는 나

---

3   나중에 요셉은 형들에게 이렇게 설명한다. "당신들은 나를 해하려 하였으나 하나님은 그것을 선으로 바꾸사 오늘과 같이 많은 백성의 생명을 구원하게 하시려 하셨나니"(창 50:20).

았다. 셋째, 고대 세계에서도 많은 노예가 아메리카에서 노예가 된 아프리카인들이 겪은 것과 같은 종류의 잔인한 행위와 착취를 틀림없이 겪기는 했지만, 노예 신분 안에서나 그 이상으로 신분 상승이 가능했으며, 고위 관리도 될 수 있을 정도였다.

그러나 성경은 강제 노예제의 압제적 성격에 상당한 관심을 할애한다. 요셉이 죽은 후에, 요셉 자손은 이집트에서 번성하여 결국 외국 땅에 있는 백성으로 노예가 되었다. 그 다음 파라오는 이들을 뼈 빠지게 부렸고, 남자 아기에 대해 대량 살상을 명령했다(출 1장). 하나님은 이 일을 벌 받지 않게 내버려 두지 않으셨다. 모세를 부르셔서 그분 백성을 속량하게 하셨는데, 파라오가 백성을 놓아주길 거부하자 죽음의 천사가 이집트 사람의 첫째 아들을 모조리 죽이는 동안 히브리 사람의 집은 유월절 어린양의 피로 보호받았다. 그때부터 하나님 백성의 이야기는 해방 노예의 이야기가 되었다.

하나님이 자기 백성에게 율법을 주실 때, 그 율법에는 그 백성이 한때 노예였음을 기억하게 하는 내용이 거듭 들어갔다. 그것은 노예와 이주민, 과부와 고아를 어떻게 대해야 할지 알려 주려는 것이었다.[4] 노예 포획은 사형에 해당하는 죄였다. "사람을 납치한 자가 그 사람을 팔았든지 자기 수하에 두었든지 그를 반드시 죽일지니라"(출 21:16). 노예는 다양한 보호권과 특혜를 받았다. 예를 들자면 노예는 안식의 날에 포함되었으며(출 20:10), 주인이 노예에게 영구적 상해를 입히면 그 노예를 놓아주어야 했고(출 21:26), 히브리 사람은 남자든 여자든 노예로 팔리

---

4   예를 들어, 신 5:15; 16:12; 24:18.

면 6년 후에 (떠나지 않기로 하지 않는다면) 놓아주고 선물을 주어야 했다(출 21:2; 신 15:12-16). 이스라엘 백성은 도망 노예에게 도피처를 제공해 주라는 명령도 받는다. "종이 그의 주인을 피하여 네게로 도망하거든 너는 그의 주인에게 돌려주지 말고 그가 네 성읍 중에서 원하는 곳을 택하는 대로 너와 함께 네 가운데에 거주하게 하고 그를 압제하지 말지니라"(신 23:15, 16).

보호권은 전쟁 중에 잡힌 사람들에게로 확대되었다. 고대 군대에게는 피정복 민족의 여자를 겁탈하거나, 성노예로 삼는 것이 흔한 관행이었다. 그러나 구약은 명시하기를, 이스라엘 군인이 포로 여자를 원한다면 그 여자가 한 달간 가족을 애도하게 한 후에 결혼하라고 한다. 또 그 뒤에 그 여자와 헤어지기로 했다면 다른 사람에게 팔아넘기지 못하게 한다(신 21:10-14). 우리의 문화적 틀에서는 어느 종류의 중매결혼이든 억압적으로 보이기 때문에, 이 구절들이 혐오스럽게 들린다. 그러나 여자들이 남편을 선택하리라고 예상하지 않았던 시대에, 또 여자의 생계가 남자 친척의 부양에 달려 있는 곳에서, 여자 노예는 이러한 틀 덕분에 보호와 존중을 받았다.

요약하자면, 구약은 노예 포획을 금지하고, 노예들을 보호하며, 우리에게 하갈부터 요셉을 지나 이집트에서 탈출한 이스라엘 온 백성에 이르는 노예의 눈으로 세상을 보라고 권한다. 그러나 구약은 노예제 자체를 금지하지는 않는다. 그러면 신약은 무엇을 말하는가?

바울의 빌레몬서

신약에 도망 노예를 주인에게 돌려보내는 편지가 들어 있다는 말을 들으면 깜짝 놀랄지도 모르겠다. 어쩌면 성경이 노예제를 정당화한다고 예상했는데, 이 말이 그 예상과 맞아떨어질 수도 있다. 바울은 로마 감옥에서 편지를 쓰는데, 그곳에서 도망 노예인 오네시모를 만났고, 이제 오네시모를 주인인 빌레몬에게 돌려보내고 있다. 이러한 사실은 성경이 노예제를 지지한다는 논거를 완벽하게 입증하는 것으로 보인다. 그 편지를 읽기 전까지는 말이다.

바울은 자기에게 빌레몬한테 명령할 권리가 있다고 단언하지만, 명령하는 대신 설득하기로 한다. 바울은 이렇게 적는다. "갇힌 중에서 낳은 아들 오네시모를 위하여 네게 간구하노라"(몬 10절). 이것이 첫 번째 충격이다. 노예는 아들이 아니라 재산이다. 그러나 바울은 이 도망 노예를 자기 자녀라고 부른다. 그리고 나서 더 나아가 이렇게 적는다. "나는 그를 그대에게 돌려보냅니다. 그는 바로 내 마음입니다"(몬 12절, 새번역). 바울은 여러 글에서 개별 기독교인을 향한 사랑을 표현하지만 오네시모를 향한 이 애정 어린 말이 다른 어느 표현보다 뛰어나다. 바울은 오네시모를 자기 곁에 두기를 원했으나 빌레몬에게 돌려보내면서 "이 후로는 종과 같이 대하지 아니하고 종 이상으로 곧 사랑받는 형제로 둘 자라"고 한다(몬 16절). 바울은 빌레몬에게 오네시모를 바울 자신처럼 받아들이라고, 즉 이 도망 노예는 사도만큼이나 가치 있으니 사도와 같이 대접해야 한다고 지시한다. 바울은 오네시모가 빌레몬에게 빚진 것이 있다면 얼마가 되었든 자기가 다 갚겠다고 제안하면서(몬 19절), "나는 네가 순종할 것을 확신하므로 네게 썼노니 네가 내가 말한 것보다 더 행할 줄을 아노라"고 결론 내린다(몬 21절).

로마법에 따르면 빌레몬은 오네시모에게 낙인을 찍거나, 관절을 으스러뜨리거나, 그 밖의 형태로 잔인한 형벌을 집행할 수도 있었다. 그렇지만 바울은 빌레몬이 돌아온 오네시모를 존중하며 사랑으로, 즉 노예가 아니라 사랑하는 형제로 맞이하지 않는다면, 자기가 가장 존경하는 스승에게 노골적으로 등을 돌리는 셈이 된다는 식으로 글을 쓴다. 그리고 바울은 이 편지의 수신인이 빌레몬뿐 아니라 "자매 압비아와 우리와 함께 병사 된 아킵보와 네 집에 있는 교회"(몬 2절)라고 했다. 빌레몬이 오네시모에게 해를 입히면 반드시 공개적으로 수치를 당할 것이다.

노예이신 예수

오네시모와 바울의 강한 동질감은 예수께서 직접 내리신 뿌리에서 자라 나왔다. 제자들이 미래 왕국의 자리 때문에 다투고 있을 때, 예수께서는 단언하시기를 "너희 중에 누구든지 크고자 하는 자는 너희를 섬기는 자가 되고 너희 중에 누구든지 으뜸이 되고자 하는 자는 너희의 종(노예)이 되어야 하리라 인자가 온 것은 섬김을 받으려 함이 아니라 도리어 섬기려 하고 자기 목숨을 많은 사람의 대속물로 주려 함이니라"(마 20:26-28) 하셨다. 예수께서 오신 것은 노예가 되기 위함이요, 그 노예는 자기 목숨을 다른 사람들과 맞바꾸게 될 것이다.

예수께서는 제자들과 마지막 식사를 하실 때 다시 한 번 노예 신분을 받아들이셨다. 발을 씻기는 것은 흔히 노예가 하는 일이었는데 예수께서는 그 일에 맞춰 옷을 입으셨다. 겉옷을 벗고 허리에 수건을 두르고서 대야에 물을 부어 제자들의 발을 씻기셨다. 제자들은 몸서리를 쳤다. 하지만 예수께서는 이렇게 설명해 주셨다. "너희가 나를 선생이라 또는 주라 하니 너희 말이 옳도다 내가 그러하다 내가 주와 또는 선생이 되어 너희 발을 씻었으니 너희도 서로 발을 씻어 주는 것이 옳으니라"(요 13:13, 14).

예수께서는 섬김의 최고 행동인 십자가형을 준비하시며, 노예의 역할을 주장하셨고, 제자들에게도 똑같이 하라고 명령하셨다. 바울은 이 의미를 놓치지 않았기에, 예수의 성육신 자체를 그분이 노예의 "형체를 가지[신]" 것으로, 십자가형을 "죽기까지 복종하셨으니 곧 십자가에 죽으심"으로 서술한다(빌 2:5-8). 십자가형은 제국에 저항한 노예에게 걸맞은 죽음이었다. 주전 71년에 제3차 노예 전쟁이라고 알려진 반란이 진압되었을 때, 아피아 가도를 따라서 노예 6,000명 정도가 십자가에 매달렸다.

노예로서의 기독교인

2년 전, 나는 허리에 그리스 문자로 문신을 새겨 넣은 여자를 만났다. '둘로스'라고 적혀 있었는데, 그리스어로 노예라는 뜻이다. 나는 그 여자가 기독교인이라는 사실을 알고 난 후에 그 메시지를 이해했다. 신약의 표현으로 하면 기독교인은 사도들부터 시작해서 모두 그리스도의 노예다.

1세기에 노예는 누구 소유인지에 따라 알려지기도 했다. 예를 들면 오네시모는 빌레몬의 노예다. 바울은 '둘로스'라는 용어를 자기에게 습관처럼 썼는데,[5] 예를 들면 "예수 그리스도의 노예인 바울"(롬 1:1, ESV),

---

5 ESV는 이 구절에서 '둘로스'를 문맥상 '하인'(servant)으로 번역한다.

"그리스도 예수의 노예인 바울과 디모데"(빌 1:1, ESV), "하나님의 노예요 예수 그리스도의 사도인 바울"(딛 1:1, ESV)이 있다. 베드로와 야고보와 유다도 각자 편지를 쓰면서 자신을 노예라고 소개하며, 그 별칭은 더 확대된다. 골로새서에 나오는 동역자 목록에서 바울은 두기고를 "함께 주의 노예 된 자"(골 4:7, ESV)라고, 에바브라를 "그리스도의 노예"(골 4:12, ESV, 이상 옮긴이 번역)라고 일컫는다. 그러나 오네시모에게는 신중하고 요령 있게 대처하여 그 표현을 쓰지 않는다. 오히려 그 목록에서는 실제 노예였다고 알려진 사람을 "신실하고 사랑을 받는 형제 …… 그는 너희에게서 온 사람"(골 4:9)이라고 부른다.[6]

초대 교회 지도자들은 왜 이런 노예 표현을 즐겨 썼는가? 첫째, 자신이 철저히 그리스도의 소유라는 사실을 전하기 위해서였다. 바울은 "너희는 너희 자신의 것이 아니라 값으로 산 것이 되었으니"라고 적는다(고전 6:19, 20). 노예가 주인의 일을 하기 위해 살아가듯이, 기독교인들은 그리스도의 일을 하기 위해 살아갔다. 둘째, 노예 칭호는 예수를 따를 때 치르는 대가를 알려 준다. 기독교의 처음 지도자들은 박해와 구타, 굶주림, 난파, 죽음을 겪었다. 그들의 상황은 험난했다. 그러나 초기 기독교인 중에 실제로 노예가 많았다는 현실이 사도들이 이러한 노예 표현을 사용한 셋째 동기가 되었을 것이다. 지도자들이 자신들을 이런 식으로 언급하는 말이, 속박 가운데 있던 초기 기독교인들 귀에는 분명 듣기 좋은 소리였을 것이다. 이들은 결코 인간 이하의 재산이 아니었고, 교회에서 가장 중요한 지도자들과 동등한 신분이었다.

---

[6] 바울이 뵈뵈에 대해서는 노예(둘로스)가 아니라 겐그레아 교회의 일꾼(디아코노스)으로 있는 우리 자매 뵈뵈"(롬 16:1)라고 부르는 점도 흥미롭다.

기독교인으로서의 노예

신약은 교회 안에서 노예와 자유인의 평등을 강조한다. 바울은 고린도 사람들에게 이렇게 편지한다. "우리가 유대인이나 헬라인이나 종이나 자유인이나 다 한 성령으로 세례를 받아 한 몸이 되었고 또 다 한 성령을 마시게 하셨느니라"(고전 12:13). 골로새 사람들에게도 이렇게 편지한다. "거기에는 헬라인이나 유대인이나 할례파나 무할례파나 야만인이나 스구디아인이나 종이나 자유인이 차별이 있을 수 없나니 오직 그리스도는 만유시요 만유 안에 계시니라"(골 3:11). 갈라디아 사람들에게도 "너희는 유대인이나 헬라인이나 종이나 자유인이나 남자나 여자나 다 그리스도 예수 안에서 하나이니라"고 한다(갈 3:28). 이와 같은 표현과 같은 선상에서, 현존하는 초기 비기독교 자료이자 기독교인의 박해를 다룬 자료 중 하나를 살펴보면 초대 교회에서 노예가 지도자 역할을 맡는 경우가 드물지 않았던 듯하다. 2세기 초에 소(小) 플리니우스가 트라야누스 황제에게 보낸 편지를 보면, 기독교에 대해 더 알아내고자 "여집사(deaconess)라고 불리는 두 여자 노예"를 고문했다고 말한다.[7]

바울의 신학적 신념과 도망 노예 오네시모를 포용하고 힘을 실어준 방식을 감안하면, 바울이 노예들더러 주인에게 반항하고 동등한 신분을 요구하라고 강권했으리라 예상할 수도 있다. 그러나 바울은 그렇게 하지 않는다. 바울은 골로새 사람들에게 이렇게 편지한다.

---

[7] Michael J. Kruger, *Christianity at the Crossroads: How the Second Century Shaped the Future of the Church* (Downers Grove, IL: IVP Academic, 2018), 32쪽을 보라. 'deaconess'(여집사)라고 번역한 단어가 단순히 하인을 의미할 수도 있지만, 바울이 뵈뵈를 'deaconess'이자 초대 교회의 후원자라고 부른 것을 보면 신학적으로 쓰인 표현인 듯하다.

종들아 모든 일에 육신의 상전들에게 순종하되 사람을 기쁘게 하는 자와 같이 눈가림만 하지 말고 오직 주를 두려워하여 성실한 마음으로 하라 무슨 일을 하든지 마음을 다하여 주께 하듯 하고 사람에게 하듯 하지 말라 이는 기업의 상을 주께 받을 줄 아나니 너희는 주 그리스도를 섬기느니라(골 3:22-24).

바울은 노예들에게 반란을 일으키라고 강권하지 않고, 섬기라고 격려한다. 그러나 그 섬김은 땅의 주인들(큐리오이스)을 위한 것이 아니라, 주께(톤 큐리온) 하는 것이다. 노예들의 진짜 주인이신 예수께서 그들의 섬김을 보시고, 기업을 상으로 주실 것이다. 노예들은 자기들이 인간 이하의 존재이기 때문에 섬기는 것이 아니다. 하나님의 아들딸로서 섬기는 것이다.

돈을 지불하고 자유인이 될 수 있는 노예도 있었으며, 바울은 할 수 있다면 그렇게 하라고 격려한다(고전 7:21). 그러나 대다수 노예에게는 자기 신분을 넘어설 여력이 없었을 테니, 도망가라고 부추긴다면 노예들을 엄청난 위험에 빠뜨릴 수 있었다. 그러나 바울은 노예들이 하는 일에 영원한 의미를 부여하고, 주께서 그들을 지켜보시며 귀하게 여기신다고 말한다. 그리고 바로 이어서 바울은 기독교인 주인들에게 노예들을 공정하고 공평하게 대우하라고 명령하는데, 그들이 노예들을 어떻게 대하는지 그들의 주인이신 하나님이 살펴보고 계시기 때문이다. 노예들이 반드시 푸대접을 받았다고는 할 수 없다. 많은 노예가 푸대접을 받기는 했다. 그러나 복음서에는 로마 사람인 주인조차도 자기 노예들을 보살핀 사례가 나온다(예를 들어, 눅 7:1-10). 노예들은 우리 예상을 훨씬 뛰어넘는 다양한 임무를 수행했다. 예를 들어 노예들은 막일꾼뿐 아니라 의사나 교사가 될 수도 있었다. 1세기에는 많은 노예가 기본적으로는 평범하게 살면서 노동의 대가를 받았으며, 때로는 돈으로 자유를 살 수도 있었다.[8] 그러나 바울이 분명히 밝히듯이, 어떠한 종류의 일을 하든 상관없이 기독교인 주인들은 사도들에게 윤리적 명령을 받았고, 그 명령은 이제 그리스도 안에서 형제자매인 자기 노예들에게 적용된다.

바울은 노예들에게 말만 번지르르하게, 즉 위로하는 자리에서 압제당하는 이들에게 강요하는 투로 편지하지 않는다. 사도 자신은 고등교육을 받았고 로마 시민이지만, 그리스도의 노예이기에 투옥, 매 맞음, 굶주림, 배척, 곧 사형을 당할 가능성 같은 대가가 따라다녔다. 더욱이 바울이 디모데에게 보낸 편지를 보면, 미국에 있던 노예제를 만들어 낸 기본 관행을 구체적으로 정죄한다. 노예 포획을 사형에 이르는 범죄로 말하는 출애굽기 21장 16절을 기반으로 하여, 바울은 "인신매매"를 다른 불법적인 죄와 나란히 열거한다(딤전 1:10). 이 구절들은 성경을 근거 삼아 대서양 횡단 노예 무역을 정당화하려는 모든 시도를 전면적으로 무너뜨려 버린다.

그런데 바울은 왜 노예제 자체를 분명하게 정죄하지 않았을까?

살 한 파운드

셰익스피어의 〈베니스의 상인〉(The Merchant of Venice)의 절정 장면에서

---

8   이것에 대해 더 알고 싶다면, Andrew T. Lincoln, *Ephesians*, Word Biblical Commentary (Waco, TX: Word), 415-420쪽에서 고대 노예제에 관한 논의를 보라.

상인 안토니오는 생명의 위협을 느끼며 법정에 서 있다.[9] 안토니오는 자기 배가 죄다 난파당해서 파산할 수도 있다고는 생각도 못했기에, 채무 불이행시 자기 살 한 파운드를 취할 권리를 사채업자 샤일록에게 부여하는 계약서에 서명했었다. 이제 샤일록이 자신의 담보물을 취하고자 했다. 포셔는 재기가 뛰어난 여자였는데, 법률가처럼 남장을 하고서 처음에는 샤일록에게 자비를 베풀라고 간곡히 부탁한다. 설득에 실패하자, 포셔는 살 한 파운드를 갚아야 한다고 인정한다. 샤일록은 아주 기뻐한다. 그러나 샤일록이 칼을 준비하자, 포셔가 샤일록을 막아서더니, 그 차용증에는 피에 대한 언급이 없다고 지적한다. 샤일록은 살 한 파운드를 취할 수 있다. 그러나 샤일록이 안토니오의 피를 한 방울이라도 흘린다면, 샤일록의 재산을 모조리 국가가 몰수할 것이다.

이 희곡에 담긴 복잡한 반유대주의는 차지하더라도(복잡한 까닭은 샤일록을 비열한 대금업자로 희화화하는 동시에 셰익스피어의 전체 작품 중에 인종 차별을 가장 인상적으로 반대하는 대사를 샤일록에게 할당하기 때문이다), 이 장면은 우리에게 강력한 패러다임을 제공한다.[10] 포셔가 자기는 법을 바꿀 수 없다고 단언한다. 즉 샤일록은 살 한 파운드를 취할 수 있다. 그러나 포셔는 샤일록이 안토니오에게 도무지 해를 끼칠 수 없는 방식으로 그 법을 해석한다. 포셔는 틀림없이 안토니오 편이며, 포셔의 논거 덕분에 안토니오가 목숨을 구한다.

신약은 포셔가 안토니오의 죽음을 반대하던 방식으로, 즉 노예제를 완전히 무력화하는 방식으로 노예제를 반대한다. 예수께서는 노예

---

9   4막 5장.
10   3막 1장을 보라.

의 역할 안에 거하셨다. 바울은 자신을 그리스도의 노예라고 일컫고, 도망 노예를 자기 심장처럼 사랑하며, 노예와 자유인이 그리스도 안에서 동등하다고 주장한다. 신약은 우월성이나 착취나 강제의 여지 없이 그저 형제애와 공통 정체성만으로 구조적인 긴장을 만들어 냈으며, 그 긴장이 마침내 노예제 폐지에서 화산처럼 분출되었다.

교회는 노예제를 지지했는가?

그 화산은 1세기와 19세기 노예 폐지 운동 사이에 잠자고 있지 않았다. 4세기에 기독교가 처음으로 정치적 권력을 행사하고 있을 때, 신학자인 니사의 그레고리우스가 노예제 개념을 공격하기 시작했다. 고대 세계에서는 노예제를 어쩔 수 없는 현실로 당연시하고 있었기에 이는 전례가 없는 일이었다.[11]

> 어느 사람이 같은 인간을 다스릴 주권을 자신에게 배정하여서 사실은 하나님에게 속한 것을 사유 재산으로 삼고, 자기가 남자들과 여자들의 주인이라고 생각한다면, 그렇게 자신은 지배받는 이들과 달리 대단한 존재라고 여기는 사람 뒤에 만물을 능가하는 교만 말고 무엇이 따라오겠는가?[12]

---

11 Kyle Harper, "Christianity and the Roots of Human Dignity in Late Antiquity," in *Christianity and Freedom*, vol. 1, *Historical Perspectives*, ed. Timothy Samuel Shah and Allen D. Hertzke, Cambridge Studies in Law and Christianity (Cambridge: Cambridge University Press, 2016), 132쪽.

12 Gregory of Nyssa, *Homilies on Ecclesiastes* 4.1, Harper의 "Roots of Human Dignity," 133쪽에서 인용.

그레고리우스는 더 나아가 노예 매매를 호되게 비판하여 노예제를 공격하며 이렇게 질문을 퍼붓는다. "이성의 가격은 얼마인가? 하나님의 형상을 사려면 오볼 몇 닢을 치러야 하는가? 하나님이 만드신 사람을 팔고서 스타테르 몇 닢을 받았는가?"(오볼과 스타테르는 고대 그리스의 화폐 단위로, 오볼은 은화였고, 스타테르는 금화와 은화가 있었음_옮긴이)[13] 그레고리우스와 동시대 신학자 아우구스티누스와 요한 크리소스토무스 역시 노예제를 하나님이 정하신 것이 아니라 죄의 결과로 보았다.[14] 그런데도 많은 기독교 지도자가 노예제에 협조하였고, 노예제를 완전히 정상적으로 보는 고대 세계의 흐름에 말려들었다. 주요 스토아 철학자인 에픽테토스는 자신 역시 한때 노예였는데도, 그 제도에 반대하는 주장을 하려고 들지 않았다.[15]

그레고리우스의 비판이 더 폭넓은 사고에 직접적으로는 영향을 끼치지 못한 것으로 보이지만, 그레고리우스의 형제인 카이사리아의 바실리우스가 그 의견을 받아들여서, 노예들에게 아주 흔한 학대 중 하나를 방지하는 법률 제정의 길을 닦았다. 로마 문화에는 남녀 노예에 대한 성적 착취가 만연했다. 사실, 노예나 매춘부와의 성교는 남자의 성욕을 배출하는 데 반드시 필요한 수단으로 간주되었다. 바실리우스는 성교에 이용되는 노예들과 매춘을 강요받는 여자들 모두 죄가 없다고 확정했다. 428년에 동방 제국 황제가 칙령을 반포하여 "자기 딸들과

---

[13] Gregory of Nyssa, *Ecclesiastes* 4.1, Harper의 "Roots of Human Dignity," 133쪽에서 인용.
[14] John Chrysostom, *Homily on Ephesians*, hom. 22, and Augustine, *City of God*, bk. 19를 보라.
[15] 카일 하퍼는 "Roots of Human Dignity," 129쪽에서 이 점을 지적한다.

여자 노예들에게 죄 짓기의 당위성을 강요하는 포주들과 아버지들과 노예 소유자들"을 정죄하고, "노예와 딸들, 그 외 가난 때문에 자발적으로 고용된 사람들"을 보호해 주어 주교나 재판관에게 도움을 요청하게 했다.[16] 이 칙령을 역사가 카일 하퍼는 이렇게 고찰한다. "기독교 이념을 성문법으로 더 분명하게 옮기기도 힘들 것이다."[17] 5세기가 지나는 동안 기독교인 황제들이 그 금지를 확대해서 성행위 알선은 완전히 불법이 되었다.

기독교의 대대적 노예 폐지론은 7세기에 확실히 자리 잡기 시작했고, 시간이 흘러 유럽이 기독교화되면서 노예제가 실질적으로 폐지되었다. 성(聖) 발틸드는 부르군디의 왕인 클로비스 2세의 아내였는데 (발틸드 자신도 한때 노예였다), 그 시대의 노예 무역 폐지와 모든 노예 석방을 위한 운동을 벌였다. 9세기에 성(聖) 안스카르는 바이킹의 노예 무역을 반대하는 운동을 했다. 13세기의 영향력 있는 신학자 토마스 아퀴나스는 노예제를 죄라고 주장했고, 교황들도 연이어 그 견해를 지지했는데, 그중에 교황 바오로 3세는 1537년에 노예제를 명시적으로 금지했다. 그런데도 노예제는 슬그머니 살아났다. 1562년과 1807년 사이에 유럽 식민지가 확장하면서 노예가 끔찍할 정도로 폭증했다. 그 기간에 영국 상인들이 실어 나른 노예만 해도 300만 명이 넘었다.

그러나 노예 무역에서 영국의 역할을 살펴볼 때, 노예제의 참상이 기독교의 열매라고 상정하지 않도록 주의해야 한다. 윌리엄 윌버포스는 복음주의적 신념으로 노예제 폐지 운동을 추진했지만, 당시 영국 기

---

16   Shah and Hertzke, *Christianity and Freedom*, 1:138에서 인용.

17   Shah and Hertzke, *Christianity and Freedom*, 1:138.

독교는 침체되어 있었다. 교회에 출석하는 사람이 드물고, 설교는 형편없었다. 윌버포스는 런던 최고의 설교자들을 조사하고 나서 언급하기를 "키케로의 글보다 기독교를 더 많이 담고 있는 설교가 하나도 없다"고 했다.[18] 실제로 윌버포스의 열렬한 신앙은 종교적 광신으로 간주되었다. 윌버포스는 이렇게 응수했다. "같은 인간이 겪는 고통을 그대로 느끼는 것이 광신적인 것이라면, 나는 지금껏 활개치고 다니도록 허용된 아주 구제 불능인 광신자들 중에 한 명이다."[19] 윌버포스는 하나님이 자기를 노예 무역을 난파시키라고 부르셨다고 믿었다. 윌버포스는 기독교 노예 폐지론자 단체를 이끌었고, 이들이 동료 인간의 생명을 살리는 운동을 포기하지 않은 덕분에 마침내 승리했다.

눈을 돌려 미국을 보면, "모든 인간은 평등하게 창조되었고" "창조주에게서 양도할 수 없는 특정 권리를 부여받았으며" 거기에는 "생명과 자유와 행복 추구"가 포함된다는 "자명한 진리"를 기초로 건립된 나라에서 이러한 윤리를 지키는 데 철저하게 실패했다는 사실은 비극적 아이러니다. 많은 기독교 지도자가 성경을 남용하여, 인종을 기반으로 노예를 재산시하는 제도를 지지했다는 사실도 마찬가지로 비극이다. 몇몇 경우에 백인들이 기독교 윤리와 노골적으로 상충하는 관습을 용인한 것을 보면, 그들이 성경을 진심으로 읽었을 리가 없다. '자비로운' 노예 소유를 허락하기 위해 성경을 발췌해서 들먹이는 경우도 있었다.

---

18 William Hague, *William Wilberforce: The Life of the Great Anti-Slave Trade Campaigner* (New York: HarperCollins, 2007), 10쪽에서 인용. 이 책에서는 당시 영국 국교회의 상태에 대한 폭넓은 논의를 제공한다.

19 Robert Isaac Wilberforce, Samuel Wilberforce, and Caspar Morris, *The Life of William Wilberforce*, vol. 4 (Philadelphia: Henry Perkins, 1841), 290쪽에서 인용.

예를 들어 19세기 침례교 목사인 리처드 풀러는 노예들을 잘 돌봐 준다며 스스로 자랑스러워한 인물인데, 구약과 신약은 노예제를 거부하기보다는 규제하며, 노예 학대는 분명히 성경을 거스르는 일이지만 노예 소유 자체는 그렇지 않다고 주장했다. 반대로 침례교 목사이자 브라운 대학교 총장인 프랜시스 웨이랜드는 노예 소유는 완전히 죄라고 주장했다. 이들의 논쟁이 1847년에 출간되었다.[20] 풀러의 주장에서 골자는 (아브라함을 포함하여) 유대교 족장들이 노예를 소유했으며, 그러니 노예제가 본질적으로 죄일 리가 없다는 것이다. 그러나 족장들은 여러 면에서 죄가 있었다. 특히 웨이랜드의 주장에 따르면 족장들은 일부다처제도 실행했는데, 구약에서는 그 관습을 일관되게 부정적인 시각으로 묘사하며, 신약에서는 실질적으로 불법화되었다.

4장에서 언급했듯이 예수께서 경고하신 말씀에 따르면, 예수를 따른다고 주장하는 모든 사람이 정말로 따르지는 않으며, 특히 가난하고 억눌린 사람들에 대한 돌봄은 진정한 기독교의 리트머스 시험이라고 강조하신다. 그러나 반드시 고려해야 할 사실은 미국의 신학 위인들 중에 노예를 소유한 이들이 있었으며, 그중에 미국의 위대한 신학자이자 지식인으로 널리 인정받는 조나단 에드워즈가 있다는 것이다. 기독교 지도자가 조금이라도 노예제 관행에 연루되었으니 크게 한탄할 일이며, 절대로 대충 얼버무리고 넘어가서는 안 된다. 그러나 주요 흑

---

20   Richard Fuller and Francis Wayland, *Domestic Slavery Considered as a Scriptural Institution*, ed. Nathan A. Finn (Macon, GA: Mercer University Press, 2008). 이 논쟁을 간결하게 압축한 요약은 Aaron Menikoff, "How and Why Did Some Christians Defend Slavery?," The Gospel Coalition, February 24, 2017, https://www.thegospelcoalition.org/article/how-and-why-did-some-christians-defend-slavery/를 보라.

인 신학자인 태비티 안야브윌레가 논평했듯이, 에드워즈가 노예 소유를 본질적으로 죄가 아니라고 주장한 것은 틀렸지만, 대서양 횡단 노예 무역을 올바르게 비난했고, 아프리카 식민지의 폐해를 정당화하는 데 이스라엘의 역사를 들먹일 수 있다는 발상을 거부했으며, 하나님이 유괴 행위를 '눈감아' 주지 않으시리라고 주장했고, 아프리카 사람들과 미국 원주민들도 영적으로 동등하다고 인정했다. 에드워즈는 노샘프턴에서 최초로 흑인 기독교인들에게 온전한 교회 회원권을 허락한 목사였고, 1740년대에는 노예 무역을 끝내지 않으면 아프리카에서 복음이 전혀 진보할 수 없으리라고 주장했다.[21] 누구나 믿음에 사각지대가 있으며, 그 사각지대는 흔히 자신을 둘러싼 문화 때문에 생긴다. 에드워즈도 예외가 아니었다.

이러한 무지가 다른 기독교인 노예 소유자들의 특징이었다. 2013년에 영화 〈노예 12년〉(12 Years a Slave)이 솔로몬 노섭의 이야기를 들려주는데, 노섭은 두 번째 주인이던 침례교 목사를 이렇게 묘사한다. "내 생각에, 윌리엄 포드보다 더 상냥하고, 고결하고, 편견 없는 기독교인은 없었다. 포드 목사는 언제나 영향력과 친분에 둘러싸여 있었기 때문에 노예 제도의 밑바탕에 내재하는 잘못을 보지 못했다."[22]

노예 출신 작가인 해리엇 제이콥스는 노예 소유자의 자비의 경계

---

21 Thabiti Anyabwile, "Jonathan Edwards, Slavery, and the Theology of African Americans" (lecture delivered at Trinity Evangelical Divinity School, February 1, 2012), https://media.thegospelcoalition.org/static-blogs/justin-taylor/files/2012/02/Thabiti-Jonathan-Edwards-slavery-and-theological-appropriation.pdf.

22 Solomon Northup and David Wilson, *Twelve Years a Slave: Narrative of Solomon Northup* (New York: Miller, Orton and Mulligan, 1855), 90쪽. 「노예 12년」(더클래식 역간, 2020).

를 통렬하게 묘사한다. 제이콥스는 행복하던 어린 시절을 회상한다. 백인 여주인을 무척이나 좋아했고, 여주인도 제이콥스를 친절히 대해 주었다. 사실 제이콥스는 여섯 살에 엄마가 돌아가시기 전까지는 자신이 노예라는 사실을 깨닫지도 못했다. 그러나 여주인이 죽었을 때, 여주인이 제이콥스를 자유롭게 해주겠다는 약속을 어겼음이 드러났다. 제이콥스는 노예제 시대에 기독교의 실패를 정곡으로 찌르는 대사에서 이렇게 말한다. "여주인은 내게 하나님 말씀에 있는 계명을 가르쳐 주었다. '네 이웃을 네 몸과 같이 사랑해야 한다', '남이 네게 해주기를 바라는 대로 너도 남에게 똑같이 하라.' "[23] 선한 사마리아인 비유가 예수께서 "누가 내 이웃입니까?" 하는 질문에 인종의 다름을 넘어서는 사랑 이야기로 답하신 것임을 감안하면, 백인 기독교인이 흑인들을 자신의 이웃으로 인식하지 못한 데는 변명의 여지가 없다.

주요 기독교인 노예 폐지론자들

미국 노예제의 혐오스러운 성격 때문에 마침내 미국과 유럽의 주요 기독교 지도자들이 맹렬히 비난하기에 이르렀다. 예를 들어, 영향력 있는 영국인 설교자 찰스 스펄전은 미국 순회 설교 중에 노예제를 "국가의 명예를 더럽힌 가장 큰 오점"이라고 비난하고서는, 차라리 "남부와 북부가 갈가리 찢겨서, 주 연방이 수천 조각으로 부서지는 편이 노예제 유지가 허용되는 것"보다 훨씬 낫다고 단언했다. 노예제를 "특수한 제

---

[23] Harriet Jacobs, *Incidents in the Life of a Slave Girl*, ed. L. Maria Child (New York: Washington Square, 2003), 10쪽. 「린다 브렌트 이야기: 어느 흑인 노예 소녀의 자서전」(뿌리와이파리 역간, 2011).

도"(peculiar institution. 남북 전쟁 전에 남부에서 노예제를 지칭하던 용어_ 옮긴이)라며 옹호하는 미국 목사들을 향해 스펄전은 "마귀가 특수한 천사이고 지옥이 특수하게 뜨거운 장소인 것처럼 노예제는 참으로 특수한 제도다"라고 응수했다.[24] 감리교 지도자인 존 웨슬리 역시 노예제를 "종교의 수치요 …… 인간 본성의 수치인 저주받을 악행"이라고 비난했다.[25]

노예제 폐지 운동에서 여성들의 영향력이 특히 두드러진다. 예를 들어 영국에서는 시인 활동가인 한나 모어가 이 문제에 관한 대중의 의식 형성에 중요한 역할을 했다.[26] 미국에서도 해리엇 비처 스토가 미국 전체가 "노예제가 얼마나 저주스러운 일인지 느끼도록" 하려는 목적을 분명하게 담아 베스트셀러 소설 「톰 아저씨의 오두막」(Uncle Tom's Cabin)을 썼다. 열렬한 신자이기도 한 스토의 단언에 따르면 "나는 여자이자 어머니로서 내가 본 슬픔과 불평등에 억눌리고 마음이 상했기 때문에, 기독교인으로서 기독교에 수치가 되는 것을 느꼈기 때문에, 우리 나라를 사랑하는 사람으로서 임박한 진노의 날을 생각하니 떨렸기 때문에 내가 행한 일을 글로 썼다."[27] 스토의 책이 완벽하지는 않다. 노예제라는 죄를 통찰 있게 보기는 했지만, 「톰 아저씨의 오두막」은 흑인들에 대한 특정 고정관념을 현실적으로 다루었기에, 미국 백인들이 편견을 온

---

24 Lewis A. Drummond, *Spurgeon: Prince of Preachers*, 3rd ed. (Grand Rapids, MI: Kregel, 1992), 480쪽에서 인용.
25 John Wesley, to William Wilberforce, February 24, 1791, in *John Wesley*, ed. Albert Outler (New York: Oxford University Press, 1964), 86쪽.
26 별로 유명하지 않은 이 노예 폐지론자의 훌륭한 전기는 Karen Swallow Prior, *Fierce Convictions: The Extraordinary Life of Hannah More—Poet, Reformer, Abolitionist* (Nashville, Thomas Nelson, 2014)를 보라.
27 Joan D. Hendrick, *Harriet Beecher Stowe: A Life* (Oxford: Oxford University Press, 1995), 237쪽에서 인용.

전히 떨쳐 버리기가 얼마나 힘들었는지를 잘 보여 준다. 그러나 이 소설 작가는 자신의 진실한 믿음 덕분에 미국의 노예 제도가 기독교와 상반된다는 것을 볼 수 있었다.

그러나 흑인 기독교인들이 감당한 역할이 더 눈에 띈다. 이들은 백인의 편협성을 극복하고 그리스도를 받아들이고 문화를 바꾸었다. 흑인으로 노예 폐지론자인 데이비드 워커는 노예를 소유하고 학대하면서 "우리 주님의 복음을 전하는 거짓 설교자들"을 비판했고, 미국 흑인으로는 최초로 노예제를 지속적으로 맹렬히 비난했다.[28] 프레드릭 더글러스(이 사람의 이야기는 이 장 서두에서 다루었다) 역시 도망 노예 출신으로서 유력한 노예 폐지론자이자 사회 참여 지식인이 되었고, 이른바 기독교인이면서 학대를 자행하는 노예 소유자들의 위선을 가장 신랄하게 비난했다. 헨리 하이랜드 가넷은 노예로 태어났지만 어릴 때 가족과 함께 탈출했는데, 노예 폐지론자 연설가 역할을 한 또 한 명의 핵심 인물이다. 이들과 다른 많은 이가 보기에, 신앙과 교육이 힘을 합쳐서 그들이 공공 봉사를 하도록 밀어 주었다. 노예 해방은 복음 문제였다.

그러나 역경을 이겨 낸 상을 준다면, 그 상은 반드시 노예 폐지론자인 흑인 여성들에게 돌아가야 한다. 해리엇 터브먼이 오늘날 가장 유명하다. 터브먼은 어릴 때 어머니에게 성경 이야기를 들었고, 모세가 이스라엘 백성을 이집트에서 인도해 나온 일을 자기 활동의 모범으로 삼아 노예들을 해방시켰다. 실제로 터브먼이 많은 비밀 임무를 수행하여 노예들이 속박에서 벗어나도록 도왔기 때문에 당시 사람들은

---

[28] Peter P. Hinks, ed., *David Walker's Appeal to the Coloured Citizens of the World* (University Park: Pennsylvania State University Press, 2002), 40쪽을 보라.

터브먼에게 '모세'라는 별명을 붙였다. 더글러스는 터브먼에게 이렇게 찬사를 보낸다. "밤하늘과 말없는 별들이 자유에 대한 그대의 헌신과 영웅적인 행동의 목격자였습니다."²⁹ 소저너 트루스도 교육은 받지 못했지만 노예에서 탈출하여 노예 폐지 운동의 아주 인상적인 연설가 중에 하나가 되었다. 스토가 트루스를 만났을 때, 트루스에게 성경을 보면서 설교하는지 물었다. 트루스는 그렇지 않다고 대답하면서, 그 이유는 글을 읽을 줄 모르기 때문이라고 했다. 트루스는 이렇게 말했다. "설교할 때 제가 설교하는 본문은 딱 하나이고요, 늘 그 하나로 설교합니다. 제 본문은 '내가 예수를 발견했을 때'입니다."³⁰

그러나 전에 노예였던 많은 사람에게 노예 해방과 교육과 복음 전도는 떼려야 뗄 수 없는 관계였다. 이들은 신앙 때문에 예수를 옹호하면서 노예제를 반대하는 말을 하게 되었고, 성경 읽기를 갈구했기 때문에 교육을 갈망했다. 더글러스는 자신의 회심을 돌아보며 이렇게 썼다. "배우고자 하는 열망이 점차 커졌고, 정말이지 특히 성경의 내용을 모조리 훤히 알고 싶었다."³¹ 기독교인 노예들의 이야기는 많은 백인 기독교인이 노예 제도에 가담할 수 있게 한 거짓말을 폭로했고, 그 이야기의 주장을 듣고서 많은 미국 백인의 마음이 노예 제도의 폐해를 자각했다. 그러나 기독교인 노예들은 모든 인종이 예수를 믿는 구원의

---

29 Sarah H. Bradford, *Harriet: The Moses of Her People* (New York: Lockwood, 1886), 135쪽에서 Frederick Douglass to Harriet Tubman, August 29, 1868을 인용.

30 "Sojourner Truth: Abolitionist and Women's Rights Advocate," *Christianity Today*, September 2018, https://www.christianitytoday.com/history/people/activists/sojourner-truth.html에서 인용.

31 Douglass, *Life and Times*.

믿음에 이르기를 바랐고, 그 바람은 노예제를 타도하려는 바람을 넘어서기도 했다. 1852년에 헨리 하이랜드 가닛은 아내와 함께 자메이카로 이주해서 선교사와 교육자로 섬겼다. 전에 노예였던 토마스 존슨은 찰스 스펄전에게 지도를 받고서 1878년에 아프리카로 간 초창기 미국 선교사 중 한 명이 되었다. 아만다 베리 스미스도 자유를 얻은 후에 인도와 아프리카를 여행하며 복음을 전하고 물질적, 교육적 필요를 채워 주기 위해 자신이 할 수 있는 일을 했다. 미국으로 돌아와서는 "유색인 유기 아동과 극빈 아동을 위한 스미스 고아원과 직업 학교"(Amanda Smith Orphanage and Industrial Home for Abandoned and Destitute Colored Children)에 자금을 댔다.[32] 스미스와 다른 많은 이에게 예수를 사랑한다는 것은 정의를 사랑한다는 의미였다. 그러나 복음은 정당한 목적을 이루기 위한 편리하고 수사적인 수단 이상이었다. 예수를 위해 사람들을 얻는 것이 많은 이에게는 첫째가는 명령이었다.

흑인 교회의 기적

노예제가 미국 건국의 죄라면, 흑인 교회의 존재는 아마 미국의 가장 굉장한 기적일 것이다. 기독교 지도자들 중 다수가 노예제를 비판하지 못했다. 많은 노예 소유자가 노예를 학대하면서도 자칭 기독교인이었다. 그러나 기독교 신앙은 노예 공동체를 깊숙이 파고들었다. 어느 백인들은 자기 노예들의 신앙을 위해 돈을 쓰고 신앙을 장려했다. 다른

---

[32] 스미스의 자서전인 *An Autobiography, The Story of the Lord's Dealing with Mrs. Amanda Smith, the Colored Evangelist Containing an Account of Her Life Work of Faith, and Her Travels in America, England, Ireland, Scotland, India, and Africa, as An Independent Missionary*가 1893년에 출간되었다.

백인들은 노예들이 모여서 예배하는 것을 금하고 예배에 참석한 노예에게 벌을 주었다. 비밀리에 모이는 노예 교회가 많았다. 성경의 예수께서는 억눌리고 소외된 사람들을 돌보시고, 노예 역할을 받아들이셨으며, 권력을 향해 진리를 이야기하시고, 심한 고통과 배척과 죽음을 당하셨기에, 그분에게 노예들의 마음이 끌렸다. 많은 노예가 자기들을 압제하는 자들의 위선을 꿰뚫어 보면서, 영원하신 하나님이 자기들을 사랑하시고 구속하시고 귀하게 여기신다는 앎에서 소망을 발견했다. 그 하나님이 언젠가 정의를 실현하실 것이다.

해리엇 비처 스토에게 등장인물인 '톰 아저씨'에 대한 영감을 준 사람이 적절한 사례였다. 스토가 18세기 메릴랜드를 통찰하여 보여 주는 묘사에 따르면, 조시아 헨슨은 "노예로 태어나, 사실상 이교도의 땅에서 이교도 주인 아래 노예 생활을 했다."[33] 헨슨은 열여덟 살이 되기 전까지는 예수의 복음을 듣지 못했다. 헨슨은 하나님의 아들이 모든 사람을 위해, 즉 "속박당한 사람들, 가난한 사람들, 쇠사슬에 매인 흑인들"을 위해 죽으셨음을 드디어 들었을 때, 이렇게 반응했다. "나는 서서 그 이야기를 들었다. 그 이야기에 내 마음이 움직였고, 나는 울부짖었다. '정말 예수 그리스도께서 나를 위해 죽으셨나요?'"[34] 헨슨은 "가난하고 멸시받고 학대받으며, 다른 이들이 공짜 노동 말고는 아무 쓸모 없다고 여기는 놈인, 정신적으로나 신체적으로나 굴욕뿐인" 자기 같은 사람을 예수께서 친히 아시고 사랑하신다고 생각하자 어찌할 바를 몰

---

33 Josiah Henson, *Autobiography of Josiah Henson: An Inspiration for Harriet Beecher Stowe's Uncle Tom* (New York: Dover, 1969), 3쪽.

34 Henson, *Autobiography*, 24쪽.

랐다. "오, 내가 사랑받고 있다는 기분이 얼마나 복되고 달콤했는지! 그 순간, 기뻐서 죽을 지경이었고, 계속 혼잣말을 되뇌었다. '긍휼이 많으신 구주께서 나를 사랑하신대.'" 헨슨은 노예에서 탈출했고, 이어서 캐나다에 도망 노예들을 위한 보호 시설을 설립했으며, 기독교 설교자가 되어 예수의 복음을 전파하고 자신의 웅변술로 노예 폐지 운동에 힘을 보탰다.

이러한 신앙의 맥락이 노예들의 경험 속으로, 노예 폐지 운동 속으로, 이어서 미국 흑인들을 매우 흔히 괴롭힌 압제와 저항의 물결 속으로 퍼졌다. 마틴 루터 킹은 시민권 운동을 앞장서 이끌면서, 기독교의 약속을 여전히 이행하지 않는 나라에 진리를 말하고, 예수의 무기인 믿음과 소망과 사랑과 비폭력으로 인도했다. 많은 백인 기독교인이 또다시 인종 분리라는 죄악을 깨닫지 못하고 흑인 형제자매의 평등권을 부인했지만, 킹은 이러한 평등이 성경에서 싹텄으며 그리스도의 이름을 소유한 사람이라면 평등을 제지할 수 없다고 주장했다.

오늘날에는 어떤가? 백인 기독교인들이 미국에서 노예제와 인종 분리, 인종 차별의 역사에 연루되었다는 것이 기독교의 기록에 오점으로 남아 있다. 최근 많은 백인 기독교인이 범하는 인종 차별은 그 기록에 여전히 남은 얼룩이기에 성경의 진리로 반대해야 하며, 백인이 다수인 교회 안에 유색인 지도자를 더 많이 세우는 것으로 맞받아쳐야 한다. 그러나 우리는 많은 백인 기독교인의 인종 차별이 기독교 자체를 규정하게 놔두는 오류는 범하지 말아야 한다. 오늘날 어느 미국인이 기독교인으로 확인될 가능성을 보면 흑인이 백인보다 거의 10퍼센트 더 많으며, 다양한 기준 전반에 걸쳐 흑인이 백인보다 종교적이다. 예를 들면 미국 흑인 중에 75퍼센트가 자기 삶에서 종교가 매우 중요하다고 말하지만, 백인 중에서는 49퍼센트만 그렇게 말한다. 더욱이 미국 흑인 중에 47퍼센트는 종교 예식에 매주 참석한다고 말하는 데 비해, 백인 중에서는 34퍼센트가 그렇게 말한다.[35] 설문 조사에서는 보통 '역사적 흑인 교회'와 '복음주의 교회'를 구분하지만, 대체로 흑인 교회는 신학적으로 복음주의이고, 복음주의의 핵심적 특징이 강한 교회가 많으며, 다른 이들에게 회개하고 예수를 믿으라고 외치기를 부끄러워하지 않는다.[36]

이 책 2장에서 기독교가 서구 백인의 종교라는 사회 통념을 깨뜨렸다. 이 장에서는 어떻게 성경이 우리에게 노예들의 눈으로 세상을 보라고, 또 우리 자신의 노예 신분을 받아들이라고 권하는지 보았다. 우리는 고대에는 문제 삼지 않던 제도를 서서히 폐지하는 데 기독교인이 맡은 역할, 일찍이 노예 복음 전도자들이 선구적으로 감당한 역할, 미국 노예들 사이에 기독교의 놀라운 전파에 주목했다. 교회는 도덕적 실패를 직시해야 한다. 많은 기독교인이 노예제와 관련하여 죄를 범했고, 많은 백인 기독교인이 압제적이고 인간성을 말살하는 그 제도의 흑인 피해자들에게 죄를 지었다. 그러나 우리는 이러한 질문을 반드시

---

[35] David Masci, "5 Facts about the Religious Lives of African Americans," Pew Research Center, February 7, 2018, http://www.pewresearch.org/fact-tank/2018/02/07/5-facts-about-the-religious-lives-of-african-americans/.

[36] 예를 들어 역사적 흑인 교회에 있는 기독교인 중에 93퍼센트가 천국이 있다고, 82퍼센트가 지옥이 있다고 믿으며, 82퍼센트가 성경을 하나님의 말씀으로 믿고, 61퍼센트가 성경을 일주일에 한 번 이상 읽는다. "Members of the Historically Black Protestant Tradition Who Identify as Black," Pew Research Center, 2018, http://www.pewforum.org/religious-landscape-study/racial-and-ethnic-composition/black/religious-tradition/historically-black-protestant/.

던져야 한다. 우리가 기독교를 백인 노예 소유자와 관련짓기를 그만두고 수세기 내내 울려 퍼진 흑인 신자들의 피 묻은 목소리에 귀를 기울이기까지, 얼마나 더 많은 세대의 신실한 흑인 신자들이 미국에 있어야 하는가? 얼마나 더 오래 있어야 프레드릭 더글러스와 나머지 수많은 노예 출신 복음 전도자의 간절한 바람에 우리가 귀를 기울일까? 이들은 회심하였기에 노예제를 전보다 혐오하게 되었지만 이들에게는 '모든 사람을 회심시키는 일이 가장 큰 관심사였다.'

Question 11. 사랑이신 하나님이 어떻게 그토록 큰 고통을 허용하실 수 있는가?

How Could a Loving God Allow So Much Suffering?

● 나디아 무라드가 ISIS 판사의 손에 조직적으로 당한 겁탈. 영국의 노예 무역 때문에 강제 수송된 아프리카인 300만 명. 홀로코스트에서 살해당한 유대인 600만 명. 르완다 대학살. 로힝야족 무슬림 인종 청소. 올해에 국제적 성매매에서 200만 명이 넘는 아동이 인신매매를 당하는 동안, 아동 150만 명이 설사로 죽었다. 남수단과 소말리아, 나이지리아, 예멘에서 일어난 기근. 23만 명이 사망한 2004년 인도네시아 쓰나미. 암의 말없고 은밀한 침입. 부모에게 학대당하는 아동들.

리처드 도킨스는 고통과 폭력과 죽음을 통해 우리 몸을 단련해 온 비인격적인 힘과 더불어 이 모든 일을 검토하면서 우리 우주에는 "우리가 우주에 있으리라 예상해야 하는 특성이, 즉 본질적으로 계획도 없고, 목적도 없고, 악도 없고, 선도 없고, 앞이 안 보이는 냉혹한 무관심만 있다"[1]고 단언했다. 이 장에서는 누구나 한두 번쯤은 머릿속에서 맴돌았을 질문을 다루겠다. 우리는 고통을 어떻게 생각해야 하는가?

---

1 Richard Dawkins, *A River out of Eden: A Darwinian View of Life* (New York: Basic Books, 1996), 133쪽.

많은 이가 보기에 이 질문은 기독교 신앙을 격파한다. 하나님은 사랑이시며 강하시다는 가설이 인간의 고통이 짓누르는 중압감을 어떻게 견딜 수 있는가? 기독교는 인생이 좌초되지 않은 이들에게만 도움이 되는가? 전능하시고 자비하신 창조주의 존재를 믿으려면 다른 이들의 고통을 그럴듯한 말로 얼버무리고 넘어가야 하는가?

이 장에서는 고통에 대한 세 가지 넓은 틀, 즉 하나님 없는 고통, 불교의 관점에서 보는 고통, 기독교의 세계관 안에서 보는 고통을 살펴보겠다. 고통이 기독교를 때려 부수는 건물 해체용 쇠공이 아니라 오히려 주춧돌이어서, 기독교는 언제나 고통 위에 아주 힘겹게 돌을 한 장 한 장 놓아 가며 세워져 왔음이 나타날 것이다.

하나님 없는 고통

어떤 이들에게는 등식에서 하나님을 빼야 마음이 편할 것 같다. 고통은 일어나게 마련이다. 고통에는 아무 의미도, 이유도, 희망도 없으니, 우리는 찻잎으로 점치기를 그만둘 수 있다. 처음에는 이것이 성숙한 자세처럼 보일 수도 있다. 자기 삶에서 무슨 의미든 만들어 내고, 더 큰 능력이 도와주거나 돌봐 주리라 기대하지 말라. 스티븐 호킹은 성인이 된 후로 평생 운동 신경 세포가 쇠약해지는 질병을 달고 살았는데, 뇌는 부품이 고장 나면 작동을 멈추는 일종의 컴퓨터라고 믿었다. 호킹은 단언하기를 "망가진 컴퓨터에는 천국도, 내세도 없다. 그런 것은 어둠을 두려워하는 사람들을 위한 동화일 뿐이다"라고 했다.[2]

---

2 Stephen Hawking, "There Is No Heaven," interview by Ian Sample, *The Guardian*, May 15, 2011, https://www.theguardian.com/science/2011/may/15/stephen-hawking-interview-

오늘날 많은 무신론자가 자신을 인본주의에 단단히 묶어 두고서, 어떠한 '신 존재 가설' 없이도 인간 정신과 능력으로 진보와 창조와 사랑이 가능하다고 믿는다. 그러나 "계획도 없고, 목적도 없고, 악도 없고, 선도 없다"는 도킨스의 연관 사슬은 문제를 보여 준다. 이 암울한 우주관은 우리가 삶과 인간다움 자체의 균형을 유지하는 기반을 약화시킨다. 선이나 악이 없다면 왜 우리가 한탄하는가? 다른 이들에 대한 연민이 진화상 친족 관계의 부산물일 뿐이라면, 집단 외부 사람들이 겪는 고통에 왜 감정을 이입하는가? 자아 감각이 망상일 뿐이라면 고통 앞에서 삶의 의미는 도덕적 작인과 더불어 사라져 버린다. 오늘날 세속 인본주의의 핵심에 있는 아이러니는 샘 해리스 같은 대변인들이 하나님의 존재를 믿는 정도로만 인간의 존재를 믿는다는 것으로, 이들에게는 인간이나 하나님이나 결국은 똑같이 망상이다. 등식에서 고통의 의미를 뺀다고 해서 수수께끼가 풀리지는 않는다. 오히려 바로 우리 자신이 금이 간다.

이러한 관점은 과학의 필연적 결과가 아니다. 케임브리지의 고생물학자 사이먼 콘웨이 모리스는 과학에 관해서는 똑같이 믿지만 하나님에 관해서는 달리 믿기에 이러한 질문을 제기한다. "도덕 체계가, 윤리의 목소리가 …… 세상을 선하게 만들려는 끊임없는 갈망이, 고립된 유인원의 상상의 산물이 아니라 우리의 운명이 깊이 뒤얽혀 있을 심오한 현실을 가리키는 표지판이라고 가정하라."[3] 무신론자들은 이러

---

there-is-no-heaven.

3 Simon Conway Morris, "Except Where It Matters," in *Does Evolution Explain Human Nature?* (West Conshohocken, PA: John Templeton Foundation, n.d.), 10쪽, https://www.

한 희망을 잘라 낸다. 우리는 끊임없이 밀려드는 물결 앞에서 모래성을 쌓고 있는 어린아이일 뿐이다. 더 정확히 말하자면, 우리는 어린아이가 아니다. 인간성이라는 망상을 탑재한 컴퓨터일 뿐이다. 퓰리처상 수상자인 메릴린 로빈슨의 글에 따르면 "유물론자는 현실에 매우 고압적으로 접근해서, 그 접근법의 한계 때문에 포착하지 못하는 것, 예를 들어 인간의 자아 같은 것은 사실상 존재하지 않는 것으로 여긴다."[4]

많은 이가 하나님에 대한 생각에 자신감을 잃고는 여전히 우주의 의미라는 망상에 집착하고 있다. 몇 년 전에 종교가 없는 친한 친구와 함께 고통을 헤쳐 나가고 있었다. 친구는 우주에는 놀라운 계획이 있다고 희망에 차서 이야기했다. 그 친구를 무척이나 좋아했기 때문에 나는 그런 가짜 약에 손을 뻗지 말라고 간곡하고 부드럽게 부탁했다. 하나님이 없다면 우리는 여전히 고통을 당하겠지만, 돌봐 줄 '우주'도 없다. 계획도 없고, 목적도 없고, 악도 없고, 선도 없고, 앞이 안 보이는 냉혹한 무관심만 있다. 우리는 그 심연(深淵)을 들여다보아야 하며, 상투적인 말로 자신을 기만해서는 안 된다. 매우 많은 것이 위태위태하다.

불교도의 고통 접근법

고통 중에 있던 내 친구는 유대교 가정에서 자랐지만 유신론에서 무신론으로, 그 뒤에는 불교 수행으로 옮겨 갔다. 이 길은 환멸을 느낀 서구인들이 많이 가는 길이다. 불교는 (적어도 서구화된 형태상으로는) '조직화된'

---

issuelab.org/resources/9030/9030.pdf.
4   Marilynne Robinson, *What Are We Doing Here? Essays* (New York: Farrar, Straus and Giroux, 2018), 128쪽.

종교 체계 없이도 무신론의 암울함에 피난처를 제공한다. 불교는 고통에 대한 도전으로 시작해서 대처할 방법을 제공한다. 이 조합은 매력적이다. 무신론자 유대인인 조너선 하이트는 자신의 베스트셀러인 「행복의 가설」에서 이렇게 회상한다.

> 이 책을 쓰기 시작했을 때 나는 붓다가 "지난 3,000년 최고 심리학자"상의 강력한 수상 후보가 되리라고 생각했다. 내게는 얻으려고 애쓰는 것이 허무하다는 붓다의 진단이 아주 적절하게, 평온에 대한 약속이 정말로 매혹적으로 느껴졌다. 그러나 이 책을 쓰기 위해 조사하면서 불교의 바탕이 일종의 과잉 반응일 수도 있고, 어쩌면 착각일 수도 있다는 생각이 들기 시작했다.[5]

하이트는 이어서 붓다의 이야기를 자세히 전한다.[6] 붓다가 된 남자는 왕자였다. 그러나 한 예언자가 왕자가 언젠가 궁전을 떠나서 왕국을 등지리라고 선언했다. 이 예언을 피하고자 왕은 자기 능력으로 할 수 있는 모든 일을 해서 왕자를 계속 행복하게 해주려고 했다. 젊은 왕자는 아름다운 공주와 결혼했고, 아름다운 하렘(왕이나 부유한 남자들이 취한 아내나 첩)을 받았으며, 궁전의 안락함에서 떠나는 것이 금지되었다. 그러나 왕자는 점점 지루해졌고, 결국 마차를 타고 밖으로 나가게 해달라고 아버지를 설득했다.

---

5 Jonathan Haidt, *The Happiness Hypothesis: Finding Modern Truth in Ancient Wisdom* (New York: Basic Books, 2006), 102-103쪽.
6 붓다의 이야기는 출처에 따라 달라진다. 여기에서는 하이트가 요약한 내용을 따른다.

왕은 아들이 불행을 계속 피하게 하려고, 늙고 아프고 몸이 불편한 백성은 모두 집 밖으로 나오지 말라고 명령했다. 그러나 한 노인이 거리에 남아 있었고, 왕자는 누구나 나이가 든다는 사실을 알게 되었다. 이튿날, 왕자는 아픈 사람을 보고서 질병을 알게 되었다. 사흗날에는 시체를 보고서 두렵게도 누구나 죽는다는 사실을 배웠다. 예견된 대로, 왕자는 궁전을 떠나서 숲으로 들어가 깨달음의 여정을 시작했다. 붓다가 모습을 드러냈을 때 삶은 고난이며, 유일한 탈출 방법은 우리를 삶에 얽어매고 있는 애착 관계를 끊는 것이라고 단언했다.

하이트는 흥미로운 질문을 제기한다. 왕자가 마차에서 내려 노인과 장애인과 병자와 이야기를 나누었다면 무슨 일이 일어났었을까? 하이트가 인용하는 연구에 따르면, 아주 바람직하지 않은 환경에 있는 사람들조차도 자기 삶에 불만족하기보다는 만족하는 경향이 크다. 로버트 비스워스-디너는 하이트가 언급한 연구를 실시한 학자인데, 콜카타 빈민가에서 살아가는 성 노동자들을 포함하여 어려운 상황에 있는 사람들을 면담했다. 비스워스-디너의 결론에 따르면 "콜카타의 빈민들은 부러워할 만한 삶을 살지는 않지만, 의미 있는 삶을 실제로 살아가며", 이는 그들이 "이용 가능한 비물질적 자원을 활용하기" 때문이다.[7] 아마 고통을 맞닥뜨리는 열쇠는 분리와 제거가 아니라 의미와 사랑일 것이다. 무소유(non-attachment)는 우리가 고통을 겪지 않도록 보호해 줄지도 모른다. 사랑하면 상처받기 쉬워진다. 열망하고 얻으려고 애쓰면

---

[7] Robert Biswas-Diener and Ed Diener, "Making the Best of a Bad Situation: Satisfaction in the Slums of Calcutta," *Social Indicators Research* 55, no. 3 (September 2001): 329-352쪽, 인용은 337쪽.

실망할 위험이 있다. 그러나 하이트가 언급하듯이, 무소유는 우리에게서 가장 큰 기쁨을 앗아간다. 분투와 바람과 집착은 우리를 낭떠러지로 데리고 갈 수도 있다. 그러나 무소유가 발견할 수 없는 보물로 데려다 줄 수도 있다.

고통을 다룰 때 다른 선택권이 있는가? 열망을 추구하고, 집착을 고수하며, 좋은 것을 얻으려고 애쓰면서 동시에 거기에 따라오는 고통에서 의미를 발견할 수 있을까?

고통에 관한 기독교의 관점

기독교와 고통에 관한 논의는 시작할 수 있는 지점이 많다. 여러 시대에 걸쳐 철학자들은 고통에 직면하여 사랑이시며 전능하신 하나님이라는 개념을 변호해 왔다.[8] 여러 논쟁에서는 인간의 죄 때문에 생기는 고통(예를 들어, 나디아 무라드의 겁탈)에서 자연적인 원인으로 일어나는 고통(예를 들어, 운동 신경 세포 질병)에 이르기까지 다양한 종류의 고통을 다루며, 특정 고통을 겪는 이유를 이해하지 못한다고 해서 이유가 존재하지 않는다는 의미는 아니라고 말한다. 8장에 소개한 해리 포터의 실례로 돌아가 보자면, 세베루스 스네이프가 자기 스승을 죽인 데는 도덕적으로 변호할 수 있는 이유가 있었지만 해리는 더 넓은 이야기에 다가갔을 때에야 비로소 그 이유를 납득할 수 있었다. 그러나 철학 논쟁에 초점을 맞추기보다는, 내가 고통에 직면할 때 가장 흔히 매달리는 복음서의 이야기로 시작하겠다. 그 이야기는 마리아와 마르다의 이야기로,

---

8 예를 들자면, Alvin Plantinga's early classic, *God, Freedom, and Evil* (Grand Rapids, MI: Eerdmans, 1989).

이 책 8장에서 이들 이야기를 처음 다룰 때는 마르다가 대접을 하는 동안 마리아는 예수의 발 아래 앉아 있었다. 그리고 그 이야기는 성경적 고난 신학 전반에 진입 지점을 제공한다.

예수께서 오지 않으실 때

요한복음 11장에서 마리아와 마르다의 오빠인 나사로가 병이 들었다. 그렇지만 이 자매들은 운 좋게도 기적을 행하시는 치유자의 친한 친구였고, 그래서 예수께 긴급 전화를 건다. 본문의 주장으로는 "예수께서 본래 마르다와 그 동생과 나사로를 사랑하[셨다]"(요 11:5). 그러나 그 다음에는 말도 안 되는 추론이 나온다. "그래서 예수께서 나사로가 아프다는 소식을 들으시고 계시던 그곳에 이틀을 더 머무셨다"(요 11:6, ESV, 옮긴이 번역). 예수께서는 낯선 이들을 자주 고쳐 주셨다. 심지어 멀리 떨어진 곳에서도 병을 낫게 해주셨다. 그런데 이번에는, 가장 친한 친구들이 간절히 바라고 있을 때는 기다리셨다. 이것이 기독교인들이 붙잡고 씨름해야 하는 첫째 현실이다. 때로는 우리가 눈물 흘리며 예수를 큰 소리로 부르는데, 예수께서 오지 않으신다.

3년 전, 나는 이전에 깊은 고통을 남긴 내면의 흉터를 건드렸다. 수년 동안 드러내지 않았다가 밝은 곳에 꺼내 놓으려고 한 내 모습 일부가 깨어진 관계 때문에 갑작스레 돌아왔다. 나는 하나님이 나를 치유하시며 내 두려움을 믿지 않도록 권하고 계셨다고 생각했지만, 내 시야 주변에서 맴돌던 모든 두려움이 이제 그대로 일어났고, 나는 망연자실했다. 세상을 뒤흔들 만한 슬픔도 아니었고, 아무도 죽지 않았다. 그러나 그 슬픔이 나를 뒤흔들고 있었다. 남편은 그 한 달 동안 내가 눈물 흘리는 모습을 지난 10년간 본 것보다 더 많이 목격했다. 어느 날 밤, 남편은 시편 121편을 읽어 주며 나를 위로하려고 했다.

> 내가 산을 향하여 눈을 들리라 나의 도움이 어디서 올까
> 나의 도움은 천지를 지으신 여호와에게서로다(1, 2절).

그렇지만 나는 더 크게 울면서 이유를 말했다. "내가 하나님을 향해 울부짖고 있는데, 하나님이 나를 도와주지 않으시는 거 같은 기분이에요."

성경의 표현으로, 우리에게는 응답받지 못한 것으로 보이는 외침에 대한 본보기가 있다. 예수께서는 잡히시던 밤에 하나님에게 "아버지여 만일 아버지의 뜻이거든 이 잔을 내게서 옮기시옵소서"라고 간구하셨다(눅 22:42). 그런데도 예수께서는 십자가로 가셨다. 바울은 "육체에 가시"가 있어서 괴로웠다. 주께 그 가시를 없애 달라고 여러 번 기도했다. 그러나 하나님은 "내 은혜가 네게 족하도다 이는 내 능력이 약한 데서 온전하여짐이라"고 응답하셨다(고후 12:9). 옥스퍼드대학교 교수 C. S. 루이스는 하나님이 예기치 못하게 자신에게 주셨고 말기 암으로 사망 선고를 받은 아내의 일로 슬퍼하면서, 깊이 생각했다. "내가 (내 생각에) 하나님 믿기를 그만둘 위험에 처했다는 것은 아니다. 진짜 위험은 하나님에 관한 그처럼 끔찍한 일들을 믿게 된다는 것이다. 내게 진짜 두려운 결론은 '그래서 결국 하나님은 존재하지 않는다'가 아니라, '그래서 이것이 하나님의 진짜 모습이다'라는 것이다"[9] 때때로 전능하신

---

9   C. S. Lewis, *A Grief Observed* (New York: HarperCollins, 2009), chap. 1, ebook. 「헤아려 본 슬픔」(홍성사 역간, 2019).

하나님에 대한 믿음 때문에 고통의 얼굴 위에는 절망의 눈물 한 방울이 더 떨어진다. 예수께서는 마리아와 마르다가 불렀을 때 오실 수도 있었다. 그렇지만 그러지 않으셨다. 예수께서는 이 자매들을 결국은 사랑하지 않으시는 것일까?

예수께서 오셨을 때

예수께서 도착하셨을 무렵, 나사로는 무덤에 장사된 지 나흘이 되었다. 언제나 행동이 앞서는 마르다가 예수를 맞이하러 나가서 이렇게 말한다. "주께서 여기 계셨더라면 내 오라버니가 죽지 아니하였겠나이다 그러나 나는 이제라도 주께서 무엇이든지 하나님께 구하시는 것을 하나님이 주실 줄을 아나이다"(요 11:21, 22). 비난이 담긴 말로 느껴진다. 그러나 예수를 믿는 마르다의 믿음은 완벽했다. 나사로가 죽었지만, 자신의 주께서 도우실 수 있다고 여전히 믿었기 때문이다.

예수께서는 "네 오라비가 다시 살아나리라"(요 11:23) 답하신다. 1세기 많은 유대인처럼, 마르다는 세상 마지막 날에 부활이 있으리라고 믿었기에 이렇게 대답한다. "마지막 날 부활 때에는 다시 살아날 줄을 내가 아나이다"(요 11:24). 그렇지만 슬픔에 잠긴 이 여인의 생각이 우리 귀에 들리는 듯하다. '그러면 예수님, 지금은요? 지금은 어떤데요? 왜 지금은 저를 도와주지 않으시는 거죠?'

이 순간, 마르다는 고통에 직면한 많은 기독교인과 같은 처지에 있다. 우리에게는 궁극적인 약속, 즉 언젠가 예수께서 다시 오셔서 세상을 바로 잡으시리라는 약속이 있다. 그러나 우리는 철학자보다는 어린아이에 훨씬 가깝다. 우리의 아픔은 진짜이고 시급하다. 저 멀리 있는 희망으로는 달래지 못한다. 깔끔하고 신학적인 대답은 쓸모가 없을 것이다. 게다가 기독교가 그러한 대답만 제시하지도 않는다.

예수께서 드디어 오셨을 때, 마르다의 문제를 바로잡아 주지는 않으신다. 그 대신 약속의 조항을 바꾸신다. 예수께서는 슬퍼하는 이 여인의 눈을 들여다보시며 말씀하신다. "나는 부활이요 생명이니 나를 믿는 자는 죽어도 살겠고 무릇 살아서 나를 믿는 자는 영원히 죽지 아니하리니 이것을 네가 믿느냐"(요 11:25, 26). 예수께서 나사로에 대해 말하고 계신가? 아마도 그럴 것이다. 나사로가 육체로는 죽었지만, 예수를 믿었으니, 영적으로는 진정 살아 있다. 그러나 예수께서는 아직 나사로에 대해 말씀하시는 것이 아니다. 마르다에게 말씀하고 계신데, 마르다는 나사로의 죽음 때문에 휘청거리고 있었다. 오빠의 죽음으로 마르다는 감정적으로 큰 대가를 치렀고, 당시는 여자들 대부분의 생계가 남자 친척에게 달려 있던 시대였으므로 마르다의 안전 또한 위험해졌을 것이다. 마르다는 나사로가 돌아오길 간절히 바랐다. 그러나 예수께서는 마르다의 눈물을 바라보시며 "나는 부활이요 생명이다" 하고 말씀하신다. "지금 네가 소망 없는 슬픔에 잠겨 이곳에 서 있지만, 네게 가장 필요한 것은 네 오빠가 돌아오는 것이 아니다. 네게는 나를 소유하는 것이 가장 필요하다."

이 표현은 예수께서 처음에 오지 못하신 일보다 더 충격적이다. 여기서 예수께서는 현대의 신화에 나오는 '한 번도 자신이 하나님이라 주장한 적 없는 훌륭한 도덕 선생'이기는커녕, 생명을 위한 훌륭한 지침을 제시하고 계신 것이 아니라 바로 자신이 생명이라고, 고통 앞에서도 생명이요, 죽음 앞에서도 생명이라고 주장하신다.

부모라면 누구나 알다시피 때로는 아이가 고통을 겪게 내버려 두어야 한다. 낯선 사람이 아기의 생살에 바늘을 쿡 찌르는 동안에 부모는 우는 아기를 꼭 잡고 있다. 아기가 배신당한 듯이 눈물을 흘리며 부모를 바라보지만, 부모는 앞으로 병에 걸리지 않도록 하려고 지금은 아기를 고통스럽게 하고 있다고 설명해 주지 못한다. 훨씬 가혹한 일을 받아들여야 하는 부모들도 있다. 아이가 병원에 며칠이나 몇 주, 아니면 몇 달간 틀어박혀서 누워 있는 동안, 부모는 의사들이 자기 아이에게 독한 약을 쓰도록, 아이 몸을 상하게 해서 토하고 머리카락이 빠지게 하는 독한 약을 쓰도록 허락한다. 고통은 쓰디쓰지만, 그 잔혹한 과정을 통해 부모는 자기 아이가 목숨을 건지기를 소망한다. 우리가 고통에 대해 늘 던져야 하는 질문은 바로 이것이다. 이 고통이 무슨 가치가 있을 수 있을까? 당황스럽게도 예수께서 주장하신 말씀에 따르면, 그분이 그 가치다. 그러나 이 연극에는 아직 두 막이 더 남아 있다.

예수께서 눈물을 흘리시다

마르다는 놀라운 믿음으로 "주여 그러하외다 주는 그리스도시요 세상에 오시는 하나님의 아들이신 줄 내가 믿나이다" 하고 대답한다(요 11:27). 하지만 마르다가 마리아를 불러오자, 마리아는 예수의 발 앞에 엎드려 울면서 마르다가 한 비난을 되풀이한다. "주께서 여기 계셨더라면 내 오라버니가 죽지 아니하였겠나이다"(요 11:32). 예수께서는 마음이 아주 아프고 괴로우셨다. 그리고 나사로를 어디에 두었는지 물으신다. 바로 그때 우리는 성경에서 가장 짧고 가장 당혹스러운 구절을 만난다. "예수께서 눈물을 흘리시더라"(요 11:35). 이 표현은 이상하다. 이 눈물을 흘리지 않게 하기가 얼마나 쉬웠는지 알기 때문이다. 예수께서 요청받았을 때 오시기만 했더라면, 아무도 울지 않았을 것이다. 구경꾼들이 "보라 그를 얼마나 사랑하셨는가" 하며 한마디씩 한다. 그러나 또 이상하게 여기는 사람들도 있다. "맹인의 눈을 뜨게 한 이 사람이 그 사람은 죽지 않게 할 수 없었더냐"(요 11:36, 37).

자신이 겪고 있는 일을 진정으로 이해하지 못하는 이에게 위로를 받은 경험은 누구에게나 있다. 그러한 위로는 달갑지 않게 느껴진다. 그러나 예수께서는 안전거리 밖에서 고통을 구경하시는, 멀리 있는 신이 아니시다. 그분은 우리의 고통에 거하시는 하나님이다. 예언자 이사야는 메시아를 일컬어 "슬픔의 사람이요, 비탄을 알고 있다"고 말했고(사 53:3, ESV, 옮긴이 번역), 복음서에는 예수께서 고통을 겪는 사람들을 얼마나 긍휼히 여기셨는지 나온다. 이러한 긍휼히 여기심은 동정을 넘어선다. 예수께서는 우리가 약함과 아픔 속에 있는 것을 가엾게 여기기만 하지 않으신다. 그분이 친히 그 괴로움을 떠맡으신다.

> 그는 실로 우리가 받아야 할 고통을 대신 받고,
> 　　우리가 겪어야 할 슬픔을 대신 겪었다(사 53:4a, 새번역).

이사야는 계속해서 말한다.

> 그가 찔린 것은 우리의 허물 때문이고,
> 　　그가 상처를 받은 것은 우리의 악함 때문이다.
> 그가 징계를 받음으로써 우리가 평화를 누리고,

그가 매를 맞음으로써 우리의 병이 나았다(사 53:5, 새번역).

이 예언에서 슬픔과 고통과 아픔은 죄와 죄책과 함께 돌돌 말려서 예수의 등에 실린다. 그리고 예수께서 오셔서 그 짐을 옮기신다. 그분은 우리를 대신하여 죄와 죄책이라는 도덕의 무거운 짐을 싣고 가신다. 그분은 또 고통으로 인한 비통도 싣고 가신다. 우리가 애통할 때 우리를 꼭 껴안으신다. 우리가 눈물 흘릴 때 같이 눈물 흘리신다. 예수께서는 이야기가 어떻게 끝나는지 아신다. 이야기의 끝에서 그분은 우리 눈에 있는 눈물을 모두 닦아 주실 것이다. 그렇다고 해서 예수께서는 지금 우리가 아파하고 있을 때 우리 곁에 바짝 붙어 계시기를 그만두지 않으신다. 실제로, 고통은 예수와 특별히 친밀해지는 자리다.

우리는 삶에서 이 사실을 본다. 우리는 아무하고나 웃을 수 있다. 그러나 친한 사람과 함께 울며, 그들의 고통이 우리의 고통과 이어질 때 유대감은 더 강해진다. 우리는 예수 안에서 우리의 온갖 골칫거리와 온갖 아픔을 아는 분을 발견한다. 가장 친한 이들에게 버림받고, 낯선 이들에게 매 맞고, 채찍질과 학대를 당하고 십자가에 달려 죽기까지 하셨으니, 우리의 상처 중에 예수께서 만지지 못하실 상처는 하나도 없다. 심지어 아버지 하나님께 버림받기까지 하셨다. 십자가에서 예수께서는 시편 22편 1절에 있는 말씀으로 부르짖으신다. "나의 하나님, 나의 하나님, 어찌하여 나를 버리셨나이까"(마 27:46).

예수께서는 곧 부활이 있으리라는 것을 아신다. 그러나 고통 중에 울부짖으신다. 예수께서는 마리아와 마르다와 나사로의 이야기가 어떻게 끝나는지 아신다. 그러나 눈물을 흘리신다.

"나사로야, 나오라!"

예수께서는 나사로의 무덤에 가셨을 때, 다시 마음이 몹시 아프셨고, 돌을 옮겨 놓으라고 명하신다. 마르다가 예수께 주의를 준다. "주여 죽은 지가 나흘이 되었으매 벌써 냄새가 나나이다"(요 11:39). 그러나 예수께서는 굽히지 않으신다. 기도하신다. 그러신 후에 외치신다. "나사로야, 나오라!" 그러자 죽었던 남자가 나온다(요 11:43, 44).

나는 딸들한테 이 이야기를 자주 들려준다. 인류 역사상 대부분의 어린이들과 달리, 내 딸들은 지금까지 죽음을 경험한 적이 거의 없다. 그러나 내가 바라기로는 우리 아이들이 언젠가 자기 육체가 썩고 삶이 잊혔을 때 예수께서 자기들을 무덤에서 다시 불러내시리라는 것을, 몸 없이 하늘에 떠다니는 영혼이 아니라 땅을 딛고 걸어 다니는 부활의 몸으로 불러내시리라는 것을 알면 좋겠다. 별들을 불러 존재하게 하신 분이 우리 딸들도 죽음에서 생명으로 불러내실 것이다.

죽음을 이기는 예수의 능력은 절대적이다. 나는 필연적으로 개인의 종말을 만나는 우리에게 그것이 유일한 소망이라고 믿는다. 그러나 이 이야기와 관련하여 내게 참으로 매력적인 부분은, 나사로 자신에게는 거의 초점이 맞춰지지 않는다는 점이다. 오히려 이 내러티브 때문에 우리의 시선은 심오한 질문으로 끌린다. "예수께서 나사로를 고쳐 주실 계획이셨다면, 왜 처음에 그렇게 하지 않으셨는가?" "왜 나사로를 죽게 놔두시고, 마리아와 마르다가 며칠 동안 슬퍼하게 하셨는가?" "이제 곧 하시려는 일을 왜 마르다에게 말해 주지 않으셨는가?" 이야기를 이렇게 낯설게 늘이면, 우리는 고통에 대한 성경 전반의 틀을 어렴풋하게 볼 수 있다. 나사로의 죽음과 예수께서 나사로를 무덤에서 불러내심 사이의 공백은 마르다가 예수께서 진정 어떤 분인지를, 즉 자신의 생명이심을 보게 하는 공백이다.

이 이야기는 고통은 물론이고 기도도 잘 보여 준다. 우리는 기도를 목적을 위한 수단으로 여기는 경우가 많다. 즉 하나님은 우주적 자동판매기여서, 기도를 투입하고 자기 손바닥에 결과가 떨어지기를 기대하거나, 기대한 대로 되지 않으면 화를 내며 기계를 걷어찬다. 그러나 나사로의 이야기는 이러한 개념을 뒤집는다. 예수는 목적을 위한 수단이 아니시며, 마르다가 자기 상황을 바꾸는 데 이용할 수 있는 기계도 아니시다. 예수가 목적이다. 마르다의 상황이 마르다를 예수께 몰고 간다. 마르다의 고통이나 우리의 고통이 중요하지 않다는 말이 아니다. 그 고통은 하나님의 아들의 눈에서 눈물이 흐르게 할 정도로 중요하다. 그러나 첫 만남이 결혼에 중요하듯이, 출산이 엄마가 되는 데 중요하듯이 고통은 중요하다. 관계에서 고통은 일종의 진입 지점이며, 그 관계는 기쁨을 통해서뿐 아니라 고통을 통해서도 형성된다. 예수께서 주장하셨듯이, 우리의 존재 목적이 그분과 관계를 맺는 것이라면, 핵심은 고통 속에서 그분을 발견하는 것이다.

고통과 죄

그리스도와 우리의 관계에서 고통의 역할을 깨달으면, 고통에 대해 흔히 하는 오해를 기독교의 관점에서 간파하는 데 도움이 된다. 우리는 고통이 죄에 대한 벌이라고 믿고 싶은 생각이 든다. 죄와 고통이 우주적 의미에서 보면 분명 연결되어 있고, 하나님을 거스르며 살아가기 때문에 우리에게 지금 머리 아픈 일이 일어날 수는 있지만, 성경은 누군가가 겪는 고통의 분량이 그 사람의 죄에 비례하지는 않는다는 사실을 분명히 한다. 구약에서 욥기는 이 점을 극적으로 보여 준다. 예수께서는 그 사실을 강화하신다. 요한복음 앞부분에서, 예수께서 태어날 때부터 앞을 못 보는 남자를 만나시자 제자들이 이렇게 질문한다. "랍비여 이 사람이 맹인으로 난 것이 누구의 죄로 인함이니이까 자기니이까 그의 부모니이까"(요 9:2). 예수께서는 "이 사람이나 그 부모의 죄로 인한 것이 아니라 그에게서 하나님이 하시는 일을 나타내고자 하심이라"(요 9:3)고 대답하시고는 그 남자를 고쳐 주신다.

이 가르침이 기독교가 업보와 환생을 가르치는 불교의 견해와 다른 점이다. 불교의 논리에 따르면 우리의 현재 상황은 과거 행동의 결과여서 전생에 지은 죄가 지금 이곳에서 겪는 고통을 결정한다. 기독교에서는 그렇지 않다. 실제로 기독교는 오히려 그러한 패러다임을 뒤집어서, 지금 특권을 누리며 사는 사람들은 그리스도라는 철저한 치료를 받지 않는다면 내세에 고통을 받으리라는 경고를 받는다. 지금 고통당하는 이들은 하나님의 마음 가장 가까이에 있다. 이러한 역학을 예수의 몹시도 거북한 비유 중 하나에서 살펴볼 수 있다. 이 이야기는 틀림없이 누구든 이 책을 읽는 사람의 등골을 오싹하게 할 텐데, 바로 부자와 또 다른 나사로에 대한 비유다(눅 16:19-31). 우리는 자신의 고통에 담긴 의미를 정말로 살펴볼 수는 있지만, 그 의미를 죄에 대한 잣대로 사용하거나 우리가 더 열심히 기도하고, 믿음을 더하고, 더 선을 행한다면 우리 삶에 고통이 없으리라고 생각해서는 안 된다.

고통과 사랑

성경의 관점에서 우리가 반드시 배격해야 하는 발상은 하나님이 우리를 사랑하신다면, 우리가 고통받게 하려는 생각을 하실 수 없으리라는 것이다. 성경 어디를 펼쳐 보아도 이러한 전제는 무너진다. 하나님이 택하시고 사랑하시는 사람들이 고통을 겪는 장면이 몇 번이고 보인다. 우리는 예수께서 오실 때, 성경이 우주적 무대를 펼치는 것을 본다. 하나님이 사랑하시는 아들, 아버지 하나님을 기쁘시게 하는 분이 자기 백성을 사랑하셔서 특별히 고통과 죽임을 당하기 위해 오신다. 실제로 하나님과 고통에 관한 우리의 신념은 우리의 자연스러운 추정과 성경 내러티브 사이의 단층선을 드러낸다.

우리 상상 속에서는 사랑이고 전능하신 하나님이 창조에서 새 창조로, 창세기의 에덴동산에서 요한계시록의 하늘 예루살렘으로 빠르게 이동한다. 그러나 성경의 하나님은 진로를 다르게 표시하신다. 하나님은 그분의 이야기를 수천, 수백만 년에 걸쳐 펼치시며, 인간 역사의 모든 혼란 속을, 즉 죄와 성(性)과 죽음과 역사적 사건 속을 누비신다. 그리고 역사의 중심에 그분이 사랑하시는 아들의 십자가를 세우신다. 예수의 죽음은 우연한 일이 아니다. 대안(Plan B)도 아니다. 그 죽음을 중심으로 인간의 전 역사가 돌아가며, 그 죽음은 현실 그 자체의 중앙에 있는 기둥이다. 죄 없는 이 사람이 세상의 죄와 죄책과 고통의 짐을 지고 잔인하게 죽임을 당한 것이 그 이야기의 초점이다. 실제로 우리는 그 죽음이라는 렌즈를 통해 그 내러티브 자체를 상상한다. 그러나 그 죽음은 끝맺는 말이 아니다.

고통과 이야기

「반지의 제왕」은 어린 시절 내 상상에 불을 붙였다. 아버지가 그 책을 내게 읽어 주셨다. 이제 나는 그 책을 여덟 살 딸에게 읽어 주고 있는데, 서로에게 아주 즐거운 시간이다. 그 내러티브에서 힘겨운 순간에 핵심 인물인 프로도와 샘은 그 이야기에서 자기들이 어디쯤에 있는지 토론한다. 샘은 자신이 예전에는 이야기에 나오는 사람들이 삶이 지루해서 모험을 찾고 있다고 생각하던 것을 회상한다. 하지만 이제 "그런 이야기들에서 정말로 중요한 건 모험이 아니었어요" 하고 자기 생각을 말한다. 프로도는 샘이 자기네 모험에 대해 시작하는 이야기를 즐겁게 듣는다. 그러다가 어느 순간 동료의 말을 막는다. "우리는 조금 빨리 가고 있어. 샘, 자네와 나는 아직 이야기에서 최악인 지점에서 오도 가도 못하고 있고, 누군가가 이 순간에 '아빠, 지금 책 덮어 주세요. 더는 읽고 싶지 않아요' 하고 말할 가능성이 아주 크다네."[10]

호빗들은 자기들 이야기가 어떻게 끝날지 모르고 있다. 이 순간에 이야기가 끝난다면 암울하고 절망적일 것이다. 그러나 이야기는 계속 이어진다. 톨킨은 이들을 어둠과 고통과 상실을 지나, 골룸이 프로도의 손에서 반지를 물어뜯었기 때문에 고통스러운 승리로 데리고 간다. 이야기는 프로도의 몸과 마음에 상처를 남긴다. 그러나 그렇다 해도 그것은 승리다. 프로도와 샘에게는 승리의 노래를 부르고 승리의 이야기를 들려주는 소리가 들린다. 마침내 프로도는 변하고 성숙해져서 요정들과 함께 바다 건너 그들의 땅으로 간다. 톨킨은 작품에 자신의 기

---

10 J. R. R. Tolkien, *The Lord of the Rings*, 50th anniversary ed. (Boston: Mariner, 2005), 711-712쪽. 「반지의 제왕」(아르테 역간, 2021).

독교 신앙을 새겼으며, 그 신앙은 예수의 죽음뿐 아니라 그분의 부활한 생명도 믿는다. 중심인물들의 여정은 어둠을 통과하고, 죽음까지도 통과하여 새로운 생명으로 향한다. 그러나 가장 어두운 순간에 이들의 어깨를 토닥여 봐도, 그 이야기에서 이들이 어느 지점에 있는지 아무도 모를 것이다.

지금 고통 한가운데에 있다면 행복한 결말에 대한 소망은 터무니없게 느껴질 것이다. 유산으로 첫 아이를 잃은 친구가 나와 오랫동안 그 일을 이야기했는데, 친구와 아내는 어둠으로 끝나는 시편 88편으로 기도할 수밖에 없었다. 만병통치약이자 "모든 일은 이유가 있어서 일어난다"는 상투적인 말이 마음이 괴로운 사람에게는 달갑지 않은 위로가 되는 경우가 흔하다. 그러나 다른 친구는 십 대 아들이 운동 경기 중에 사고로 뇌를 다쳤는데, 고통에 관한 자신의 관점을 이렇게 말해 주었다. "사람들은 흔히 고통이라는 현실이 기독교 신앙에 골칫거리라고 생각하지. 하지만 나는 고통이 기독교가 존재한다는 가장 큰 변증이라고 생각해."

무신론의 관점으로는 그 이야기에 더 나은 결말이 있으리라는 희망이 없을 뿐 아니라, 최후의 이야기 자체가 없다. 앞이 보이지 않는 냉혹한 무관심만 있을 뿐이다. 기독교의 관점으로는 더 나은 결말이 있으리라는 희망뿐 아니라, 자기를 십자가에 박은 못 자국을 부활의 손에 그대로 지니고 계신 분과 누리는 친밀도 있다. 고통은 기독교 신앙에 골칫거리가 아니다. 고통은 그리스도의 이름을 우리 삶에 꿰매 넣는 실이다.

창세기에서 요한계시록까지

고통에 대한 이러한 관점 덕분에 우리는 성경 내러티브를 넓은 범위에서 이해할 수 있다. 성경의 시작 부분에서는 낙원의 모습을 그린다. 사람들은 하나님과, 또 서로서로 관계를 맺으며, 죄나 고통이나 죽음으로 얼룩지지 않았다. 이 모습을 보고 많은 사람이 기독교의 마지막 지점에는 에덴으로 복귀하리라고 결론 내린다. 그러나 이러한 견해를 검토해 보면, 이 견해가 인간의 모든 역사를 어마어마한 시간 낭비로 만들어 버린다는 점을 깨달을 수 있다. 하나님이 애당초 아담과 하와가 죄짓는 것을 막으실 수도 있었다. 또 설령 죄를 허락할 (아마도 인간에게 자유의지를 주려는) 이유가 있었다 해도, 태초와 종말 사이에 성경이 서술하는 것보다 훨씬 짧고, 더 곧게 선을 그을 수가 있다는 생각이 든다. 그러나 성경의 '새 창조'는 단순히 목가적인 옛날로 돌아가는 것이 아니다. 그것은 훨씬 좋은 일이다.

창세기 초반 내러티브에서 아담과 하와는 하나님을 창조주와 주님으로, 또 아마도 친구로까지 알고 있었다. 그러나 기독교인들은 예수를 더 친밀하게, 즉 구원자이시고 연인, 남편, 머리, 형제이시고, 같이 고난받으신 분으로, 자신들의 부활이시요 생명이신 분으로 안다. 처음 인간들은 하나님과 이처럼 정말로 놀라운 친밀을 누리는 것은 꿈도 꾸지 못했을 것이다. 이들의 경험상 자기들을 만드신 분에게서 돌아서기 전에 서로에게서 잠깐 보았던 친밀이 최고였다. 그러나 하나님과는 그러한 친밀이 없었다는 것이 하나님이 "사람이 혼자 사는 것이 좋지 아니하니"(창 2:18) 하고 단언하신 이유를 해명해 준다. 인간의 처음 모습은 좋았다. 그러나 가장 좋지는 않았다. 성경적 관점으로 가장 좋은 것은 아직 오지 않았다. 그리고 그곳에 이르는 길은 고통을 통과한다.

　　내 여덟 살배기 아이는 책을 열심히 읽고 장차 작가가 되려고 한다. 아이는 어휘 폭도 넓고, 상상을 자유롭게 펼치지만, 아이의 이야기는 재미가 없다. 왜 그런가? 아이가 처음부터 끝까지 행복을 이루려고만 하기 때문이다. 아이의 등장인물들은 고통이 없기 때문에 발전할 수가 없다. 고통을 겪는 동료애가 없기 때문에 인물들 사이에 진정으로 유대감이 형성되지 못한다. 성경은 행복으로 시작해서 행복으로 끝나지만, 그 이야기의 알맹이는 날 것 그대로다. 기독교인들은 언젠가 하나님이 "모든 눈물을 그 눈에서 닦아 주시니 다시는 사망이 없고 애통하는 것이나 곡하는 것이나 아픈 것이 다시 있지 아니하리니"라는 약속을 받는다(계 21:4). 그러나 하나님은 우리에게 일단 울게 하지 않겠다고 약속하지 않으셨다. 어떤 목적이 이 모든 아픔을 겪을 정도로 가치가 있을 수 있는가? 예수께서는 자신이 바로 그 목적이라고 말씀하신다.

고통과 기독교 윤리

예수 안에서, 기독교인에게는 자기를 결코 떠나지도 버리지도 않는 연인, 고통 중에도 끝까지, 또 그 너머까지도 곁에 앉아 있을 연인에 대한 약속이 있다. 그러므로 세상에 있는 예수의 '몸'으로서 기독교인은 고통받는 이들과 연대하는 데 발 벗고 나서야 한다. 이것은 실제로 전혀 도움이 되지 않는 연대가 아니다. 기독교인은 최초의 병원을 세웠으며, 도덕적으로 실패하기도 했어도 세계적으로 보면 고통을 경감시키는 데 다른 어느 운동보다 많은 일을 했다. 그러한 사실이 역사에서도 보이고, 오늘날에도 보인다.

2018년에 ISIS 피해자이자 인도주의자인 나디아 무라드가 콩고 의사인 드니 무퀘게와 공동으로 노벨 평화상을 수상했다(무라드의 이야기는 4장 79쪽에서 살펴보았다). '닥터 미라클'이라는 별명이 붙은 의사 무퀘게는 윤간과 잔혹한 행위의 여파로 후유증을 겪는 성폭력 피해자 수천 명을 치료하는 데 앞장섰다. 무퀘게는 예수께서 기독교인에게 고통받는 이들을 섬기라고 끊임없이 요구하신다는 것을 깨달았기에 동료 신자들을 강권한다. "우리 믿음이 이론으로만 규정되고 실제 현실과는 연결되어 있지 않다면, 그리스도께서 우리에게 맡기신 임무를 다할 수 없습니다." 무퀘게는 이어서 말한다. "우리가 그리스도의 것이라면, 약한 사람들, 상처 입은 사람들, 차별로 고통당하는 난민들과 여성들 곁에 있을 수밖에 없습니다."[11]

콜카타 빈민가에 사는 사람들은 이 사실을 테레사 수녀와 사랑의 선교회(Missionaries of Charity)에서 알게 되었다. 테레사 수녀의 목표("고통당하는 가난한 사람들로 변장하신 …… 예수를 보고 경배하는 것"[12])는 완전히 신학적이었지만, 결코 이론에만 머물지 않았다. 그것은 아무도 보살피지 않는 사람들을 보살피는 것이었고, 아무도 만지려 하지 않는 사람들을 만져 주는 것이었다. 기독교인들은 멀리 떨어져서 동정하라는 명령을 받지 않는다. 진정으로 예수를 따르는 기독교인이라면 자신의 주님과 똑

---

11 Denis Mukwege, "Liberated by God's Grace" (keynote address delivered at the twelfth assembly of the Lutheran World Federation, Windhoek, Namibia, 2017), 51, 54쪽, https://www.lutheranworld.org/sites/default/files/2018/documents/lwf-12th-assembly-keynote-dr-mukwege.pdf.

12 Mother Teresa, *In the Heart of the World: Thoughts, Stories and Prayers*, ed. Becky Benenate (Novato, CA: New World Library, 1997), 23쪽.

같이 깊이 사랑하고, 눈물로(자기 눈물과 다른 이들의 눈물로) 범벅이 된다.

"나는 부활이요 생명이다"

예수께서 부활이고 생명이심을 믿는 것은 한 차례의 마음가짐이 아니다. 그보다는 날마다 마음에서 일어나는 싸움이다. 롤러코스터를 타는 아이와 마찬가지로, 우리의 모든 감각은 다른 비명을 지른다. 평소에 나는 다른 무언가나 누군가가 사실은 내 생명이라고 믿고픈 생각이 든다. 나를 채워 주기를 간절히 바라는 일들을 찾는다. 내 욕망을 십자가에 못 박고서 그분 품에 안기라고 내게 명령하시는 이 믿기 어려운 하나님에 비하면, 그러한 일이나 그러한 사람들이 아주 진짜 같은 기분이 들 수 있다.

그러한 때에, 즉 내가 믿지 않을 때, 나는 마르다의 이야기를 떠올린다. 마르다는 오빠 때문에 애가 탔다. 오빠를 되찾는 일이 마르다에게는 생명처럼 느껴졌다. 그러나 예수께서는 마르다 앞에 서서, 눈을 응시하시며 말씀하셨다. "나는 부활이요 생명이다." 나는 때로 싸움에서 이긴다. 때로는 진다. 어떤 때는 그리스도의 임재가 내 메마른 마음에 물밀듯이 밀려드는 기분이 든다. 이야기가 어떻게 끝날지 모른 채 소중한 생명을 꼭 붙잡고 있는 때도 있다. 그러나 내가 생명을 걸어야 하는 주장은, 바로 예수께서 부활이요 생명이시라는 것이다.

Question 12 ~~~~~~~~~~~~ 사랑이신 하나님이
어떻게 사람들을 지옥에
보내실 수 있는가?

How Could a Loving God Send People to Hell?

● 2013년 4월 15일에 이 지역 고등학생인 형제 둘이 보스턴 마라톤에 참가했다. 다른 이들은 달리거나 응원하러 왔지만, 이 두 소년은 죽이러 왔다. 이들은 결승선 근처에서 사제 폭발물 두 개를 폭발시켰다. 세 명이 사망했다. 열여섯 명이 팔다리를 잃었다. 수백 명이 다쳤다. 연방 수사국(FBI)에서 두 형제의 사진을 공개한 후에 조하르 차르나예프와 타메를란 차르나예프는 경찰관 두 명을 죽였다. 타메를란은 수차례 총격을 주고받았고, 동생이 서둘러 도망가려다가 차로 치는 바람에 즉사했다. 이어서 전례 없는 범인 수색이 있었다. 조하르는 결국 워터타운 근처에서 보트 덮개 아래 숨어 있다가 발각되었다. 헬리콥터들이 공중에서 빙빙 돌며 조하르의 적외선 윤곽을 드러냈을 때, 나는 우리가 이 청년을 어떻게 할까 생각했다.

21세기 서구인들은 판단이라면 질색한다. 비판적이길 두려워하고, 끔찍한 범죄는 정신 건강상 문제나 종교적 극단주의나 교육 결손 탓으로 돌린다. 분명 그러한 일들이 범죄의 요인일 수는 있다. 그러나 무정한 살인범들이나 신중하게 계획된 테러나 조직적인 학대 소식이 들리면, 한편으로 우리는 여전히 응당한 처벌을 간절히 원한다. 아마

이 형제들은 매우 어리고 감수성이 예민하기에, 이들에게는 책임을 물을 수 없었을지도 모른다. 그러나 살인을 저지르는 다른 사람들은 성인이다. 어쩌면 그 사람들은 이슬람 극단주의에 휘둘리고 있었을지도 모른다. 그러나 살인을 저지르는 다른 사람들은 그렇지 않다. 어쩌면 그들은 인생에서 어릴 때 겪은 일 때문에 마음에 흉터가 남고 상처받기 쉬웠는지도 모른다. 그러나 다른 살인자들은 행복한 가정 출신이다. 우리는 인간성에서 악의 갈고리를 뽑아내려고 할 때마다 가시 하나 정도는 꾹 참아 준다.

이번 장에서는 이 책에서 가장 이해하기 어려운 질문을 살펴볼 것이다. "사랑이신 하나님이 어떻게 사람들을 지옥에 보내실 수 있는가?" 이 질문과 비교하면 다른 질문은 모조리 무색해진다. 이 질문은 이야기의 끝에 대한 질문이며, 기독교인들에게 믿으라고 하기가 가장 어려운 질문이다. 기적이나 예언보다도 믿기 힘들고, 우리를 만드신 하나님에게는 우리에게 몸을 어떻게 하라고 말씀하실 권리가 있으시다는 것보다 믿기 힘들다. 우리는 성경이 심판에 대해 무어라고 말하는지를 파헤칠 것이고, 사랑과 심판이 한데 얽히며 천국과 지옥에 관한 모호한 개념이 한 사람 안에 뿌리를 내린 이상한 이야기를 들을 것이다. 어째서 하나님의 행동이 불법적이고 제멋대로이며 부당해 보이는 식으로 이러한 개념들이 오해되는지 분석할 것이다. 이 일을 위해 선과 악, 증오와 사랑이 과학적으로 철저한 검토 아래 입증되었는지 여부를 살펴보겠고, 성경의 빛에 십자가의 논리를 비추서서 1세기에 치욕적으로 죽고 부활했다는 팔레스타인의 유대인이 당신과, 또는 나와, 또는 조하르 차르나에프와 무슨 관계가 있는지를 볼 것이다.

과학이 죄를 죽였는가?

샘 해리스는 자신의 책 「자유 의지는 없다」를 시작하면서 두 남자가 무고한 가족에게 저지른 냉혹한 범죄를 이야기한다. 그 범죄 행각에는 강간, 아동 성범죄, 강도, 무차별 살인이 들어 있다. 그 이야기는 읽기가 몹시 힘겹다. 읽다 보면 속이 뒤집어지고 눈에 눈물이 고인다. 해리스는 그러한 범죄 소식을 들었을 때 우리가 자연스레 정의를 요구하는 반응을 보인다고 인정한다. 그러한 자들은 벌을 받아야 마땅하다. 그러나 해리스의 주장에 따르면 이 범죄자들은 사실 그 문제에 대해 어쩔 수 없었다. 그자들의 행동은 전적으로 자신의 과거 경험과 신경학적 상태에 결정되었다. 이자들이 추가 범죄를 저지르지 못하게 하려고 우리가 회복적 사법 정의(restorative justice)를 추구하더라도, 이들에게 도덕적 책임은 물을 수가 없다. 실제로 해리스는 주장하기를 "우리가 의식 있는 존재로서 자신의 정신생활과 그에 따른 행동의 특성에 책임을 져야 한다는 발상을 현실과 연결시키기는 그야말로 불가능하다"고 한다.[1]

어쩌면 우리는 안도의 한숨을 쉴 수 있을지도 모른다. 해리스에 따르면 이제 우리는 과학을 끌어들여서 가장 흉악한 범죄자의 목에서 심판의 올무를 풀어 주고, 인간은 근본적으로 선하다고 다시 믿을 수 있다. 그러나 거기에는 함정이 있다. 조하르 차르나예프의 행동에 실제 도덕적 행위 능력(agency)이 없었다면, 조하르가 어떠한 의미에서 보아도 마라톤 주자들과 관중을 죽이고, 경찰에게 총을 쏘고, 형을 차로 치려고 결심하지 않았다면, 그렇다면 도덕적으로 용기 있는 모든 행동

---

1 Sam Harris, *Free Will* (New York: Free Press, 2012), 13쪽.

역시 진짜가 아니다. 소피 숄이 반나치 소책자를 대학교 교정 꼭대기에서 흩뿌렸어도 나치에 저항하려고 결심한 것은 아니며, 마찬가지로 소피를 비밀경찰에게 신고한 수위나 소피를 참수한 나치 친위대가 자신의 범죄 행위에 대해 심판받을 수 없다. 나디아 무라드를 성 노예 삼아서 밤마다 겁탈하고 학대한 ISIS 판사를 그러한 행동을 했다고 심판할 수 없다면, 해리엇 터브먼이 밤마다 목숨을 걸고서 흑인 노예들이 자유롭게 되도록 도와주었으니 용기 있다고 칭찬받을 수도 없다. 미국 체조 대표팀 전(前) 주치의 래리 나사르는 250명이 넘는 소녀들을 성적으로 학대한 죄로 다중 종신형을 살고 있는데, 나사르가 태연히 저지른 범죄에 책임을 물을 수 없다면, 나사르를 최초로 고발한 여성인 레이첼 덴홀랜더 역시 자기 아이들을 진정으로 사랑하지는 않는 것이다.

우리가 굳게 믿기로는 우주에는 도덕 체계가 있고, 옳고 그름은 몽상 이상이며, 우리는 약하고 예측할 수 없기는 해도 사랑할 수 있고 마찬가지로 잔인할 수도 있는데, 해리스의 과학 결정론은 그 신념에 생채기를 내버린다. 환경과 유전자와 오래된 과거가 우리의 결정에 영향을 끼치는 요인인 것은 틀림없다. 그러나 우리가 인간에게서 도덕적 행위 능력을 통째로 박탈할 생각이 없다면, 때로는 악은 악이라고, 악은 마음에서 나온다고 말해야 한다. 그리고 그렇게 말할 수 없다면, 사랑을 사랑이라고도 절대 말하지 말아야 한다.

심판의 #미투

사랑과 심판 간 결합 조직(connective tissue)이 최근에 '#미투'라는, 정의를 불러일으킨 메스 덕분에 드러났다. #미투 운동이 영향력을 얻은 이유는, 마침내 우리가 가해자의 신분이나 업적과 상관없이 여성들을 성적으로 희롱하거나 추행하는 짓을 더는 봐주거나 덮어 줄 수 없다고 말하고자 했기 때문이다. 어떤 이들에게 미투 운동은 공개적인 망신을 의미했다. 또 어떤 이들에게는 교도소 수감을 의미했다. 내가 집필하는 동안 영화 제작자이자 미라맥스 영화사 공동 설립자인 하비 와인스타인이 강간 혐의로 체포되었다. 와인스타인의 성추행 혐의 기록이 2017년에 미투 운동의 도화선이 되었다.

그러나 미투의 물결이 할리우드와 산업계, 재계, 교계를 휩쓸고 지나갔을 때 보통은 "딩동, 마녀가 죽었다" 하며 축하할 기분은 별로 안 들고, 미래의 영웅들을 괴롭히는 몰락이라는 기분이 더 들었다. 빌 코스비는 미국에서 가장 인기 있는 가족 이야기에서 두루 사랑받는 아빠였으나 혐오스러운 성폭행 가해자가 되었다. 모건 프리먼은 목소리만으로도 신뢰를 불러일으키는데, 성추행 혐의로 고발당했다. 뉴욕 검찰총장인 에릭 슈나이더먼은 #미투 운동을 공개적으로 지지한다고 알려졌었는데, 이제는 여성 네 명을 폭행한 혐의로 고발당했다. 우리는 학대당하고 정신적 외상을 입은 여성들의 진실성을 입증해 주기를 염원한다. 그러나 정의에 매달릴수록, 지지자로 보이던 이들조차도 심판의 물결 앞에 무릎을 꿇는 것이 보인다. 그래서 우리는 이렇게 묻기 시작했다. "다음은 누구인가? 권력을 이용하지 못할 사람이 누가 있는가?"

그 대답이 "없다"라면 어떻겠는가? 2018년에 기독교 지도자인 앤디 크라우치가 교회 안에 있는 유명인 권력을 다룬 글에서 이러한 보편적 취약성을 잘 표현했다. 크라우치는 계속 책임을 질 것을 요구하면서 이렇게 썼다. "누구든 내 마음의 상태, 몽상과 불만, 불안, 혼자서

하는 음흉한 생각을 고스란히 안다면, 아마 나를 자신과 다른 이들에게 위험한 인물이라고 단언할 것이다. 나 혼자서는 권력을 맡을 수 없고 분명 명성도 마찬가지인데, 아마 누구든 그럴 것이다."[2] #미투 운동을 통해 고통스러운 진실이 드러났다. 바로 권력을 이용해 다른 사람을 지배하는 문제에 관해서라면 근본적으로 '그들'과 '우리'의 구분이 없다는 것이며, 특정 조건에 따라 변동하는 연동제가 있을 뿐이다. 또 전후 사정을 근거 삼아 주장하여 결백을 밝힐 수 있지만, 동시에 그 주장에서 유죄가 드러날 수 있다. 실제로 4장에서 보았듯이, 동료 집단의 적절한 압력을 감안하면, 우리 중에 태반이 악하고 잔혹해질 수 있음을 보여 주는 증거가 널려 있다. 그리고 부패는 심해진다.

서로 상대방의 생각을 볼 수 있다면 세상의 어느 우정이든 하루도 못 가리라고들 한다. 오늘과 내일 사이에 자신을 놓고서 시험해 보라. 자신과 시간을 함께 보내는 사람들을 죄다 떠올리고서, 자기 생각을 글로 옮겨 그 사람들에게 읽게 해줄지 스스로 물어보자. 내 결혼 생활은 끝장날 것이다. 내 아이들은 좌절할 것이다. 친구들은 떠날 것이다. 내 생각이 다 나쁘지는 않으며, 대부분은 선하고 친절하고 진실하다. 그러나 구더기가 우글거리는 밀가루 자루처럼, 내게는 깨끗한 구석이 없다. 알렉산드르 솔제니친은 소련 강제 노동 수용소의 썩어 가는 밀짚 위에 누워 있을 때 이 사실을 깨달았다. "점점 내게 분명해진 것은, 선과 악을 가르는 선이 국가들도, 계급들 사이도, 정당들 사이도 관통하

---

[2] Andy Crouch, "It's Time to Reckon with Celebrity Power," The Gospel Coalition, March 24, 2018, https://www.thegospelcoalition.org/article/time-reckon-celebrity-power/.

지 않고, 다만 모든 인간의 마음속을 곧바로 관통한다는 것이다."[3] 이러한 깨달음은 우리의 모든 관계가 어느 정도는 은폐에 좌우된다는 또 다른 문제를 남긴다.

알려지고 사랑받고픈 갈망

현대의 심적 고통 대부분은 정체성 추구에서 생긴다. 우리는 진정한 자아가 되는 것이 행복의 열쇠라는 말을 듣는다. "너 하고 싶은 대로 해"는 자기애(自己愛)의 전투 구호다. 진정한 '나'는 아름다운 것이 아닐 수도 있다는 기분은 무엇이든 모조리 억압이며, 죄책감은 뱀 허물처럼 벗어 버려야 한다. 우리는 그만한 가치가 있다. 우리는 충분하다. 그런데 만일 래리 나사르가 어린 체조 선수들을 성적으로 학대할 때 진정한 자아로 살아가고 있었다면 어떻겠는가? 아동의 몸을 탐하는 자신의 일부를 억누르지 말았어야 하는가? 내 진정한 자아가 말하고 있을 때를 내가 어떻게 아는가? 또 내 안에 있는 사랑과 상냥함이 진짜 '나'이지만, 이기심과 질투는 이질적인 것이 들어온 것이라고 믿어야 할 이유가 무엇인가? 내 일부분은 더 알려지기를 갈망한다. 그러나 내 '진짜 자아'가 드러난다면 무슨 일이 일어나겠는가?

누군가의 정체성 속에 더 깊이 들어가면 공감이 생길 수 있다. 2018년 흥행작인 〈블랙 팬서〉(*Black Panther*)에서 킬몽거의 정체를 알게 되면 그의 행동을 다시 생각하게 된다. 영화는 두 형제의 최후 결전으로 시작한다. 알고 보니 킬몽거는 죽은 동생의 아들이었고, 삼촌이 자

---

3 Aleksandr Solzhenitsyn, *The Gulag Archipelago, 1918-1956*, trans. Harry Willetts, vol. 3 (New York: Basic Books, 1997), 615쪽. 「수용소군도 3」(열린책들 역간, 2020).

기 아버지를 죽인 후에 고아로 버려졌다. 정의에 대한 양면적 충동이 킬몽거를 몰아갔다. 킬몽거는 아버지의 원수를 갚기를 열망했으며, 미국에서 가난한 흑인 고아로 자랐기에 아프리카계 미국인들을 위한 정의를 열망했다. 킬몽거의 정체가 폭로되자 우리는 잔인한 살인자에게도 공감을 하게 된다. 그러나 다른 이야기에서는 폭로가 혐오를 낳는다. 2010년 만화 영화 〈라푼젤〉(Tangled)에서 아주 성공적으로 조종하는 노래인 〈엄마가 가장 잘 알아〉(Mother Knows Best)는 라푼젤이 어머니라고 믿는 여자가 라푼젤을 어떻게 지배하고 이용해 먹는지를 전형적으로 보여 준다. 라푼젤이 마녀의 진짜 정체는 자기 어머니가 아니라 사악한 아동 유괴범이라는 사실을 알게 되자, 모녀의 유대는 끊어진다. 실제로 라푼젤은 자기를 키워 준 여자의 죽음 앞에서 전혀 슬픔을 느끼지 않는 것으로 보인다.

얼마 전 미용실에 갔을 때, 미용사의 오른쪽 팔에 문신이 하나 있었다. "당신이 내 최악을 다룰 수 없다면, 내 최선을 받을 자격이 없다"고 적혀 있었다. 그 말이 내 마음에 꽂혔다. 궁극적으로 그 말은 알려지고 사랑받고픈 욕구를 표현한다. 그러나 우리가 사람들에게 집 안에 들어오라고 권할 때는 일종의 지뢰밭을 처리해야 한다. 마음에서 어느 곳을 파 보면, 자기를 더 잘 알고, 또 아마도 더 사랑하도록 도와 줄 기름진 밭이 나올 것이다. 그러나 다른 뗏장을 긁어 보면, 자신의 정체에 대한 긍정적 견해가 정면에서 폭발할 것이다. 모든 이는 자기 노출을 관리한다. 알고 보면 우리는 알려지거나 사랑받을지에 관해서, 다양한 수준과 방법으로 선택하고 있다. 성경은 이것에 대해 어떻게 말하는가?

발견되기

기독교는 탐조등 역할을 한다. 다른 한편으로 기독교는 우리 생각을 보시는 하나님과 마주보게 한다. 하나님은 우리의 마음과 겉치레, 말과 행동을 아신다. 우리가 애써 숨기려던 부분이 그분 앞에서는 그대로 드러난다. 심판할 권한이 있는 한 분에게 모든 증거가 있다. 적외선 감지기가 보트 차양 아래 숨어 있던 조하르 차르나예프를 드러냈듯이, 성경의 하나님에게 우리는 아무것도 숨길 수 없다. 그러나 우리를 탈주범처럼 드러낼 수 있는 그 탐조등 불빛은 잃어버린 자녀를 찾아 우리를 향한다. 이 하나님이 우리를 찾으시고, 우리를 그리워하시며, 우리를 불러 돌아오라고 하신다.

3년 전에 작은 딸이 공원에서 실종된 적이 있다. 처음에는 나 혼자 아이를 찾아다녔다. 놀이 기구를 살펴보고, 덤불을 뒤졌다. 그런 다음에 다른 부모들에게 도와달라고 했다. 극심한 공포가 몸에 차오르면서, 내 어여쁜 세 살배기가 영원히 사라졌다는 생각이 들었다. 경찰을 불렀다. 하지만 잃어버린 아이의 인상착의를 말하고 있을 때, 한 경찰관이 나타났다. 경찰관은 여아 하나가 지역 상점 주차장 주변에서 헤매고 있는 것을 발견했기 때문에 온 것이었다. 다른 몇몇 경우에는 내가 범죄를 신고하려고 경찰을 불렀다. 이번에는 내 어린아이가 실종되었기 때문에 불렀다. 드디어 아이가 보이자, 나는 아이를 품에서 놓을 수가 없었다. 나는 울었고, 아이를 안고 입 맞추면서, 다시는 절대로, 절대로, 절대로 공원 밖으로 혼자 나가지 말라고 말했다. 나는 아이를 사랑했기 때문에 아이를 찾아다녔다. 하나님은 바로 그렇게 우리를 찾으신다.

예수의 아주 유명한 비유 중 하나에서는, 아버지의 돈을 가지고 달아나서 탕진해 버린 아들이 집으로 돌아왔다고 환영받는다. 방탕한 자녀가 아직도 저 멀리 있는데, 아버지는 아들에게로 달려가 입 맞추고 안아 주고, 축하 잔치를 열라고 명령한다. 아들에게 아무 잘못이 없기 때문이 아니라(그 아들에게는 잘못이 없지 않다), 사랑받는 아들이기 때문이다. 이 아들을 잃어버렸다가 다시 찾았다(눅 15:11-32). 내 친구 레이첼(이 친구 이야기를 9장에서 했다)이 당당하게 말하듯이, "그리스도 안에서, 우리를 지명 수배범(wanted criminal)이 아니라 원하는(wanted) 자녀처럼, 원하는 연인처럼 찾으신다. 진노가 갈망으로 바뀌었기 때문이다."[4]

그렇지만 하나님이 정의에 관심이 있으시다면, 그래서 우리의 모든 뒤섞인 동기와 영악한 생각이 하나님 앞에서 드러난다면, 왜 그 탐조등은 범죄자를 향하듯이 우리를 향하지 않는가?

십자가의 논리

예수께서 잡히시던 밤에, 기도하러 감람산에 올라가셨다. 예수께서는 심히 고뇌하셨다. 제자들과 떨어진 곳으로 가서서 무릎을 꿇고 기도하셨다. "아버지여 만일 아버지의 뜻이거든 이 잔을 내게서 옮기시옵소서 그러나 내 원대로 마시옵고 아버지의 원대로 되기를 원하나이다"(눅 22:42).[5] 천사가 와서 예수의 힘을 북돋웠다. 그러나 그것으로는 충분하지 않았다. "예수께서 힘쓰고 애써 더욱 간절히 기도하시니 땀이 땅에

---

4 Rachel Gilson, "Who Is Rest?," Born Again This Way (blog), August 31, 2017, https://www.rachelgilson.com/blog-index/who-is-rest.
5 마 26:39; 막 14:36; 요 18:11도 보라.

떨어지는 핏방울같이 되더라"(눅 22:44).

예수께서는 왜 그렇게 두려우셨는가?

죽는 것을 두려워하셨다고 짐작하는 사람들도 있다. 십자가형은 고문과 수치를 극대화하여, 구경하는 이들에게 로마에 반항하여 그처럼 자신이 십자가에 못 박힐 죄를 범하지 말라고 경고하려는 형벌이었다. 누구든 납작 엎드려서 살려 달라고 빌기에 충분했을 것이다. 그러나 예수께는 그것이 전부가 아니었다. 사람의 결혼이 더 깊은 사랑을 보여 주는 실례이듯이, 십자가에서 겪는 육신의 고통은 더 깊은 고통을, 예수께서 은유 안에 한데 넣으신 고통을 생생하게 보여 주는 실례였다.

여호와의 잔의 이미지는 히브리 성경을 삐죽삐죽한 번개 모양으로 가른다. 욥기, 시편, 이사야서, 예레미야서, 예레미야애가, 에스겔서, 오바댜서, 하박국서, 스가랴서 모두 이 은유를 이용하여 하나님의 심판을 전한다.[6] 일부 구절은 그 잔을 마실 사람들에게 해당되는 심판을 선포한다. 다른 구절은 그 잔이 제거된 이들을 위한 구원을 알린다. 남편으로서 하나님의 이미지가 이스라엘 민족 전체를 그분의 아내로 나타내듯이, 하나님의 진노의 잔은 악한 학대, 아동 인신 제사, 하나님 거부, 가난한 이들 착취를 저질러서 하나님의 심판을 초래한 모든 민족에게 내려질 실형이다. 그리고 여기에서 예수께서는 땅에 무릎을 꿇고서, "이 잔"이 자신을 지나가기를 간구하시고 있다. 복음서의 첫 독자들에게는 이 잔의 의미가 분명했다. 즉 예수께서는 하나님이 방대한 규

---

6 예를 들어, 욥 21:19, 20; 시 60:3; 75:8; 사 51:17-23; 렘 25:15-29; 49:12; 51:7, 8, 39, 57; 애 4:21; 겔 23:31-34; 옵 1:16; 합 2:15, 16; 슥 12:2를 보라.

모의 죄에 내리실 의로운 분노와 심판을 마실 상황에 직면했다.

하나님의 진노라는 개념이 우리에게는 생소해서, 심리적으로 훼손된, 지난 시대의 유물로 보인다. 그러나 사람들에게서 사랑할 능력도 삭제해야 도덕적 책임을 면제해 줄 수 있듯이, 하나님의 사랑과 하나님의 심판은 떼려야 뗄 수 없다. 학생들이 총에 맞거나 여자들이 겁탈을 당하거나 사람들이 피부색 때문에 구타를 당할 때, 자신이 느끼는 분노를 떠올려 보자. 노예 무역이나 홀로코스트나 국제적 성매매를 생각할 때, 자신이 느끼는 분노를 떠올려 보자. 그 분노를 분석해 보면, 그 뿌리는 사랑이다. 다른 이들을 인간 이하로 여기는 사람들 중에는 인종 간 착취에 신경 쓰는 사람이 아무도 없다. 여자나 아이를 재산으로 여기는 사람들 중에는 성적 학대에 관심을 기울이는 사람이 아무도 없다. 많이 사랑할수록, 더 쉽게 분노가 불붙는다. 우리가 아이를 최소한의 폭행도 당하지 않도록 감싸는 까닭은 아이를 사랑하기 때문이어서, 누가 아이들에게 해를 끼치든 우리는 그 사람에게 분노가 일어난다.

사랑 때문에 일어나는 이러한 종류의 분노가 하나님의 마음 깊숙한 곳에 어찌나 단단히 자리 잡고 있는지 우리가 정의를 위해 헌신한다 해도 그 정의는 새 발의 피와 같고, 고등 법원 판사에 비하면 경찰 복장을 차려 입은 어린아이와 같다고 생각해 보자. 하나님은 하갈이 깨달았듯이 보시는 하나님이다(창 16:13). 홀로코스트에 대한 하나님의 분노, 노예 무역에 대한 하나님의 분노, 학대와 살인과 잔학 행위와 방치에 대한 하나님의 분노가 십자가에서 예수께 한꺼번에 쏟아졌다. 예수께서는 바로 그것을 두려워하신 것이지, 자기 손에 못 박히는 것을 두려워하신 것이 아니다.

그러나 이것만으로는 십자가의 논리를 설명하지 못한다. 설령 갚아야 하는 죄가 태산 같더라도, 죄가 전혀 없는 사람에게 분노를 쏟아 붓는 것이 어떻게 변화를 일으키는가? 그것은 최악의 형태인 불의가 아닌가? 십자가의 논리를 이해하려면 먼저 예수께서 하나님과 관련하여 어떤 분인지, 또 우리와 관련하여 어떤 분인지를 이해해야 한다.

첫째, 성경에 따르면 예수께서는 하나님의 진노를 수동적으로 받는 피해자가 아니시다. 예수는 바로 하나님이다. 따라서 십자가에서 예수는 사형 집행인이면서 동시에 사형수다. 때로 사람들은 성부 하나님을 구약과 연결하여서 분노하시고 복수하시는 분으로 이해하고, 성자 하나님인 예수는 신약과 연결하여 사랑과 자비와 용서를 전하시는 분으로 이해한다. 그러나 하나님이 구약에서 심판을 실행하시지만, 동시에 "자비롭고 은혜롭고 노하기를 더디 하고 인자와 진실이 많은" 분인 것도 분명하다(출 34:6). 그분은 신실하지 않은 아내에게 계속하여 자비를 베푸는 사랑하는 남편과 같으시고(사 62:4, 5), 아기를 꼭 껴안고 젖먹이는 어머니 같으시고(사 49:15), 아이를 한껏 들어 안아 주는 아버지 같으시다(호 11:3, 4). 반대로 예수께서는 하나님의 사랑과 자비를 거듭 자세히 설명해 주시면서도, 구약의 어느 선지자보다 강하게 하나님의 심판을 강조하신다. 또 예수께서는 죄 없는 분이며, 인류 전체를 심판하실 분이다.

성경의 마지막 책에서는 예수를 희생 제물로 묘사하는 데 쓰이는 부드럽고 연약한 은유가 끔찍한 심판의 이미지가 된다. 요한계시록은 사람들이 산을 향해 "우리 위에 떨어져 보좌에 앉으신 이의 얼굴에서와 그 어린양의 진노에서 우리를 가리라 그들의 진노의 큰 날이 이르렀으니 누가 능히 서리요" 하고 말할 때를 묘사한다(계 6:16, 17). 하나님의 진노는 어린양이신 예수의 진노다. 지금껏 살았던 어느 사람보다 완벽하게 의로우시고, 완벽하게 사랑하시고, 완벽하게 죄 없으신 분이 십자가에서 하나님의 심판을 온전히 다 받아들여 단숨에 들이키시고 그 잔을 던져 버리셨다. 성경적으로 간략하게 표현하면, 예수께서는 지옥에 가셨다.

둘째, 예수께서 십자가에서 하나님의 진노를 받아들이셨지만 예수를 하나님과 뗄 수 없듯이, 우리가 예수를 믿기만 한다면 예수를 우리와도 뗄 수 없다. 9장에서는 교회를 예수의 몸에 비유한 성경의 아주 놀라운 은유와, 그 은유가 기독교인들 상호 간에 무슨 의미가 있는지를 살펴보았다. 그러나 그 진리에 담긴 한층 더 중요한 의미는, 우리가 그리스도를 믿는다면 몸을 머리와 떼어 놓을 수 없듯이 우리를 예수와 떼어 놓을 수 없다는 것이다.

이 글을 쓰고 있을 때, 내 손가락은 타자를 치고 있다. 그러나 손가락이 자기 혼자 움직이고 있지 않다. 누구든 내가 쓴 내용에 마음이 상했다면, 내 손가락만 비난할 리가 없다. 그 불쾌한 일은 내가 한 것이다. 마찬가지로, 예수께서는 우리 죄의 빚을 갚기 위해 임의로 체포된 구경꾼이 아니시다. 우리가 그분을 믿었다면 그분은 우리의 머리이시기에, 우리 마음속 악이 모조리 그분에게 얹혔고, 그분이 죽으심으로 빚이 상환되었고, 그분의 아름다운 사랑의 행동 하나하나가 우리 계좌에 입금된다. 우리의 선택은, 홀로 지옥을 받아들이느냐, 아니면 그리스도 뒤에 숨느냐 하는 것이다.

천국과 지옥의 진정한 의미

우리는 천국과 지옥을 주로 보내지는 장소로 생각하는 경향이 있다. 어떤 이들은 행위에 따라 운명이 결정된다고 생각해서, 모든 것을 고려할 때 '착한 사람'이라면 천국에 가리라 기대할 수 있지만, 히틀러와 스탈린 같은 악한 사람들은 지옥에서 시달릴 것이라고 여긴다. 다른 이들이 생각하기에 기독교는 임의적으로 보이는 특정 표현을 근거로 사람들을 천국이나 지옥으로 분류해 넣는다. 예수에 대해서 들을 정도로 운이 좋고 예수께서 자기들을 대신하여 죽으셨음을 믿을 정도로 곧잘 믿는 사람들은 천국으로 보내진다. 예수에 대해서 들은 적이 없거나 다른 종교를 선택했거나 매우 똑똑해서 '부활한 사람'이라는 말도 안 되는 이야기를 믿지 못하는 사람들은 비논리적이게도 지옥이라고 불리는 곳으로 보내진다. 그러나 성경은 다른 이야기를 들려준다.

성경의 관점으로 보면, 천국은 대체로 어느 장소가 아니다. 천국은 하나님과의 관계에서 누리는 충만한 복의 줄임말이다. 천국은 집으로 돌아온 탕자다. 천국은 기쁨의 눈물이 그렁그렁한 채로 남편에게 안긴 신부다. 천국은 새 하늘과 새 땅으로, 거기에서 하나님의 백성은 향상된 부활의 몸을 입고서 인간이 누리는 최고 결혼 생활에서도 언뜻 보여 줄 뿐인 친밀을 그분과 영원히 누릴 것이다. 천국은 다시 창조된 땅에서 하나님과 그분 백성의 깊은 관계를 실제로 경험하는 본향이다.

지옥은 그 반대다. 지옥은 가산을 탕진해 버린 아들의 눈앞에서 닫힌 문이요, 후회하는 순간에 전달된 이혼 증서요, 범죄자가 공정하게 받는 당연한 벌이다. 예수가 생명의 떡이면, 예수를 잃으면 굶어 죽는다는 뜻이다. 예수가 세상의 빛이라면, 예수를 잃으면 어둠이라는 뜻이다. 예수가 선한 목자라면, 예수를 잃으면 홀로 헤매다가 실종된다는 뜻이다. 예수가 부활이요 생명이라면, 예수를 잃으면 영원한 죽음이다. 예수가 하나님의 어린양으로 우리 죄를 대신하여 희생당하셨다면, 예수를 잃으면 그 대가를 우리가 치른다는 뜻이다.

러시아 고전 소설인 「예브게니 오네긴」(Eugene Onegin)에서 권태에 빠진 귀족 오네긴이 시골에서 순진한 소녀를 만난다. 그 소녀 타티아나는 오네긴에게 편지를 써서 그를 향한 자신의 사랑을 표현한다. 오네긴은 답장하지 않는다. 두 사람이 다시 만났을 때, 오네긴은 타티아나를 거절하며, 편지는 감동적이었으나, 자신이 타티아나와 결혼한다면 곧 싫증이 날 것이라고 말한다. 수년이 흘러, 오네긴은 상트페테르부르크에서 열린 어느 파티에 참가했다가, 말문이 막힐 정도로 아름다운 여인을 본다. 바로 타티아나다. 그러나 타티아나는 이제 결혼한 몸이다. 오네긴은 타티아나에게 사랑에 빠진다. 필사적으로 타티아나를 다시 차지하려고 한다. 그러나 타티아나가 오네긴을 거절한다. 한때는 문이 열려 있어서 타티아나가 오네긴에게 사랑을 표현했었다. 이제 그 문은 닫혔다.

많은 이에게 지금은 예수를 거부하기 쉽다. 타티아나가 오네긴에게 보낸 편지처럼, 예수의 권유는 감동적이다. 그러나 우리는 그런 약속을 하지 않으면 더 행복해지리라고 믿는다. 예수가 우리 생활 방식을 방해할까 걱정되어서, 인생을 계속 살아가면서 예수는 영적인 시골에 내버려 둔다. 성경이 경고하듯이 언젠가 우리는 예수께서 모든 영광 가운데 계신 것을 보면서 그분의 위엄에 고통스럽게 눈이 번쩍 뜨일 것이다. 그 순간, 우리가 가장 귀하게 여기는 보물이 그분에 비하면 아무엇도 아님을 깨달을 테고, 과거의 결정을 쓰라리게 후회할 것이다. 그러나 타티아나가 오네긴을 거절한 것과 마찬가지로 그것은 부당하지 않을 것이다. 우리가 지금 예수를 받아들인다면, 우리는 상상할 수도 없는 충만한 삶을 그분과 함께 영원히 살아갈 것이다. 우리가 그분을 거절한다면, 그분이 언젠가 우리를 거절하실 테고, 우리는 영원히 참담한 상황에 있을 것이다. 선택은 우리 몫이다.

그러나 정말 우리 몫인가?

자유, 생명, 사랑

그리스도와 하나 될 가능성에서 기독교인과 무신론자가 똑같이 직면하는 도전이자 인간 조건의 마지막 매듭이 풀린다. 우리는 조금이라도 진정 자유롭게 선택하는가? 샘 해리스는 자유 의지는 망상, 즉 현실과 연결할 수 없는 신념이라고 믿는다. 기독교인은 대안을 내민다. 그렇다, 우리의 행동은 (경험적으로 또 신경학적으로) 환경의 영향을 받지만, 그렇다고 해도 우리는 도덕적 행위자다.

성경의 여러 본문은 우리의 의지가 어떤 면에서 해리스가 묘사한 속박 상태에 있어서, 자기가 바라는 일을 자유롭게 할 수 있지만 그 바람 자체는 결정할 수 없음을 시사한다. 바울은 우리가 "그리스도 안에서 살아나기" 전까지는 "우리 죄 안에서 죽었다"고 말한다.[7] 시체는 선택하지 못한다. 그러나 진정한 자유 의지가 해리스의 세계관에는 존재하지 않는 반면에, 기독교의 세계관에는 존재한다. 하나님은 완벽하게

---

7 예를 들어 엡 2:1-7; 골 2:13, 14을 보라.

살아 계시듯이, 완전히 자유로우시다. 그리고 우리의 생명이 그분의 생명에 달려 있고 우리의 사랑이 그분의 사랑에 달려 있듯이, 우리의 뜻도 그분의 뜻에 달려 있다.

이러한 관계를 임신에서 엿볼 수 있다. 내 자궁 속에 있는 아기는 그 생명이 전적으로 내게 달려 있지만, 진짜로 살아 있다. 아기는 내 자궁 속에서 자유롭게 움직인다. 그러나 아기는 자신의 위치를 제어할 수 없어서, 내가 가는 곳에 아기도 간다. 마찬가지로, 나는 예수에게서 독립해서가 아니라 예수 안에 싸인 채로 진짜로 살아 있고 진정 자유롭다. 내 아기가 지금 즉시 내게서 벗어난다면 살지 못하고 죽듯이, 내가 그리스도에게서 벗어난다면 자유와 생명이 아니라 움직임이 멈추기 전의 짧은 몸부림이 있을 뿐이다. 내 아들은 내 몸 안에 있으면서 내 피에 의지하고 내 면역력의 보호를 받으며 내 사랑 안에 거하기에, 명백한 의미에서 나와 하나 되어 있다. 나는 예수를 믿으므로 비슷하게 그분에게 의지한다. 예수께서 가시는 곳에 나도 간다. 예수께서 사시면 나도 산다. 내가 죽어야 하는데 예수께서 죽으시고, 내가 받을 벌을 받으셨다. 그분은 내 부활이요 생명이시다.[8]

은혜 스캔들

해리스의 주장에 따르면, 우리가 인간에게는 자유 의지가 없다고 인정하면 살인범들에게 더 공감하게 된다. 살인범은 그저 자기 상황에서 운이 없었을 뿐이지 도덕적인 과실은 없다. 기독교 역시 우리에게 자

---

8 예를 들어 골 3:2, 3을 보라.

신을 가장 흉악한 범죄자들과 동일시하라고 하지만 그렇게 해야 하는 근거는 다르다. 범죄자들이 (우리처럼) 결백하기 때문이 아니라, 우리가 (그들처럼) 죄가 있기 때문이다.

레이첼 덴홀랜드는 래리 나사르의 성적 학대를 처음으로 고발한 여성인데, 나사르의 공판에서 감동적인 증언을 할 때, 자신의 순결을 앗아간 남자와 대면하고서 그리스도께 돌아오라고 간곡히 부탁했다. 덴홀랜드는 이렇게 설명한다.

> 성경은 당신 같은 사람들한테 하나님의 모든 진노와 영원한 두려움이 쏟아지는 마지막 심판을 전해요. 당신은 자기가 저지른 짓을 진짜로 직시해야 하는 때가 된다면, 죄책감에 짓눌릴 거예요. 바로 그래서 그리스도의 복음이 그토록 달콤한 거죠. 복음은 아무도 있을 리 없는 곳까지 널리 은혜와 소망과 자비를 베풀기 때문이에요. 그리고 복음은 당신을 위해 있을 거예요.[9]

아동 학대의 피해자인 덴홀랜드는 결국 자신이 학대범과 같은 피고석에 서 있다는 것을 알았다. 그리스도의 십자가는 정의를 실현하기에, 예수를 통해 나사르의 죄가 말소될 수 있다. 짓누르는 중압감이 사라질 수 있다. 나사르는 자신의 범죄 때문에 다중 종신형을 선고받고 복역 중이며, 응당 그래야 한다. 그러나 나사르 이전에 많은 사람에게처럼, 교도소 문은 그리스도 안에 있는 자유와 사랑과 생명을 향한 문

---

[9] "Rachael Denhollander's Full Victim Impact Statement about Larry Nassar," CNN, January 30, 2018, https://www.cnn.com/2018/01/24/us/rachael-denhollander-full-statement/.

일 수도 있다. 바로 이것이 기독교 신앙의 궁극적 스캔들이다. 가장 흉악한 범죄자도 환대받을 수 있다. 또 이것은 우리에게 좋은 소식인데, 우리는 스스로 인식하는 것보다 더 죄인이기 때문이다. 그러나 그리스도 안에서 우리는 일찍이 꿈꾸었던 것보다 더 많이 알려지고 사랑받으며, 더 진짜로 살아 있다.

두 세계

1장에서 내가 역대 최고로 좋아하는 텔레비전 프로그램은 영국의 공상 과학 시리즈물인 〈닥터 후〉라고 고백했다. 닥터는 거의 매일 생명을 위협하는 상황에 직면한다. 닥터에게는 거의 죽을 뻔한 일이 우리 아침밥처럼 흔하다. 그러나 어느 에피소드에서는 계약 조건이 바뀐다. 닥터와 친구들은 하나는 꿈이고 하나는 현실인 두 세계를 체험한다. 이들이 꿈에서 죽는다면 현실에서 깨어난다. 현실 세계에서 죽는다면, 죽는 것이다. 문제는 어느 것이 꿈이고 현실인지 모른다는 것이다.

성경 역시 우리에게 현실에 대한 또 다른 세계와 또 다른 주장을 제시한다. 지금, 또 영원히 진정 살 수 있는 유일한 길은 죽는 것이라고 말해 준다. 그리고 시간이 얼마 남지 않았다. 예수께서는 "누구든지 나를 따라오려거든 자기를 부인하고 자기 십자가를 지고 나를 따를 것이니라 누구든지 제 목숨을 구원하고자 하면 잃을 것이요 누구든지 나를 위하여 제 목숨을 잃으면 찾으리라"고 말씀하셨다(마 16:24, 25).

날마다 나는 예수의 세계를 믿으려고 고군분투한다. 심리적 동의의 측면을 말하는 것이 아니다. 이 책에서 설명한 여러 이유로 내게는 대안들이 설득력이 덜하다. 그렇지만 나 자신을 부인하고 내 십자가를 지며 예수께서 내 생명**이심**을 믿음으로써, 나는 이 진리대로 살아간다는 본질적 의미에서 고군분투한다. 그러나 또 날마다 나는 이 믿을 수 없는 분이 보잘것없는 내 인생에는 도무지 가능하지 않을, 매우 위대하고 훨씬 즐거운 이야기 속으로 나를 부르시고 내 인생에 남기시는 지문을 발견한다.

예수의 세계에는 과학 진리와 도덕 간 결합 조직이 있다. 인간은 모두 동등하게 창조되었다고 말할 근거와, 다양성을 넘어 사랑하라는 나직한 부르심이 있다. 악을 일컫는 이름이 있고, 용서의 방법이 있다. 현재 우리 마음이 품을 수 있는 것보다 훨씬 깊은 사랑의 모습이 있고, 우리의 연약한 몸이 지금껏 경험할 수 있던 것보다 훨씬 훌륭한, 진정한 친밀이 있다. 죄로 가득 차 있지만 은혜로 속량할 수 있는 인간 본성에 대한 진단이 있다. 가난하고 압제당하고 외로운 사람들을 돌보라는 명령이 있는데, 그 명령은 하나님의 마음에서 생겨났으며 그 바탕에는 언젠가 모든 눈물이 닦이고, 모든 배가 채워지며, 모든 버림받은 사람이 받아들여지리라는 소망이 있다. 그러나 우리에게는 번지르르한 대답이나 쉬운 길은 없다. 그 대신 와서 죽으라는 명령이 있다.

나는 이 책을 가장 낯선 환경에서 이 세계로 들어온 어느 여성의 말로 마무리하고 싶다. 조이 데이비드먼은 유대계 미국인이자 무신론자 시인이었다. 젊을 때 조이는 정의에 대한 갈증을 해소하고자 공산주의자가 되었다. 동료 작가인 빌과 결혼했다. 그리고 자신의 죽음으로 작가인 C. S. 루이스를 비탄에 잠기게 할 여인이 되었다. 조이는 이렇게 회상한다. "물론, 나는 무신론이 **참되다**고 믿었어요. 하지만 무신론 증명을 발전시킬 정도로는 관심을 기울이지 않았죠. 언젠가 아이들이 좀 더 크면 그 일을 해보려고요."¹⁰ 그러나 조이는 빌과 결혼한 후, 루이스를 만나기 전에 하나님을 만났다.

빌은 일중독자에 알코올 의존자였고 바람을 피웠다. 어느 날 빌은 뉴욕 사무실에서 조이에게 전화를 걸어 자기가 신경 쇠약에 걸렸노라고 말했다. 그러고서는 전화를 끊어 버렸다. 이어서 조이는 종일 미친 듯이 전화를 걸었다. 조이의 회상에 따르면 해거름까지 "기다리면서 그이가 죽어서든 살아서든 나타날지 나타나지 않을지 확인하는 수밖에 없었어요." 조이는 아이들을 재우고 기다렸다. 그 적막 가운데 무슨 일이 일어났다.

> 생전 처음으로 무력한 기분이 들었고, 생전 처음으로 제 자존심이 결국은 제가 '내 운명의 주인'도, '내 영혼의 선장'도 아님을 인정할 수밖에 없었어요. 저는 하나님을 피해서 오만과 자신만만함과 자기애라는 벽 뒤에 숨어 있었는데, 그 모든 방어벽이 순식간에 무너져 내렸고, 하나님이 들어오셨어요.
>
> ……
>
> 그 방 안에 한 분이 저와 함께, 바로 제 의식 속에 계셨는데, 그분의 임재가 어찌나 생생했는지, 그에 비해 제 이전 삶은 그림자놀이일 뿐이었어요. 저 자신이 그 어느 때보다 생기가 넘쳐서 잠에서 깨어난 것 같았습니다.¹¹

---

10   Don W. King, ed. *Out of My Bone: The Letters of Joy Davidman* (Grand Rapids, MI: Eerdmans, 2009), 94쪽.

11   King, *Out of My Bone*, 94쪽.

친구여, 유예된 신념에 만족한다면, 우주의 계획이 있기를 바란다면, 인간 평등이 자명하다고 믿지만 왜 자명한지는 모른다면, 자신의 은밀한 생각을 누구든 알게 된다면 진정으로 자신을 사랑해 줄까 싶다면, 예수께 오라. 압제받는 노예들에게 소망을 가져오신 분에게 오라. 죽은 사람들을 무덤에서 불러내시는 분에게 오라. 워터타운의 보트 차양은 조하르 차르나예프의 죄를 덮어 줄 수 없었지만, 그 죄를 덮어 줄 수 있으셨을 분에게 오라. 내 친구 레이첼이 예일대학교 도서관에서 발견한 분에게 오라. 그때 레이첼은 참으로 자비를 받을 자격이 없는데 예수께서 자기를 얼마나 사랑하시는지 깨닫고서 그분께 자신을 맡길 때 감사가 마음 가득 차올랐다.

"나는 부활이요 생명이다" 하고 예수께서 마르다에게 말씀하셨다. 그분이 당신에게도 똑같이 말씀하신다. "나를 믿는 자는 죽어도 살겠고 무릇 살아서 나를 믿는 자는 영원히 죽지 아니하리니 이것을 네가 믿느냐?"

감사의 말

● 이 책은 옛 이야기에 나오는 까치집처럼 지어졌으므로, 내가 자기들의 눈부신 생각을 훔치고 빛나는 이야기를 슬쩍하도록 해준 친구들에게 감사한다. 그러한 생각과 이야기가 없었다면 이 책에는 온통 마른 잔가지만 있었을 것이다.

각 장을 전문가의 시선으로 문질러 닦았는데, 그 전문가 중에는 이안 허친슨, 타일러 밴더윌레, 크리스천 밀러, 앤드라 글레스피, 로날드 오스본, 센강루 타이메이, 패트릭 스미스, 레이첼 비일, 도미니크 에르도제인, 피터 윌리엄스, 양평강, 아르트 루이스, 로라 샌더슨, 커티스 쿡, 니콜 가르시아가 있다. 이 전문가들의 의견 덕분에 책이 더 나아졌다. 영구적 오류가 있다면 모두 내 잘못이다.

복음연합(Gospel Coalition)의 콜린 핸센은 초보 작가를 데리고 모험을 했고, 내게 언제나 힘을 실어 주었다. 크로스웨이(Crossway)에서는 데이브 드윗이 이 책을 도와주었고, 그 사이에 톰 노타로와 새뮤얼 제임스가 내 원고를 끈기 있게 다듬었다. 이들의 지도와 격려에 감사한다.

집필 동반자인 레이첼 길슨과 리디아 덕데일은 나를 지적으로 감정적으로 계속 자극해 주었고, 내게 첫 독자이자 의논 상대가 되어 주었다. 작가가 되려는 사람들이 내게 조언을 구한다면, 전우를 찾는 일이 가장 먼저라고 말해 주겠다.

부모님이신 니콜라스 비일과 크리스틴 비일께서는 내가 기독교인이 동네에서 지적으로 가장 호기심이 많은 사람이라고 믿도록 키워 주셨으며, 이번 연구에서 나를 도와주셔서 아이들을 돌봐 주시는 일부터 오류를 찾는 일까지 해주셨다. 시부모님이신 존 맥클러플린과 캐롤 맥클러플린께서는 여러 실제적인 면에서 도와주셨다. 내 멋진 여동생 로즈 비일은 전체 원고를 처음으로 읽어 주었고, 최종 단계에서는 내 연구 조교가 되어 주려고 보스턴까지 날아왔다. 이들의 이름에 복이 있기를.

내 작업 진행을 방해해 준 세 사람에게 마음 깊이 감사한다. 딸들인 미란다와 일라이저는 "엄마 책"(아이들 나이에 적절하지 않은 부분을 포스트잇으로 가려 놓았다는 뜻이다)을 읽어 달라고 졸랐다. 이 책을 쓰기 시작하면서 임신한 아들 루크 덕분에 나는 날마다 자신이 철저히 약하다는 사실을 떠올렸는데, 기독교 세계관에서 우리는 약함을 인정할 때 하나님의 강하심을 발견한다.

마지막으로 남편 브라이언에 대해 하나님께 감사한다. (정신이 멀쩡한 영국 남자라면 아무도 하지 않았을 때도) 선뜻 나를 받아들였고, 언제나 내 일을 지지해 주었으며, 더 잘하도록 독려해 주었다. 남편은 내게 현실을 일깨워 주고, 내 어수선함을 참아 주며, 내가 실패했을 때 나를 사랑해 준다. 영원 전에, 브라이언을 내 남편이라고 부를 수 있어서 감사하다.

주제 색인

ISIS 48, 79, 80, 81, 95, 110, 127, 287, 309, 314
M 이론 185n48

ㄱ
가넷, 헨리 하이랜드 279, 281
가농, 로버트 A. J. 237n7
간성 252-255
간음 중에 잡힌 여자 200
간접 상호성 99
갈릴레오 160-162
강간 176
개인적 진실 68
개종 72-74
객관적 진실 68
결혼
   더 큰 현실을 가리키는 204
   하나님이 그분의 백성과 맺으신 언약을 묘사하는 195
결혼 생활
   임시 상황인 256
결혼 은유 209-210
   …에 대한 공격 201-205
   성경에 나타난 196

경계 229-234
계몽주의 86
고난/고통 32
고대 세계, …에서의 동성애 239, 240
고독/외로움 25, 234
고슬러, 앤드류 156
고자(내시) 255
고통
   …과 기독교 윤리 308-310
   …과 사랑 304
   …과 이야기 305-306
   …과 죄 302-303
   …에 관한 기독교의 관점 293-310
   …에 관한 불교의 관점 290-293
   …을 고려하다 287
   하나님 없는 288-290
공간 선택 99
공산주의 112-114, 122, 175
과학 69, 70, 178, 185
   …과 기독교 157-159, 163-170
   …과 도덕 331
   …과 유신론 185
   …과 폭력 124

국가 사회주의의 121-122
무신론을 지목하는 157
과학의 진리, …의 한계 174, 178
과학자, …의 믿음 167-170
과학적 무신론 65
과학적 자연주의, …와 인간 존엄성 86
관계, …에서 오는 건강과 행복 25
괴벨스, 요제프 116
교육, …과 종교 12, 13
교회
    … 안에서 한 몸으로 연합함 227
    그리스도의 몸인 324
    동성애자를 향한 비판적 자세 244
구두 전승 149
구레네 사람 시몬 151
구약 성경, 노예를 보호하라는 262
국가 사회주의
    …의 과학 121-122, 125
    …의 철학 122-124
    …의 종교 114-121
    기독교의 파괴를 추구한 115
국경 없는 의사회 110
그레이, 아사 166
그리스도와 하나 됨 226
그리피스, 린다 167
극단주의 15
'긍정적 기독교' 115, 120
기도 302
기독교
    …는 폭력을 수치스럽게 한다 131
    …와 과학 157-159, 160, 161, 163-170, 177
    …와 민주주의 125-128

…와 여성 비하 189-222
…와 여성의 권리 212-217
…의 증가 11
고통에 관한 …의 관점 293-310
노예제에 관한 …의 견해 257-285
다문화적이고 다민족적인 44, 59
동성애를 혐오하지 않는 244
빛을 비추는 319-320
서양적인 42, 43, 56, 60
아동 학대를 반대하는 돌파구인 93
이타주의의 근거를 제공하는 102
기독교 공동체, 성적 관계로 축소된 234
기독교 윤리 308-310
기독교인
    그리스도께 속한 노예인 265-266
    "한 몸"인 228
기독교인 노예 폐지론자 277-281
길다, 수자타 50, 51
길버트, 대니얼 31-33
길슨, 레이첼 223, 224, 225, 226, 236, 237, 249, 320, 333
끈 이론 185n48

ㄴ

「나니아 연대기」(루이스) 20
나사로
    …의 부활 301-302
    …의 죽음 294-298
나사르, 래리 314, 317, 329
낙태 217, 218, 219, 220, 221
남을 돕다 27
남자다움과 여자다움, …에 관한 비성경적

성별 고정관념 254
남자와 여자, … 사이의 생물학적 차이 250
남편, 아내의 '머리'인 202, 206, 208
노섭, 솔로몬 276
노예 무역 258, 269, 273, 274, 276, 287, 322
노예 폐지론/폐지론자 274, 277-281, 283, 284
노예 포획 261, 262
노와, 마틴 98
뉴섬, 빌 177
뉴턴, 아이작 163
니사의 그레고리우스 271, 272
니체, 프리드리히 122, 123
닉슨, 신시아 247

ㄷ

다른 '복음서들' 147-149
다른 인종 간 결혼 250
다신론 75
다양성
    기독교의 44, 45
    미국 교회 안에 있는 58, 59
다원주의, 가르치려 드는 것으로 단순화된 64
다윈, 찰스 166, 177
다원주의/다원주의자 174
다이아몬드, 리사 246, 247, 248, 249
다중 우주 184, 185
다층위 선택 99
〈닥터 후〉(공상 과학 시리즈) 21, 330
달라이 라마 110
대테러 전쟁 105
대학, …에 퍼진 세속주의 22
대한민국 10, 56

더글러스, 프레드릭 257, 258, 279, 280, 285
더크위스, 앤절라 30, 35
데비더스, 새티언 140
데이비드먼, 조이 331, 332
데이비스, 폴 185
덴홀랜더, 레이첼 314, 329
도덕, 선호일 뿐인 96
도마복음 148, 149
도킨스, 리처드 18, 36, 92, 155, 174, 178, 179, 185, 186
    고통에 관한 …의 언급 289
독신(금욕) 255
독신 234, 235, 256
돈을 사랑함 28-29
동거 214, 215
동성애 223-256
드 보통, 알랭 19

ㄹ

라우펜버거, 더그 168
라이트, N. T. 152, 153
라이트먼, 앨런 96, 97
〈라푼젤〉(영화) 318
러멜, R. J. 113
러브, 크리스 168
러셀, 버트런드 103, 112, 121
레논, 존 10, 11, 14, 16
렝글, 매들렌 20
로빈슨, 메릴린 290
로젠버그, 알렉스 94, 95, 155
롤링, J. K. 20
루스벨트, 엘리너 84

루이스, C. S. 20, 77, 295, 331, 332
루터, 마르틴 117
르메트르, 조르주 165
르완다 대학살 109, 287
리스, 마틴 183, 184

ㅁ

마르크스, 칼 113, 115, 129, 175
마리아, 막달라 199
마리아, 예수의 어머니 197
마리아와 마르다 199
말리크, 찰스 84
매든, 토머스 105, 108
맥스웰, 제임스 클러크 163
맥캔츠, 앤 168
멘델, 그레고어 166
모어, 한나 278
무라드, 나디아 79, 81, 83, 287, 309, 314
무신론/무신론자 22, 23
　…과 과학 177
　…과 인간의 평등 88, 90, 91
　…에는 없는 최후의 이야기 306
　…의 감소 12
　…의 도덕 체계 94, 96, 101
　…의 세계관 155
　고통에 관한 …의 관점 288-290
　진화에 의해 입증된다고 여겨지는 180
무어, 제임스 175n34
'무종교인' 22-23
무퀘게, 드니 309
무함마드 106, 107
문화, …의 사각지대 53

문화 전쟁 21
미네르바, 프란체스카 219
미누키우스 펠릭스 211
미세 조정, 우주의 182-184
미얀마 110
#미투 67, 314-317
민주주의 125-128
밀러, 크리스천 82

ㅂ

바오로 3세, 교황 273
바울
　결혼에 대한 …의 언급 205-206
　그리스도 예수의 노예인 265
　오네시모에 대한 …의 언급 262-264
　자신의 육체에 있는 가시에 관한 …의 관점 295
바이샤 50
바흐, J. S. 61
반 부르히스, 트로이 167
반유대주의 108, 117
「반지의 제왕」(톨킨) 20
발 씻기기 264
발틸드 273
배럿, 저스틴 L. 181, 182
백장미단 120
밴더월레, 타일러 23, 39
버터필드, 로자리아 235n5
번, 알렉스 96, 159n12
베이컨, 로저 158
베이컨, 프랜시스 158
보일, 로버트 158

보컴, 리처드 150, 151
보편 윤리의 신념 74
복음주의 기독교, 인종 차별주의인 57
본회퍼, 디트리히 119, 121, 130, 245
부시, 조지 W. 105
부자와 나사로, …의 비유 303
북아일랜드, 가톨릭 신자들과 개신교 신자들 사이에 충돌이 일어난 109
북한 10, 84
분리, 고통을 다루는 수단인 292
불가지론자 22, 23
불가촉천민 50, 51
불교 12, 32
   …와 폭력 110
   고통에 관한 …의 관점 290-293
브라운, 댄 147
브라운, 토마스 31
브라흐마 50
브릭스, 앤드류 90
〈블랙 팬서〉(영화) 317
비스워스-디너, 로버트 292
비오 11세, 교황 118, 119
비종교인, 종교인이 되는 13
비컴, 모리스 32
비판적 311
비폭력 106
빅뱅 165
빈 라덴, 오사마 105
빌레몬 262-264

ㅅ
사랑

…과 심판 314, 322
원수를 향한 104, 108
사마리아 여자 200
사복음서
   …에서 모순이라고 주장되는 것들 143-147
   …의 역사성 149
〈사일런스〉(영화) 111
삭스, 제프리 29
살인범, …을 향한 공감 329
새 창조 307
샤리아법 79, 84, 128
선교 활동, …의 긍정적 효과 127
선한 사마리아인, …의 비유 44, 119, 277
설득, 사랑과 존경의 행위인 62
성
   남자와 여자를 친밀한 관계로 묶어 주는 193
성 노예제 259
성 역할 206-208
성경
   … 내러티브의 넓은 범위 307
   …에 있는 은유적 표현 134, 140
   …에서 모순이라고 주장되는 것들 140-147
   …은 동성 관계를 명한다 227
   …을 문자 그대로 읽기 134
   남성과 여성에 대한 …의 관점 189-222
   동성애에 관한 …의 언급 237-244, 253
   인종 평등과 통합에 찬성하는 251
성경에 나타난 자녀 양육 은유 195
성경의 창조 이야기 173
성과 무관한 친밀함 232
성교, …와 행복 216
성매매 322

성별 고정관념 254
성별 심리학 205, 206
성적 끌림 250, 254
성적 부도덕 238, 240
성적 지향 246, 248, 249, 250
성적 친밀감, 이성 결혼에만 있어야 하는 228, 230
성적 학대 230, 315, 322, 329
성적 행위 250
성추행 315
성폭력 309
성폭행 68, 176
세계 인권 선언 83
세속 인본주의/인본주의자 174, 175, 176
　…와 도덕 102
　과학에 의해 드러난 …의 약점 157
　인간 존재에 관한 …의 관점 289
세속적, 규범적이라는 의미를 지니는 22
세속주의, 대학에 퍼진 22
세속화 가설 11, 12, 14
세터패티, 프러빈 72
셰익스피어, 윌리엄 19, 236, 269, 270
소 플리니우스 267
소명 29-31
솔제니친, 알렉산드르 316
쇼, 조지 버나드 38
숄, 소피 120, 314
숄, 한스 120
수드라 50
수산나 199
수학 187
순간의 만족 34

쉘러드, 폴 186
슈나이더먼, 에릭 315
스리랑카, … 내전 110
스미스, 아만다 베리 281
스코세이지, 마틴 111
스타크, 로드니 210, 211n15
스탈린, 이오시프 325
스토, 해리엇 비처 278, 280, 282
스펄전, 찰스 277, 278
시, 성경에 있는 139
「시간의 주름」(렝글) 20
「시녀 이야기」(애트우드) 20
시니프, 존 23
시라흐, 발두어 폰 115
시민권, 성 소수자들의 248
식민주의, …와 노예제 273
신 존재 가설 289
신무신론자 18, 83, 156, 180
신약 성경
　…의 인종 차별 반대 57
　노예제를 반대하는 270
신학, …과 생물학 12
심리적 면역 체계 31, 33
십자가
　…의 논리 323
　…의 폭력 131-132
십자가를 지다 234
십자가형 265, 321
십자군 원정 104-110, 129
싱어, 피터 88-92

ㅇ

아내, 남편에 대한 …의 복종 202, 206
아동 학대 287
아랍의 봄(2010-2012) 127
아리스토텔레스 85, 161
아리아인 115, 121, 124
아브라함, 하갈과 동침한 258, 259, 260
아시아의 기독교인, …의 선교 열정 56
아우구스티누스 46, 109n9, 161, 162, 185
아인슈타인, 알베르트 163
아프리카인 기독교인 45-47
안나(여선지자) 197
안디옥 48
안스카르 273
안야브윌레, 태비티 276
알려지고 사랑받고픈 욕구 318
암소, 인도에서 숭배받는 53
애트우드, 마거릿 20, 21
앤더슨, 크리스틴 82
야지디족 79, 80
양성애 246
양평강 14, 54
어린양의 혼인 잔치 209
어만, 바트 143, 145, 147, 149
〈엄마가 가장 잘 알아〉(노래) 318
업보 303
에드워즈, 조나단 275, 276
에몬스, 로버트 33
에클룬드, 일레인 하워드 160
에티오피아 내시 46
에픽테토스 272
엘리사벳(마리아의 사촌) 197

엘리슨, 크리스토퍼 82
여성
　…의 예속 15
　…의 행복 213, 215, 216
　교회 안에 있는 210-212
　복음서에 나오는 197-201
　지도자 성향인 206, 207
　여성의 권리 212-217
여아 선별 낙태 220
여호와의 잔 321
역사 70-72
　하나님이 기획하신 179
영아 살해 218, 219
영지주의 문서 148
예루살렘, 십자군 원정에서 107
예배, …로서의 일 30
「예브게니 오네긴」(소설) 326
예수 그리스도
　…를 아리아인으로 변경한 나치 115
　…의 부활 71, 131, 151-154, 300
　…의 십자가에 달리심 321
　…의 은유 사용 135, 136
　…의 차별성 76
　가난한 이들을 돌보시는 57, 112
　남편이신 205, 209
　노예이신 264-265
　부활이요 생명이신 77, 297, 310, 326, 333
　생명의 떡이신 325
　선한 목자이신 326
　성 도덕에 관한 …의 언급 237, 242
　세상의 빛이신 325
　신랑이신 196-197

아이들을 편드시는 92
　　여성을 고귀하게 여기는 148, 197-201
　　여자들에게 나타난 …의 부활 200
　　완전한 친밀함을 전하신 227
　　우리의 고통을 아시는 298-300
　　죽음을 이기는 …의 능력 301
　　최고의 사람이신 208
　　폭력을 거부하신 109
　　하나님의 어린양이신 326
　　희생당한 어린양이신 209
예수의 부활을 목격한 이들 151-154
예수의 비유 139-140
오네시모 263, 264, 265, 266, 267
오스본, 로널드 86
오컴의 윌리엄 158
오핏, 폴 92, 93, 218
올섭, 웬디 212
와인버그, 스티븐 80
와인스타인, 하비 315
완전한 친밀함 227
요셉, 노예로 팔리는 260, 261
요안나 199
요한계시록, …의 다문화적 비전 60
용서 35-36, 331
우드베리, 로버트 126
우르바노 2세, 교황 107
우상 숭배, …와 동성 성교 241
우생학 85
우연 183
우정 228, 229
　　… 안에서 나타나는 신체적 친밀함 231
워커, 데이비드 279

웨슬리, 존 278
웨이랜드, 프랜시스 275
위그너, 유진 187
위버멘쉬(초인) 123, 124
윈프리, 오프라 67
윌리엄스, 피터 141, 144, 149
윌버포스, 윌리엄 273, 274
윌킨, 로버트 루이스 106
유, 딕 168
유대교 12, 32, 75
유색 인종 여성, 기독교인인 57
유신론, 과학을 위한 철학적 토대인 159
유예된 신념 333
유일신론 75-76
윤리, …와 종교적 다양성 74-75
은유 134, 135, 136, 137-139
음란물 242, 245
의견 차이, 종교적 진리에 관한 64, 65, 66, 67
〈이매진〉(노래) 10, 16
"이성 대회"(2016) 19
이스마엘 260
이슬람/이슬람교 32
　　… 극단주의 312
　　…과 민주주의 128
　　…의 증가 12
　　동성애에 관한 …의 견해 251
이슬람 혁명(이란) 61
이슬람 협력 기구 127
인간 본성, 은혜로 속량할 수 있는 331
인간 존엄성 86
인간, 하나님이 설계하신 178-181
인간성, 망상인 289, 290

인간의 평등, …과 무신론 88, 90, 91
인권 83-87
인내 34-35
인도 41, 42, 49-52, 53, 85
인본주의 289
인종 간 착취 322
인종 청소 287
일, 소명으로서의 29-31
일관성, 무신론자의 도덕 101
일부다처제 275

ㅈ
자기 부인 234
자본주의, …와 진화 122, 175
자살 폭탄 테러범 81
자아, 망상인 289, 290
자원봉사 26
자유 의지 95, 97, 327, 328
자족 31, 33
재스트로, 로버트 165n22
저주 194
절제 34-35
정당한 전쟁 이론 109n9
"정상 우주" 이론 165
정의 91, 322
정체성, … 추구 317
정확성, 성경의 146
제국주의 41
제이콥스, 해리엇 276, 277
존슨, 토마스 281
종교
　　…가 도덕을 저해한다 79-102

…에서 얻는 건강의 유익 24, 83
　　인민의 아편인 113
종교 사회학자 11
종교 진화 심리학 181
종교 활동, …과 심신의 건강 38, 39
"종교라는 용"(러셀) 103, 104, 112
종교적 억압 62
종교적 진리 69
주는 것, …의 유익 26
주빌리니, 알베르토 219
중국
　　…의 기독교인 53-55
　　…의 종교 14
중동 기독교인 48-49
지옥 325-327
직접 상호성 99
진실 67-70
진화/진화론 174, 175, 177
　　…와 공산주의 122
　　…와 나치즘 121-125
　　…와 자본주의 122, 175
　　…와 칼뱅주의 122, 175
　　무신론을 입증한다고 여겨지는 180
진화 이타주의 98-101

ㅊ
차르나예프, 조하르 311, 312, 313, 319, 333
차르나예프, 타메를란 311
창평청 84
책임 없는 성교 216
천국 325-327
초퍼, 카나토 42

출산율, …과 종교 성장 12
친족 선택 99

ㅋ

카이사르, 율리우스 70
카이사리아의 바실리우스 112n12, 272
카터, 스티븐 57, 212
카트밀, 매트 177
칼뱅주의, …와 진화 122, 175
켈러, 팀 58
켈빈 경 164
켈수스 210
코끼리를 묘사하는 시각 장애인들(힌두교 우화) 63
코라사니, 사이드 라자이 84
코번, 러셀 156
코스비, 빌 315
코페르니쿠스 혁명 160-162
코페르니쿠스 161
콘스탄티노플 108
콘스탄티누스 60
콘웨이 모리스, 사이먼 180, 289
콜린스, 프랜시스 169, 170, 185
콜베어, 스티븐 69
콩징 156, 167
크라우치, 앤디 315
크럼튼, 루이스 239
크리소스토무스, 요한 112
크리슈나 72
크리스토프, 니콜라스 66, 131
크샤트리아 50
킹, 마틴 루터 10, 11, 16, 19, 58, 70, 131, 283

ㅌ

타이메이, 센강루 41, 42
타이슨, 닐 디그래스 69
탈진실의 사고방식 67
탕자, …의 비유 320, 325
태국, …의 불교도 폭력 사태 110
태아, 인간으로서의 219, 221
태양 중심설(지동설) 160
터브먼, 해리엇 279, 280, 314
테레사 수녀 52, 309
테베 신성 부대 239
테일러, 제임스 허드슨 54
토마스 아퀴나스 273
톨킨, J. R. R. 20, 305
투어, 짐 242
트라야누스 267
트루스, 소저너 212, 280

ㅍ

파시즘 114, 122
파울리, 볼프강 64
패러데이, 마이클 163
펜로즈, 로저 185n48
포드, 윌리엄 276
폭력 15, 130, 131
　…과 과학 124
　불교 사회 안의 110
폴킹혼, 존 183n46
표현, 문자 그대로의 …과 은유적인 134
풀러, 리처드 275
프리켄버그, 로버트 에릭 50
플라톤 85, 100, 125, 238, 239

피카드, 로잘린드 142, 167
필립스, 윌리엄 186
핑커, 스티븐 38, 99, 122, 125, 155, 213, 215

ㅎ
하갈 259, 260, 322
하나님
    남자와 여자를 창조하신 190
    남편이신 195, 196, 197
    도덕법을 정하신 101
    사랑이신 192, 193
    아버지이신 190, 195
    어머니이신 195
    합리적이신 192
하나님과 누리는 친밀 307
하나님의 진노 321, 322, 323, 324
하나님의 형상 86, 191, 219
〈하우스〉(텔레비전 프로그램) 170
하이트, 조너선 27, 28, 36, 83, 291, 292, 293
하퍼, 카일 273
해리스, 샘 18, 92, 97, 289, 313, 314
    자유 의지를 거부하는 327, 328
「해리 포터와 혼혈 왕자」(롤링) 189, 293
핼버슨, 한스 159
행복
    …과 성교 216

…과 자유 213, 214
…과 책임 214
어떤 상황에서도 누리는 31-33
여성의 213, 215, 216
행복의 특권 38
허무주의 86, 171
허친슨, 이안 97, 154, 167
헤이스팅스, 대니얼 156, 167
헨슨, 조시아 282
호일, 프레드 165
호킹, 스티븐 165, 184, 185, 186, 288
혹필드, 수잔 168
홀로코스트 114, 287, 322
홉굿, 스티븐 86, 87
환생 303
후하게 베풀다 27
흑인 교회 281-285
히친스, 크리스토퍼 18, 87, 92
히틀러, 아돌프 70, 129, 325
    …의 종교 114-121
    진화에 대해 언급하는 175
히틀러 청소년단 115, 116, 117
히포크라테스 93
힌두교 12, 42, 49, 73, 85
힌두교 카스트 제도 50

성구 색인

창세기
창세기 141, 142, 173, 180, 194, 195, 304, 307-308
1장 140, 192, 194
1-3장 142
1:26-29 192
2장 140, 141, 192
2:17 141, 142
2:18 192, 307
2:21-23 193
2:24 193
3장 142, 193, 259
3:16 194
3:19 172
4:7 194
16:13 259, 322
21장 259
50:20 260

출애굽기
1장 261
18:4 193

20:10 261
21:2 262
21:16 261, 269
21:26 261
34:6 323

레위기
18:22 237
20:13 237

신명기
5:15 261n4
15:12-16 262
16:12 261n4
21:10-14 262
23:15-16 262
24:18 261n4
32:18 191n1
33:26 193n2
33:29 193n2

욥기
욥기 303, 321

21:19-20 321n6

시편
시편 140, 184, 321
20:2 193n2
22:1 300
23:1 135
33:20 193n2
54:4 193n2
60:3 321n6
75:8 321n6
88편 306
118:7 193n2
121편 295
121:1-2 295

잠언
잠언 207

아가
아가 217n29

이사야
이사야서 195
49:15 191, 323
50장 196n5
51:17-23 321n6
53:3 299
53:4-5 299, 300
54:5 195, 195n4
54:6-8 196n7
62:4-5 196n7, 323
66:13 191n1

예레미야
예레미야서 321
3장 196n5
25:15-29 321n6
31:31-33 196n7
31:32 195n4
49:12 321n6
51:7-8 321n6
51:39 321n6
51:57 321n6

예레미야애가
예레미야애가 321
4:21 321n6

에스겔
에스겔서 321
16:8 195n4
16:62 196n7
23:31-34 321n6

호세아
2장 196n5
2:7 195n4
2:14 196n7
2:16-19 196n7
3:1 196n7
11:3-4 323
13:9 193n2

요엘
1:8 195n4

오바댜
오바댜서 321
16절 321n6

하박국
하박국서 321
2:15-16 321n6

스가랴
스가랴서 321

12:2 321n6

마태복음
마태복음 143, 144, 151, 256
5:27-28 237n8, 242
5:29 242
5:39 104
5:44 104
6:9 191
7:13 138
7:14 34
8:27 139
9장 201
12:30 143
12:50 228
14:13-21 144
15:32-39 144
16:9-11 145
16:24-25 330
18:21-22 35
19장 201, 255
19:4-6 238
19:9 238
19:10 238, 255
19:11-12 255
19:23-24 28
20:26-28 264
22:30 256
23:33 243
25:41-45 129n46
26:39 320n5

27:26 208n10
27:46 300
28:18-20 78
28:19 44

마가복음
마가복음 143, 150, 151
2:5 77
2:7 77
2:9 77
9:40 143
10:25 28
14:36 320n5
15:15 208n10
15:21 151

누가복음
누가복음 145, 146, 197, 200
4:18 112
4:25-27 198
4:33-35 198
4:38-39 198
5:1-11 138
5:34 196
7장 198
7:1-10 268
7:36-50 199
8장 199
8:1-3 199
8:2-3 207
10장 200

10:42 200
11:4 35
13:16-17 198
15장 198
15:11-32 320
16:19-31 303
18장 198
18:24-25 28
21장 199
21:1-4 199
22:42 295, 320
22:44 321
22:50-51 104
23:27-31 198
23:34 36, 105
23:49 199
23:56 199
24장 145, 200
24:10-11 152
24:25 200
24:50 146

요한복음
요한복음 44, 136, 146, 200, 303
1:1 137
1:29 141
2:19-21 136
3:4 136
3:29 197
4:1-30 200
4:10 136

4:13-14 210	4:32-35 112	갈라디아서	4:9 266
8:7 200	8장 46, 255n24	3:28 45, 267	4:12 266
9:2 303	8:26-40 46		
9:3 303	8:27 46	에베소서	데살로니가전서
10:11 141	16:14 207n9	2:1-7 327n7	2:7 228
11장 200, 294	20:35 26	4:15-16 227n3	5:16-18 33
11:5 294		5장 205, 206, 207	5:26 228n4
11:6 294	로마서	5:21 203	
11:21-22 296	1:1 265	5:22 203	디모데전서
11:23 296	1:26-27 242	5:22-24 202	디모데전서 241
11:24 296	12:4-5 227n3	5:25 203	1:9-10 240
11:25-26 77, 297	12:5 228	5:28 203	1:10 269
11:27 298	16:1 266n6	5:33 203	1:13 241
11:32 298	16:16 228n4		1:15 241
11:35 298		빌립보서	1:16 241
11:36-37 299	고린도전서	1:1 266	6:10 28
11:39 301	6:9 241	2:5-8 265	
11:43-44 301	6:9-11 243	2:25 228	디도서
13:13-14 265	6:19-20 266	3:5 116	1:1 266
14:6 76	7:3-5 217	4:12-13 31	
15:1 136	7:21 268		빌레몬서
15:13 228	7:38 234	골로새서	2절 264
18:11 320n5	10:16-17 227	2:2 228	10절 263
19:5 208	12:12 227	2:13 141n4	12절 228, 263
19:16 208n10	12:13 267	2:13-14 327n7	16절 263
20:24-29 154	12:26 227-228	3:2-3 328n8	19절 263
21:25 145	16:20 228n4	3:11 45, 267	20절 263
		3:18 203	
사도행전	고린도후서	3:19 203	히브리서
사도행전 44, 145, 234	12:9 295	3:22-24 268	12:1-2 34
1:12 146	13:12 228n4	3:23-24 30	
2:5-11 44		4:7 266	

성구 색인 349

야고보서	베드로후서	요한계시록	21:1-2 209
2:9 45	1:5-7 34	요한계시록 209, 304,	21:4 308
	3:8 142	307-308	21:9-10 209
베드로전서		6:16-17 324	22:17 210
3:1 203	요한일서	7:9 60	
3:7 203	1:8 130	19:7 209	
5:14 228n4	4:8 192	19:9 209	

기독교가 직면한
12가지 질문

기독교가 직면한 12가지 질문

초판 발행	2021년 11월 15일
초판 8쇄	2025년 3월 27일
지은이	레베카 맥클러플린
옮긴이	이여진
발행인	손창남
발행처	(주)죠이북스(등록 2022. 12. 27. 제2022-000070호)
주소	02576 서울시 동대문구 왕산로19바길 33, 1층
전화	(02) 925-0451 (대표 전화)
	(02) 929-3655 (영업팀)
팩스	(02) 923-3016
인쇄소	(주)진흥문화
판권소유	ⓒ(주)죠이북스
ISBN	979-11-981996-1-4 03230

책값은 뒤표지에 있습니다.
잘못된 도서는 교환하여 드립니다.
이 책 내용을 허락 없이 옮겨 사용할 수 없습니다.